好玩有趣更有效的
非书面作业
设计新思路

刘珍 汪正 苏昕————著

北京·旅游教育出版社

设计新思路

非书面作业

改变物理教育面貌的

序

作业对于教学的价值毋庸置疑，曾经学生的业余时间几乎都被作业所占据，课业负担越来越重。为此，2021年4月26日，教育部印发《关于加强义务教育学校作业管理的通知》，加强了对作业的管理；2021年7月24日，中共中央办公厅、国务院办公厅印发《关于进一步减轻义务教育阶段学生作业负担和校外培训负担的意见》（以下简称"双减"政策），要求各地区各部门结合实际认真贯彻落实。按照要求，小学低年级课后不得布置书面作业，中高年级书面作业完成时间不得超过60分钟。面临"双减"政策与家长望子成龙、望女成凤的渴望，如何做到减负不减效，是学校和老师亟待解决的问题。

《好玩有趣更有效的非书面作业设计新思路》这本书，秉承"减负担——增成效——提素养——促成长"的愿景，结合课题研究实践，阐述非书面作业的概念、内涵、特点、价值意义，以及设计原则、实施策略、批阅方法、评价方法等内容，并通过典型案例介绍了不同类型非书面作业的特点和布置策略。本书理念新颖，大量的作业设计案例令人耳目一新，具有较强的实践借鉴意义。

刘珍校长主编的这本书所体现的参阅价值和借鉴意义，可以从以下几个方面一窥：

一是创新作业形式，有利于落实减负增效。可以说作业关系着学生未来的成长，乃至整个民族未来的希望。传统的作业以纸笔书写为主，大量机械、重复性的书写任务，占用了孩子们大量的课余时间，甚至挤占了他们睡眠、阅读、娱乐的时间，有悖孩子身心发展特点，严重影响了孩子们的学习兴趣。随着教育改革的不断深入，作业的类型和形式也应进行变革以适应新的形势，用多元、高效的综合型练习，来代替那些耗时费力的低效书面作业，减轻学生的整体作业负担，是教育进一步发展的需要。

二是落实"五育"并举，完善了作业育人机制。2019年6月，《中共中央、国务院关于深化教育教学改革全面提高义务教育质量的意见》正式提出"五育"并举的教育方针。在中国共产党二十大报告中，习近平总书记强调，要全面贯彻党的教育方针，落实立德树人根本任务，培养德智体美劳全面发展的社会主义建设者和接班人。传统的书面作业大多是课堂教学的延续，其目的是巩固或预习课堂教学的新知，训练学生的基本功，主要涉及智育。这本书中的许多科学探究、体育锻炼、艺术欣赏、社会与劳动实践等类型的作业案例适应了新形势，做到了以"育人"为主，"知识点训练"为辅，坚持"五育"并举，促进学生全面发展。

三是倡导学科融合，打破了学科壁垒。在现实生活中，每门学科都不是单独存在的。新课程改革呈现的趋势是逐渐打破学科界限，注重学科融合。跨学科并不是简单的几门学科知识的累加，而是要引导学生从实际需要出发，发现生活生产中的问题和现象，综合运用不同学科知识融会贯通，解决实际问题，从而培养学生的综合素养。

四是坚持以学生为本，提升了学生核心素养。本书以发展学生素养为导向，从提升学生作业兴趣入手，以趣味游戏、表演、魔术、实践探究等形式布置非书面化作业，发挥学生的主观能动性。本书还关注到学生学习水平的差异，分层次布置作业，以满足不同层次学生的水平和发展需求。多元的评价形式促进了学生完成作业的积极性，使学生体验到主动学习获得的成功乐趣，注重了学生的情感体验，促进情感内化，这些措施和策略的实施，有效提升了学生的核心素养。

希望本书关于非书面作业的研究成果能够给读者带来一些启示，激发大家的灵感，让我们的学生在好玩有趣更有效的非书面作业中健康快乐地成长！

引 言

长期以来，小学生的课后作业一直以书面作业形式为主，造成了国内中小学学生课业负担较重，因而各级教育主管部门在推行"五项管理"中强化了作业负担管理。

2018年12月，教育部等九部门印发的《中小学生减负措施》指出，要科学合理布置作业，严控书面作业总量，小学一二年级不布置书面家庭作业，三至六年级家庭作业不超过60分钟。

2019年6月，《中共中央、国务院关于深化教育教学改革全面提高义务教育质量的意见》正式提出"五育"并举的教育方针，要求健全立德树人落实机制，构建德智体美劳全面培养的教育体系。

2020年10月，中共中央、国务院印发的《深化新时代教育评价改革总体方案》指出，要深化考试招生制度改革，构建引导学生德智体美劳全面发展的考试内容体系，改变相对固化的试题形式，减少死记硬背和"机械刷题"现象。

2021年3月，教育部办公厅印发的《关于进一步加强中小学生睡眠管理工作的通知》指出：中小学校要提升课堂教学实效，加强作业统筹管理，合理调控学生书面作业总量，避免学生回家后作业时间过长，挤占正常睡眠时间。

2021年5月，国务院教育督导委员会办公室印发《关于组织责任督学进行"五项管理"督导的通知》，5月20日教育部召开全国中小学"五项管理"落实推进视频会，要求将中小学生作业等"五项管理"纳入义务教育质量评价范围。5月26日，安徽省教育厅召开全省中小学"五项管理"落实推进视频会，要求各校要常态化推行"五项管理"工作，确保有关要求全面落实。

好玩有趣更有效的非书面作业设计新思路

枞阳中心学校于 2020 年 9 月启动了减负增效工作，严格控制作业总量，低年级不留书面作业，中高年级书面作业时间不超过 1 小时。在实际施行中，家长和社会忧虑较多。为了满足家长对学生成绩的关切又不增加学生的课业负担，我们借鉴其他地区的成熟经验，尊重学生身心发展规律，在不断优化拓展型、研究型课程的背景下，探索了如何进一步拓展课外作业的外延，让学生在作业中进行听、说、读、做、看、想等多元且高效的综合型练习，来代替那些耗时费力的低效书面作业，进而推动减负增效。

国外关于课外作业的研究由来已久。在美国，早期中小学学生没有课外作业，美国内战结束后，基本上是读、写、算类的作业。从 19 世纪中叶开始基本是大量的背诵、记忆类的作业。20 世纪 40 年代，美国教育开始关注培养学生解决问题的能力和创造性能力。[①] 20 世纪 90 年代美国实施了一种新的课外作业形式——交互式家庭作业，即教师和家长参与到学生作业中，简称 TIPS，其过程是教师先明确告知学生和家长作业的任务和目标，列举完成作业所需步骤，邀请家长参与讨论，再依据反馈信息调整以后的作业内容。[②] 在课后作业的形式和类型上，其他国家也作出许多有益的探索和尝试，方法各不相同，但各具特色。综合看来，其作业类型有多种，如练习类、新课准备类、拓展类、创造类等；作业形式也丰富多样，如知识训练型、情感体验型、实践型等。总之，除了书面作业外，还有很多活动性的非书面作业形式。[③]

有学者指出，要克服传统作业的弊端，发挥作业的多重功效，提升教学的质量。[④] 作业的类型要多样化，各种类型作业能有机整合，通过布置学生乐于接受的个性化作业，调动他们做作业的积极性，让他们体验做作业的乐趣。在"五项管理"的政策背景下，人们对作业的内容和形式提出了更高的要求，提升课堂教学效率，全面压减作业总量，减轻学生作业负担，是当前中小学的一项重要工作，非书面作业，让学生用听、说、读、做、看、想等形式去完成，也正是要让学生同时调动眼、脑、手等感官，达到减负不减效的目的。

[①] 陈以藏：美国中小学家庭作业的历史演变和争论及其启示 [J].贵阳学院学报（社会科学版），2011（1）：80-81。

[②] 张巧利：交互式家庭作业：流行美国的家庭作业新概念 [J].外国中小学教育，2006(12)：29-34。

[③] 胡苇：国外中小学家庭作业问题的研究及启示 [J] 外国中小学教育，2007（12）：52-55。

[④] 杨连明：关于作业的几点思考 [J].现代教学，2008，（Z1）125-126.

引 言

美国教育家杜威在《民主主义与教育》中提出"在做中学",他把这一思想贯穿到教学领域的各个主要方面中,陶行知提出"教学做合一"的观点,他主张"生活即教育""社会即学校",要在做上教,做上学。

减轻学生课后作业负担已是大势所趋,因而作业的类型和形式也应适当变革以适应新的形势,而不能还停留在传统的书面作业上。和传统的书面作业相比,非书面作业不需要用文字形式表现在书本上,它以提高学习兴趣和巩固课堂教学内容为目的,以发展学生素养为导向,以口语表达、趣味游戏、阅读视听、动手操作、实践探究等形式来完成。根据课程目标设计多元的融合型非书面作业,把知识训练和育人功效有机融合,让作业"跨界"协同,实现五育全面发展,让作业不再是学生的负担,而是学生兴趣的引领,是学生拓展综合素养的延伸。它具有更强的趣味性、实践性和综合性,趣味化的作业形式能有效地提升学生的作业兴趣,巩固课堂教学内容,从而发展学生的综合能力和素养,促进全面发展。

为了深入研究非书面作业的有关问题,枞阳中心学校于2021年申报了安徽省教育科学研究项目《五育融合视域下小学非书面作业多元设计与实施策略研究》(立项编号:JK21132),项目组以新课程改革的相关理论为指导,以学科整合为途径,以促进学生德智体美劳全面发展、减轻学生过重的作业负担为导向,研究小学非书面作业的多元设计与实施方法和策略。

当前在中小学阶段,转变传统的作业观,研究并推行非书面作业,意义深远,体现在以下五个方面。

(1)落实"五项管理",减轻学生整体作业负担的迫切需要。受升学考试的影响,学生课后总有大量的书面作业,学业负担过重,挤占了他们睡眠、阅读课外读物、休息娱乐、锻炼身体、参与社会活动的时间,这不符合孩子身心发展特点,严重阻碍了孩子的社会化进程。课外作业提效减负是孩子和家庭的强烈呼唤,是学校和社会的努力方向。必须不断优化作业布置策略,用以替代部分低效的书面作业,减轻学生的整体作业负担。

(2)实施"五育"并举,促进学生德智体美劳全面发展的需要。传统的书面作业是课堂教学的延续,其目的主要是巩固课堂教学的新知,训练学生的基本功。其实作业的布置应以"育人"为主,"知识点训练"为辅。根据课程目标设计多元的融合型非书面作业，把知识训练和育人功效有机融合，让作业"跨界"协同，实现五育全面发展，让作业不再是学生的负担，而是学生兴趣的引领，是学生拓展综合素养的延伸。

（3）基于学生素养提升的需求。21世纪的竞争是人才的竞争，人才的竞争体现在全面素养的综合比拼。对比以往相对局限和固定的书面家庭作业，非书面作业具有更多的灵活性和开拓性，学生需要通过眼观、耳闻、手动、足行等综合活动才能完成，它能培养学生的观察能力、倾听习惯、动手能力等，同时开阔视野，开拓思维，提高眼界，提升格局，增强学生自信，培养学生的口头表达能力，提高学生的思维缜密性，提升学生的综合素养。

（4）提升学生作业兴趣的需要。传统的书面作业增加了学生的课业负担，总是受到学生的排斥和抵触。而非书面作业形式活泼、生动有趣，这种动静相宜、劳逸结合的方式，极大丰富了学生的课外生活，寓教于乐，促使学生走出书房，走进社会，在体验生活的过程中完成作业，这种形式的作业调动了学生的积极性和主动性，从而变"要我做"为"我要做"，提高学生的作业热情。

（5）响应教育评价改革的需要。当前教育主管部门正稳步推进中高考改革，构建引导学生全面发展的考试内容体系，改变相对固化的试题形式，增强试题开放性，减少死记硬背和"机械刷题"现象，传统的机械式书面作业势必会被时代摒弃，替而代之的是多元的综合性的练习。

本书系安徽省教育科学研究项目《五育融合视域下小学非书面作业多元设计与实施策略研究》（立项编号：JK21132）研究成果，系统梳理了项目组研究成果，全书主要分为非书面作业设计问答、非书面作业的类型和案例两部分。上篇"非书面作业设计问答"是以问答的形式阐述了非书面作业的有关理论，这些都是一线教师比较关心、关注的问题。该篇阐述了非书面作业的概念内涵、特点、价值意义，以及设计原则、实施策略、批阅评价方法等内容，分析了非书面作业与书面作业之间的关系，研究了提高非书面作业设计质量、让学生和家长积极参与的方法策略，以及中高年级非书面作业和书面作业的搭配组合策略。本部分还论述了如何布置非书面作业才能更加有效、高效，怎么用非书面作业来发展学生的核心素养，研究了跨学科、长周期、个性化、分层布置的非书面作业的设计思路，探索了结合不同学段的课程目标，优化非书面作业的多元设计内容，形成从低段到高段螺旋上升式作业模式，构建立体化多元作业体系、优化非书面作业的布置策略。结合"双减"背景，优化作业设计，设计新颖的、有趣的非书面作业，让学生在玩中学，在动手实践、表演、游戏中学，感觉不到是在做作业，而是在玩游戏，学生自然感觉到轻松愉快，可以变"要我做"为"我要做"，在减轻学生课业负担的同时，提高作业效率。

下篇"非书面作业的类型和案例"，把非书面作业分成游戏式、表达类、想象类、制作类、合作性、操作型、观察性、实践型、锻炼型、编创类、表演性、创意性、魔术类、发展性、跨学科、创新型、阅读类、项目式18种类型。这些类型大致可囊括所有的非书面作业，但也不是严格意义上的分类，各种类型之间可能有一定的交叉。通过典型案例介绍了不同类型非书面作业的内涵、特点及布置策略等。这些非书面作业及实践案例，以提高学生学习兴趣和巩固课堂教学内容为目的，以实现学生德智体美劳全面发展为目标，以发展学生素养为导向，以口语表达、趣味游戏、阅读视听、动手操作、实践探究等学生喜闻乐见的方式为载体，探究非书面作业的布置策略和实效，优化作业的布置策略。

如游戏式作业是学生最喜欢的作业类型，可改进"小猫钓鱼"扑克游戏的规则，计算20以内的加减法，当两张扑克牌上的数字相加等于11（或其他规定的数）时，就可以钓到"鱼"了，这个游戏对于训练学生的计算速度和准确率很有好处。再如魔术类作业，比方在教学质数和合数后，让学生表演"感应数字"的数学小魔术，先将一副扑克牌剔除A和大小王后，按牌面数字是质数还是合数分成两堆，让观众从任意一堆牌中任意抽出一张插进第二堆，学生通过"感应"能迅速找出观众抽出的那张牌。学生在表演的过程中，进一步感知了质数和合数的意义，可逐渐记住20以内的质数。这些非书面作业是学生喜闻乐见的形式，需要学生通过眼观、耳闻、手动、足行等综合活动才能完成，具有更多灵活性和开拓性，能培养学生的观察能力、倾听习惯、动手能力等，这种动静相宜、劳逸结合的方式，极大丰富学生的课外生活，寓教于乐，可促使学生走出书房，走进社会，在体验生活的过程中完成作业，调动学生的积极性和主动性，提高学生的作业热情。同时也开阔视野，开拓思维，提高眼界，提升格局，增强学生的自信，培养学生的口头表达能力，提高学生的思维缜密性，促进德智体美劳诸方面全面发展。

综上所述，结合当前"五育"并举的教育背景，本书通过对小学生非书面作业多元设计与布置策略的研究，探索适应小学生非书面作业的类型及其设计形式，旨在不断优化非书面作业的布置内容，替代低效的书面作业，减少整体作业时长，真正减轻学生的作业负担，让学生在轻松、愉快的作业环境中学习知识，用非书面作业多元化的载体和形式培养他们的实践能力、创新意识和创新精神，提升学生的综合素养，把知识训练和育人功效有机融合，让作业"跨界"协同，达到作业的"育人"功效。

目　录

序 ·· 1
引　言 ·· 1

上篇　非书面作业设计问答 ·· 1

问题 1　什么是非书面作业? ··· 7
问题 2　非书面作业有什么价值和意义? ······································ 10
问题 3　为什么要布置非书面作业? ·· 14
问题 4　布置非书面作业不是增加学生课业负担吗? ······················· 16
问题 5　布置非书面作业，学生完不成怎么办? ···························· 19
问题 6　如何提高家长参与非书面作业的积极性? ························· 22
问题 7　留守儿童难以完成非书面作业怎么办? ···························· 25
问题 8　非书面作业就不能动笔吗? ·· 30
问题 9　非书面作业与书面作业之间的关系? ······························· 34
问题 10　如何将书面作业与非书面作业有机联系起来? ·················· 38
问题 11　如何提高非书面作业的设计质量? ································· 42
问题 12　非书面作业真的能提高学生学习的积极性吗? ·················· 48
问题 13　如何布置有趣更有效的非书面作业? ····························· 50
问题 14　对于中高年级，难以找到合适的非书面作业怎么办? ········ 54
问题 15　如何批阅非书面作业? ··· 58
问题 16　如何评价非书面作业? ··· 62
问题 17　如何提高非书面作业的效用? ······································· 66
问题 18　在实施非书面作业时，要注意什么? ····························· 70

— 1 —

问题 19　在非书面作业中，如何培养学生良好的学习品质？……… 74
问题 20　基于学情，如何优化非书面作业的布置？…………… 79
问题 21　如何分层布置非书面作业？………………………… 83
问题 22　如何设计非书面作业的单元目标？………………… 87
问题 23　大单元教学背景下，如何有效布置非书面作业？… 91
问题 24　如何设计跨学科非书面作业？……………………… 95
问题 25　长周期的非书面作业如何设计？…………………… 100
问题 26　在非书面作业中，如何促进学生的学科素养？…… 104
问题 27　影响非书面作业的效果因素有哪些？……………… 109
问题 28　在非书面作业实施中，如何布置个性化作业？…… 112
问题 29　如何建构高质量的学科非书面作业体系？………… 117

下篇　非书面作业的类型和案例 ………………………… 121

游戏式作业 ……………………………………………… 126
表达类作业 ……………………………………………… 133
想象类作业 ……………………………………………… 143
制作类作业 ……………………………………………… 152
合作性作业 ……………………………………………… 159
操作型作业 ……………………………………………… 166
观察性作业 ……………………………………………… 174
实践型作业 ……………………………………………… 180
锻炼型作业 ……………………………………………… 191
编创类作业 ……………………………………………… 199
表演性作业 ……………………………………………… 209
创意性作业 ……………………………………………… 217
魔术类作业 ……………………………………………… 225
发展性作业 ……………………………………………… 233
跨学科作业 ……………………………………………… 243
创新型作业 ……………………………………………… 257

阅读类作业 …………………………………………………… 262
　　项目式作业 …………………………………………………… 271

附　录
　　《五育融合视域下小学非书面作业多元设计与实施策略研究》对比实验分析报告 ……………………………………………………… 287

后　记
　　感恩，感悟 …………………………………………………… 293

上篇

非书面作业设计问答

作业是学生持续学习的一种动力场和一种生命成长的方式，它的本质是学生自主学习的过程。学科作业是学生学习的重要环节，也是学生巩固基础知识、养成良好学习习惯、提高学习能力、培育综合素养的重要途径，还是师生评价、家校沟通、教与学改进的重要依据。传统作业存在的弊端主要表现为：作业缺乏目标意识；难度上存在两个极端，要么太简单的作业占比非常高，学生机械重复地训练显得枯燥无味，要么太难，让很多学生无从下手，丧失挑战的信心；作业结构不合理，类型比例、难度比例失调，导致作业完成时间长；作业功能太单一，作业缺乏差异性，作业内容与教学脱节，作业管理内涵不足，作业批改与评价方式单一等。这样的作业对小学生来说是沉重的学习负担，无限制地占用学生的睡眠、娱乐和休息时间，严重地影响了学生的身心健康，不仅不能激发学生自主学习的动力，反而严重制约了学生的发展，甚至让学生产生厌学情绪。因此，我们必须要改革这种负面影响过大的传统作业。

2021年7月中共中央办公厅、国务院办公厅印发《关于进一步减轻义务教育阶段学生作业负担和校外培训负担的意见》（以下简称"双减"政策）明确指出："发挥作业诊断、巩固、学情分析等功能，将作业设计纳入教研体系，系统设计符合年龄特点和学习规律、体现素质教育导向的基础性作业。鼓励布置分层、弹性和个性化的作业，坚决克服机械、无效，杜绝重复性、惩罚性作业，并要求从根本上提高作业设计质量。""双减"政策就是要有效减轻义务教育阶段学生过重的作业负担和校外的培训负担，主要是通过管控作业、提升课后服务水平、规范校外培训行为三种措施，缓解全社会的教育焦虑，促进学生的全面发展和健康成长。由此可见，在"双减"政策下，每一位教师都需要提高认识，力求让教育回归校园，回归本真。校内减负的关键在于作业的高质量设计，教师作为学生作业设计的主体，其作业设计的数量和质量直接关系到学生的学业发展和身心健康。这就要求学科教师具备作业设计的能力和水平。除了通过减少机械重复、枯燥乏味的书面作业来减轻学生的作业负担之外，教师还应该设计适量的、高效的非书面作业。

优质的作业设计，不但能够实现作业的基础功能，而且能够提高学生的学习兴趣，激发学生的学习动力。这就要求一线教师在设计作业的时候不能一刀切，要因生制宜、因班制宜、因校制宜。在这种大环境、大背景下，非书面作业的设计成了"双减"政策后各大校园内掀起的一场"作业革命"热潮。因为非书面作业绝不是机械重复式的抄写、计算，大多数情况下非书面作业是不需要学生动笔写下答案、解题步骤、解题思路的作业，也没有严格的格式要求。不仅如此，非书面作业的形式更为多样化，更具灵活性、拓展性和延伸性。

优秀的非书面作业不仅能实现减负不减质，更能激发学生在德智体美劳五育并举中全面提高综合素养。不过设计非书面作业对多数教师而言，还处在摸着石头过河的探索阶段，每个教师的理解和实践不一样，导致这一新的探索出现了一些亟待解决的问题与现状。

问题与现状一：放学铃声已响起，语文老师一边赶往教室一边思考着，今天该布置什么非书面家庭作业呢？随后，老师便脱口而出布置了这样的非书面家庭作业：一是把第五课课文多读几遍，最好能熟读成诵；二是认真预习第六课。

问题与现状二："你们的家长到底有没有检查你们的家庭作业，签名了吗？"老师在教室严厉地批评道。孩子们纷纷低下头，小声嘀咕道："我爸爸让我自己做""妈妈忘记了"……

问题与现状三：这是一份对某班45名二年级学生非书面作业的问卷调查，结果显示：喜欢教师布置的非书面家庭作业的学生占47%，能按教师要求认真完成非书面作业的占39%，能积极配合老师完成各项作业、及时掌握学生完成作业情况的家长仅占30%，其他统计数据也不容乐观。

针对上述问题与现状，教师对部分学生和家长进行了调查和访谈，更对自身进行了深层剖析，发现隐藏于现象之后的深层原因。一是教师不能真正理解"非书面作业"，片面地认为不需要动笔写的就是"非书面作业"了。因此，很多教师不假思索，随意地布置"非书面作业"，形式仍然单一、枯燥无味。再加上"非书面作业"不能有显性的检查指标，使得教师自己对布置"非书面作业"质量不够重视，内容主要是学习课文之前读几遍，学完课文之后要求学生熟读课文或者背诵课文。二是家长不配合，顺其自然无所谓的态度。在很多家长的心目中，作业就应该是写写算算，至于"非书面作业"，可能是由于工作压力、时间所迫等原因觉得是可有可无的，完成或者不完成也是看不见摸不着，家长或者老师检查不了，做得好与不好都是无足轻重的。

以上种种问题都是因为教师和家长都没能真正了解"非书面作业"，这样不仅不能达到"减负增效"的目的，反而还在增加学生的作业负担。因此，对于"非书面作业"，我们每一名学科教师需要树立科学、正确的作业观，必须弄清一系列问题，如：为什么要给学生布置这份"非书面作业"？我设计的"非书面作业"是解决什么问题的？我设计的"非书面作业"是否经过反复斟酌、仔细精选？我设计的"非书面作业"是机械重复的还是举一反三的？这些作业学生完成后可以达到什么样的效果？"非书面作业"设计的数量和时间长度是否合理？有没有考虑到不同层次的学生需求？教师有没有去尝试下作业？……如果学科教师每次布置"非书面作业"时都能像上述这样多角度地去积极思考，那么我们的"非书面作业"才会是趋于合格的非书面作业。倘若"非书面作业"的设计仅仅流于形式，那不仅会大大降低作业的实效，更是会背离了减负的初衷。

近年来，为了让更多的一线教师更深入地去了解"非书面作业"，并设计出优秀的"非书面作业"，很多的教育专家和一线教师都在积极探索、努力创新。自 2020 年开始，枞阳中心学校成立了课题组，启动并持续地开展了"五育融合视域下小学非书面作业多元设计与实施策略"的研究与实践，并取得了一定的研究成果，最终以《好玩有趣更有效的非书面作业设计新思路》这本书向大家分享课题研究中获得一些经验。

本篇内容为"非书面作业设计问答"，着重介绍了两年多来，枞阳中心学校课题组在实地考察、积极调研、充分实践的基础上，综合多方面的因素分门别类地介绍有关"非书面作业"设计的 29 个主要问题：

问题 1 什么是非书面作业？
问题 2 非书面作业有什么价值和意义？
问题 3 为什么要布置非书面作业？
问题 4 布置非书面作业不是增加学生课业负担吗？
问题 5 布置非书面作业，学生不完成怎么办？
问题 6 如何提高家长参与的积极性？
问题 7 留守儿童难以完成非书面作业怎么办？
问题 8 非书面作业就不能动笔吗？
问题 9 非书面作业与书面作业之间的关系？

问题 10　如何将书面作业与非书面作业有机联系起来？
问题 11　如何提高非书面作业的设计质量？
问题 12　非书面作业真的能提高学生学习的积极性吗？
问题 13　如何布置有趣更有效的非书面作业？
问题 14　对于中高年级，难以找到合适的非书面作业怎么办？
问题 15　如何批阅非书面作业？
问题 16　如何评价非书面作业？
问题 17　如何提高非书面作业的效用？
问题 18　在实施非书面作业时，要注意什么？
问题 19　在非书面作业中，如何培养学生良好的学习品质？
问题 20　基于学情，如何优化非书面作业的布置？
问题 21　如何分层布置非书面作业？
问题 22　如何设计非书面作业的单元目标？
问题 23　大单元教学背景下，如何有效布置非书面作业？
问题 24　如何设计跨学科非书面作业？
问题 25　长周期的非书面作业如何设计？
问题 26　在非书面作业中，如何促进学生的学科素养？
问题 27　影响非书面作业的效果因素有哪些？
问题 28　在非书面作业实施中，如何布置个性化作业？
问题 29　如何建构高质量的学科非书面作业体系？

虽说"非书面作业"这个名词大家可能已经耳熟能详了，但我们一线教师对其真正的含义、价值、影响因素、注意事项等诸多问题并不了解。此篇所列举的 29 个问题也正是一线教师在教学实践中设计和布置"非书面作业"时常常被困扰的。这些问题正是以当前的"五项管理""双减"政策为教育背景，以学科课程标准、小学生的年龄特点、思维方式等多个方面为出发点，结合小学各学科的具体案例展开陈述，为我们答疑解惑。

仔细阅读篇章中的 29 个问题，相信我们一线教师对于"非书面作业"的设计定会有新的认识，甚至会有"山重水复疑无路，柳暗花明又一村"的感觉。阅读本书，你可以知道"非书面作业"设计要从大单元视角整体规划，针对学习内容的目标以及学生的学习特点，进行作业设计与实施，形成完整的作业体系，促进大单元目标和学段目标的达成。要关注知识体系、大单元目标、课时内容之间的关联性及递进性，各课时的作业内容要有针对性和延展性。"非书面作业"设计还应该体现大概念，不仅要关注知识面、技能面、态度面，更要将"学知""做事""做人"联结起来。

"非书面作业"设计的整体目标定位是设计"非书面作业"的基石，更是提升"非书面作业"质量的保证，而目标的整体定位应该依据学生现在的学习水平、围绕学科大概念来展开，融入学科核心素养、学科课程标准、单元教学目标，依据课时进度进行统一任务群设计。进行"非书面作业"设计前教师应该深度解读教材，明确核心知识，调查分析学情，分析单元的知识和技能、思想与方法、现状与困惑，以此进行有目的、有指向的"非书面作业"设计。

任何学科的"非书面作业"都应该以巩固知识、激发学习兴趣、提高学习能力为目的。教师应该明确作业设计的初衷，在"非书面作业"设计中强化大概念的理解与应用，采用大单元整合的作业设计的一般路径，厘清单元非书面作业设计的原则，突出分层设计、关注过程差异，注重全面评价。

书中还明确提出"家校共育才能形成教育合力，更好地促进学生的全面发展。作为教师，要想让学生能够高效完成'非书面作业'，提升家长参与的积极性势在必行。提升家长参与的积极性，需要从提高家长思想认识着手，从真正关心孩子、激发家长参与兴趣并让家长参与非书面作业设计，多管齐下，共同发力"。此外，大家普遍关注的"留守儿童难以完成非书面作业"的问题也给我们提供了解决的方法：认为造成这种状况主要在于家庭作业量大、难度大、形式单一，还有教师和学生之间缺乏沟通，留守儿童自觉性差，家庭缺乏必要的监督等多方面原因，解决的方法主要采取精心设计非书面作业，与留守儿童多沟通，多关心他们的学习和生活，促进情感交流，形成多方面监督，促进自觉性的养成等一些行之有效的方法。

总而言之，给孩子学习的自主感、胜任感和价值感，才能激发他们学习的内在动机，在"非书面作业"的布置中，好的非书面作业设计是推动和优化课堂教学的"兴奋剂"，它不仅能使学生的个性得到张扬，让学生的思维得到拓展和升华，达到举一反三的效果，而且能让师生以最少的"量"，达成最优的"效"。唯有这样，作业才能高效、才会育人，教学的质量才会不断提升。

问题1　什么是非书面作业？

一、非书面作业的含义

非书面作业，是指不需要或者不能用文字形式完成的作业，以提高学习兴趣和巩固课堂教学内容为目的，以发展学生素养为导向，以口语表达、趣味游戏、阅读视听、动手操作、实践探究等形式来完成。非书面作业这一概念虽然提出的时间比较早，但因为书面作业强势，而被严重忽视显得微不足道。很多教师特别是高年级教师在布置作业时，往往以书面作业为主甚至全部是书面作业，非书面作业就很少甚至没有。随着新课改的深入，国家"减负"相关政策的推进，非书面作业从"小荷才露尖尖角"成为"山花烂漫的一枝"。围绕非书面作业的各种讨论日趋热烈，使人们对非书面作业的认识逐渐加深，尤其是教育者都在关注它的内在魅力。新课程的不断改革，让现在的教学理念也发生了巨大的变化。单一的教学模式已满足不了学生日益增长的知识需求，同样，单一的作业形式也满足不了学生自身发展的需要。因此，非书面作业设计引起了广大教师的关注。

相较于传统的书面作业，非书面作业具有传统书面作业的优点且更省时高效，更重视学生综合能力的运用，也更能培养学生各方面的能力。设计出好的非书面作业，可以在真正意义上帮助学生"减负"，让他们在快乐中获得良好的教育。非书面作业的实践性、操作性、趣味性和人文性，也有助于学生脱离枯燥的书面学习，更利于培养学生学习的积极性。

在教学实践中，设计非书面作业，不再让学生局限于书面的练习，而是把学习的空间延展到更为广阔的生活中，这样能充分调动学生的多种感官参与学习活动。非书面作业是一种实践性极强且集听、读、背、演等于一身的作业模式，其设计方法丰富多样、灵活变化，教师应根据学生的实际情况，设计出符合学生发展特点的作业。非书面作业改变了家庭作业"做"的专属模式，将阅读书籍、游戏活动、兴趣表演、社会实践、采访调查等纳入作业的范畴中，以真正体现学生的个性化学习。非书面作业在张扬学生个性的同时还能丰富学生的课余生活，增长学生的见识。

二、非书面作业的现状分析

2018年，教育部等九个部门印发的《中小学生减负措施》要求小学低年级段不布置书面形式的家庭作业，并规定了作业时间量。这一举措让非书面作业有了立足的机会，促进作业产生"从做转变到学、从课堂转移到生活、从书面拓展到综合实践"的转变。可见非书面作业的出现既是适应当前"双减"形势的需求，又能促进学生身心的健康发展。目前家长对非书面作业认识不够，督促学生在家完成非书面作业的力度也不够。部分家长认为没有书面作业会影响学生对知识的掌握程度，更会影响学生今后的考试成绩。有鉴于此，学校应加强和家长的联系，提高家长对非书面作业的正确认识，才能更好地让家长在家督促学生按时完成非书面作业，从而形成学校、家庭、社会教育一体化，更有效地推进非书面作业的实施和发展。

三、非书面作业的设计

非书面作业虽然形式多样，但是如果教师不能明确作业设计的目的，不能把握非书面作业的特点，那么，设计出来的非书面作业的质量就不会太高，作业所要达到的效果也就会不尽如人意。大部分学生对枯燥无味的书面作业或多或少地感到厌烦甚至抵触，而非书面作业的到来，让他们摆脱了纸和笔的枷锁，面对全新的作业形式，他们新奇、兴奋，乐于接受。而家长对这种作业设计却有着一种复杂的情绪。喜的是这种作业设计模式多样化，能够提高孩子的各种能力，有利于孩子的身心发展，但非书面作业的检查却变得比较困难，学生完成起来有时偷工减料，敷衍了事，作业的效果有待考量。另外,非书面作业要达到预定的效果,操作起来也并非易事,需要教师精心设计、学生认真完成和家长耐心配合才行。非书面作业的设计应有明确的目标。同书面作业一样,教师在布置非书面作业时,应当结合学科特点、课堂知识点和学情等情况设计出符合学生身心发展的作业。非书面作业要有一定的趣味性,有适宜学生发展的高度与难度,学生通过"踮踮脚""跳一跳"才能很好地完成。只有在这样的过程中,学生的综合能力才会不知不觉得以提高,作业的效果才能达到。要针对不同水平的学生因材施教,设计出具有差异化且完成方式多样化的非书面作业。这样,不同层次的学生都会乐于接受这种作业方式,在心情舒畅的心理状态下积极主动地完成作业,提高他们的做题效率,提升他们的综合素质。

四、非书面作业的评价

非书面作业评价要多元化,不能局限于单一的等级评价。为了激发学生完成非书面作业的兴趣,家校要加强沟通,合理分工。非书面作业的评价应和书面作业同等重要。非书面作业也能反馈学生的学习情况,体现作业的新颖性、趣味性,提高学生的学习兴趣,使作业满足不同学生的不同需求。因此,在非书面作业评价时,应体现它的时效性、多面性和合作性。教师不能用单一的好或不好评价学生的非书面作业,要从学生完成非书面作业的时间以及在完成作业时的主动性和探索性等各方面进行综合的评价。评价的方式可以用作品展示、舞台表演、趣味问答等有趣的形式让学生感受到完成非书面作业的成就感,从而不断提高学生的综合能力。

问题 2 非书面作业有什么价值和意义？

作业，作为课堂教学的一个重要环节，是学生巩固知识、获得新知的一种有效途径，也是架起学生课内与课外学习的桥梁，是对学生课堂所学知识的深化与应用。可见，作业至关重要。作业可以分为两大类，即书面作业与非书面作业。

2021年7月，中共中央办公厅、国务院办公厅出台"双减"政策，特别提出小学一二年级不能布置书面作业，小学三至六年级书面作业平均完成时间不得超过60分钟。在"双减"政策的保证下，非书面作业的覆盖面越来越广，也要求教师应根据学生的认知发展水平、年龄特征，布置适宜、创新且能促进学生健康成长的非书面作业。那么，非书面作业对学生而言有什么价值和意义呢？

一、非书面作业可以增强学生的学习兴趣

莎士比亚曾说：学问必须合乎自己的兴趣，方可得益。现在的学生只要一说到作业，大部分都会产生抵触心理，或是找各种理由拖延，这就表明学生是不愿意主动完成作业的，这也是书面作业的一大弊端。虽然学生内心都明白作业可以帮助自己巩固已学知识、提高学习成绩，可就是提不起兴趣，而学生对作业的这种负面情绪又会大大降低他们的学习热情。由此，教师要合理采用非书面作业的形式，有效改变这种不良现象。学生如果在此过程中发现各科的作业形式均有所改变，强烈的好奇心就会驱使他们积极主动地参与到作业的完成中，并且在非书面作业的完成过程中探索出更多新的领域，这对学生的学习能力的提升具有促进作用。

二、非书面作业具有多元性

非书面作业不仅打破了书面作业单一枯燥的形式，还打破了书面作业的封闭时空，能够从不同的角度增强学生的学习动力。学生在课堂中学习的知识大多是间接经验，且用耳朵听来的知识忘得也快，只有通过看才能记得住，只有通过动手做体会才更深刻。非书面作业形式的多元化和内容的丰富性，能让学生更好地把课堂上学习的理论知识，与生活实际相结合，把知识转化为技能，进而形成能力。

学生对书面作业产生厌烦心理的重要因素除了作业繁多外，就是作业的形式单一。这也是为什么在国家出台"双减"政策后，老师们减少了作业的数量，但学生对作业的完成还是提不起精神。而非书面作业的多元性便是让学生爱上作业的一种很好的策略。因此，教师要运用非书面作业的多元性来丰富作业的内容，让学生通过形式多样的非书面作业来感受不同学科的魅力。

家庭作业不一定非要用文字呈现出来，完全可以借助不同的形式来达到预设的效果，这也符合当下素质教育的理念。充分发挥学生的能力，一方面可以加深学生对知识的理解，另一方面可以拓展他们的学习空间。无论哪门学科，都要求培养学生自主、合作、创新的学习能力，非书面作业的多元性也意味着学生不会固步自封，机械地完成老师布置的家庭作业，而是走出课本、走进生活。非书面作业更加贴近学生生活，形式多样化，内容更加丰富，如有趣的游戏式作业、实际操作类作业等。现在是信息化社会，教师也可以布置一些学生在网络上完成的作业，如拍摄视频发到社交平台，教师也能及时地跟踪和指导。灵活多样的作业形式让学生的实践能力、创造能力、解决问题能力都得以大幅提升。学生才是学习的主人，多元性的非书面作业。激发学生的主观能动性，调动学生的多种感官去体验、思考，将生活与作业恰如其分地融会贯通。

三、合理地建立分层作业能够满足学生的成长需求

每个学生都是不同的个体，不论是兴趣爱好、学习能力还是认知方式都

存在着差异，非书面作业的设计形式可以很好地帮助教师分层设计作业，真正做到因材施教，让不同的学生在各科学习中的能力得到最大的发展。在一个班级中，学生的学习能力和水平参差不齐，教师布置传统的书面作业难易程度统一，内容相同，就会导致学习好的学生轻易就能完成，没有任何挑战；而对于学习能力稍逊的学生，面对棘手的作业不知所措，久而久之也就不愿意认真完成作业了。教师此时如若改变作业设计的策略，根据学生认知能力发展的不同需求布置不同内容和不同形式的作业，让"优等生吃得饱，学困生吃得了，中等生吃得好"，既可以让不同层次的学生都能学有所得，又能充分给予学生信心，激发他们的学习积极性，让每个学生都能够带着愉悦的心情参与到作业中来。

四、非书面作业对学生综合能力的提升大有益处

非书面作业类型丰富，便于培养学生的综合能力，发展学生的核心素养。

第一，非书面作业可以鼓励学生主动学习和自主探究。与传统的书面作业相比，非书面作业更加注重学生的实践能力和创造性思维。例如，学生可能需要进行实地考察、实验观察、调查研究等，这些活动可以激发学生的好奇心和求知欲，促使他们主导学习过程。通过自主探究，学生可以更深入地理解课堂所学的知识，并将其应用于实际情境中，提高知识的实际运用能力。

第二，非书面作业可以培养学生的合作与沟通能力。很多非书面作业都需要学生进行小组合作或团队合作。在这个过程中，学生需要相互交流、分享观点、协调合作，从而培养他们的合作能力和团队精神。同时，通过合作完成任务，学生也能够锻炼自己的沟通能力和表达能力，提高与他人有效沟通的能力。

第三，非书面作业能够培养学生的创造性思维和解决问题的能力。与传统的书面作业相比，非书面作业通常更加开放和灵活，能鼓励学生运用多种途径和方法来解决问题。这种灵活性可以激发学生的创造力，培养他们的问题解决能力和创新能力。通过非书面作业，学生可以思考并尝试多种方法来解决问题，从而培养他们的批判性思维和分析能力。

第四，非书面作业有助于培养学生的实践能力和实际操作技能。书本上

的知识只有在实践中才能得到真正的理解和应用。通过非书面作业，学生可以将所学知识应用于实际生活中，进行实际操作和实践探究。例如，学生可以通过实地考察来了解自然环境，通过实验来验证科学原理，通过社区服务来关爱他人。这些实践活动可以加深学生对知识的理解，提高他们的实践能力，并培养他们解决实际问题的能力。

第五，非书面作业有助于培养学生的综合能力和自主学习能力。非书面作业通常涉及多个学科领域的知识和技能，要求学生进行综合运用和综合分析。这可以帮助学生建立跨学科的思维方式，促进他们综合能力的发展。同时，非书面作业的完成过程需要学生自主规划和管理时间，这可以培养他们的自主学习和自我管理能力。

综上所述，非书面作业对学生的学习和发展具有重要的价值和意义。它可以鼓励学生主动学习和自主探究，培养学生的合作与沟通能力，拓展学生的创造性思维，提高问题解决能力，培养学生的实践能力和实际操作技能，提高学生的综合能力和自主学习能力。因此，教育者应该重视非书面作业的设计和实施，为学生提供更加丰富和多样化的学习体验，变被动接受为主动探究，变狭隘课堂为广阔生活，让简单重复、枯燥乏味的书面作业转变为创新趣味的非书面作业，让每位学生都可以在乐中巩固，在做中学，在非书面作业中发掘出自己身上更多的闪光点，形成多种能力，让每位学生切实增强对学习的渴望，最终得到全面和谐的发展。

问题3　为什么要布置非书面作业?

"双减"政策的全面落地,减轻作业负担已成为当前素质教育不可逆转的发展趋势。非书面作业的倡导与推行,有助于缓解学生作业负担过重的焦虑,也给学生自由成长、自我悦纳腾出了时间和空间。另外,新课标理念推崇学校教学应不止于课堂,学生学习不止于教室。布置非书面作业将更加有利于课外知识的拓展,有利于落实"减负提质"的教学需要。研究发现,有效、有趣的非书面作业能够全面又科学地激发学生的学习兴趣,培养学生的实践能力,提升学生的综合素养,让学生在做作业的过程中充分体验学习的美好与快乐,从而享受每一天的学习与生活,感受新时代的美好。

当前国家"双减"政策规定,确保小学一二年级不布置书面家庭作业。没有书面家庭作业,孩子回家做些什么呢?这就给教师提出了新的思考和挑战,我们认为减轻学生的负担,并不等于放养。一线教师必须改变传统教学模式,深入学习新课标,提质新课堂,尤其在作业设计方面,更要多动脑筋思考以什么样的作业形式来激发学生的学习兴趣,设计什么样的作业让不同学生不同学习程度的孩子都能从作业中收获知识、感受成功、体验快乐,这就要求教师应该对学生的课后生活进行多元化的观察和思考,改变以往那种书面形式反复操练的单一作业模式,布置一些有效的非书面作业,一些让学生喜闻乐见的非书面作业,也可以让家长和孩子共同去完成。这样不仅可以拓宽孩子的视野,使其掌握更多的知识,而且在增加亲子互动的基础上,加深亲情,这样的作业一定深受孩子的喜爱。

"学而不用则浅,用而不创则废"。非书面作业作为课堂教学的前奏和延伸,它不仅存在于课后的巩固新知,学生会预习并且预习好,同样也是上好一节课的重要保证。预习,了解的不仅是下节课的知识点,同样也是让学生做好各方面知识储备。非书面作业对学生培养自我学习能力，拓宽知识视野并且在预习中对"双商"的培养起着非常重要的作用。以小学英语人教PEP版六年级下册第一单元 *How tall are you?* 为例，在上第一课时之前布置学生回去先了解自己的父母及好朋友的身高、体重等信息，让孩子们在交流中产生情感共鸣，知道关爱他人；第五课时之前又给大家布置一项思考作业：什么时候人的影子最长？什么时候人的影子最短？学生回去查了相关资料，课上交流时有谈到孔子的"两小儿辩日"，有很多同学还解释了地球的公转和自转，还有的同学拿出了手电筒做实验，以此来论证自己的观点。通过这项作业，学生不仅学习到了课本语法知识，更多的是发现了学习的趣味性。这种非书面作业的设计没有无趣的说教，达成了善学、乐学的教育目标。第六课时之前布置大家回去观察父母的身高、爱好，在本单元的作文教学时，将自己和父母进行各方面比较，写作过程中，大家不仅很好地运用比较，达到了知识的正确运用，写出来的文章更具有真情实感，很生动，从而很好地体现了本单元的核心素养目标"我爱我家"的教学主题。

作业是课堂教学的巩固和拓展，非书面作业更是课堂"提质增效"的需要。题海战术曾经风靡一时，即使是低年级的学生也没有摆脱"多做、多练、多写"才能出好成绩的循环。"简单的练习反复做，复杂的问题拼命做。"过多的书面作业让学生对学习出现懈怠、厌烦的负面情绪。而非书面作业形式多样，内容丰富，它不仅关注语言知识和语用能力，也会让学生在学习中发现问题，学会处理问题，获取解决方法，并且在团队合作后交流成果。非书面作业这一形式的出现，更是明确了以能力为重、素养导向为原则的教学目标，也打破了传统的"写"大于"说"的现状。比如让学生制作节电小贴士、利用废纸做手工、垃圾分类宣传、调查用水统计、废品回收体验等这样的非书面作业，让学生体会"厉行节约反对浪费"不仅仅是一句口号，而是一种生活意识，一种幸福的生活态度，号召学生用行动践行，共创绿色家园，让学生在这样的非书面作业中实现深度学习，让学习知识和做人做事达到深度融合。无疑，非书面作业成为孩子学习的一个重要生长点。作为教师，更应该实践新课标强调的实践教学，在活动中、在操作中、在应用中、在体验中学习，引导好不同层次的学生完成教师"有心"设计的非书面作业。

问题4　布置非书面作业不是增加学生课业负担吗？

随着新课改工作的不断推进，非书面作业作为"减负增效"的一种有效措施在教学中得到充分利用。非书面作业可以根据学生实际情况，以多种方式进行布置，它能多方位地激发学生的学习兴趣，促进学生各种素养的发展和提高，但也有些家长对此有困惑和焦虑。我们在调查中发现，部分家长对非书面作业认识不够，没有认识到它的作用，担忧它会影响学生的考试成绩，反而占用学生时间，增加负担，得不偿失。那么，非书面作业的布置是否会额外增加学生的负担呢？这也是摆在教师面前一个不得不考虑的问题。其实，只要我们作业设计时多用心，不断创新作业设计思路，非书面作业就不会成为学生的课业负担。

一、优化作业设计，从源头上把控作业的量

作业作为课堂教学内容的有效延伸和拓展，承担着夯实、检查、反馈学生课堂学习效果的重要任务，在发展学生智力和提高学生核心素养方面，都起着不可替代的作用。因而，作业设计的好坏也就至关重要。这就要求我们要优化作业设计，从而真正做到"减负增效"。

（1）力求作业设计的高品质。作业设计可以从课堂教学内容的实际出发，围绕教学重点和难点，紧扣重要知识点进行设计，做到有的放矢，从源头上减少重复性、机械性作业的布置，力求作业设计高品质。比如在课堂上进行了阅读教学后，教师可以让学生把课文编成生动的小故事，回家讲给家长听

或表演给家长看，这不仅能加深学生对课文的理解和感悟，还锻炼了他们的口头表达能力和情景再现能力。鼓励学生和家长玩一玩"我问你答""我说你演"的游戏，通过游戏激发学生学习的兴趣，让学生在轻松愉快的氛围中掌握字词句运用，提高他们的语文素养。

（2）要精控作业的量。作业量过多的话，会增加学生的学业负担，使他们产生抵触情绪。若作业过少的话，又达不到巩固知识点的效果。教师在布置作业的过程中应精控作业量，以适宜为佳。作业的布置要依据课程标准和教材要求，认真精选具有典型性和代表性的习题，以利于学生理解和巩固所学知识，并培养其熟练的技能技巧。要有一定量的实践性、活动性的作业，使作业质量能够得到进一步的提升，让学生能够以积极的态度去完成作业。

（3）兼顾学科间的融合，让作业变得有趣起来。随着课程改革的深入和教学技术的不断进步，各学科之间的融合也越来越深入，作业的设计也要兼顾到这一趋势，各学科的作业可以围绕同一主题，布置高质量的分层作业。一是节日类作业。可以以节日为契机，深入挖掘传统节日的文化内涵和时代精神，开展以节日主题作业的设计。比如，中秋节的"同赏一明月"主题作业，就可以包含朗诵、吟诗、手工、手抄报、劳动实践等多个项目。经过多次实践之后，相信能进行作业展示的学生会越来越多，他们完成此类作业的愿望就会越来越强烈，作业就不会成为他们的负担。二是阅读"开放类"作业。学校将整本书阅读贯穿于整个学段，使其序列化，每个年级都有不同的主题，如一二年级的童诗童谣，三四年级的寓言故事，五六年级的名著小说等。三是社会实践类作业。综合实践可以融合其他学科设计"端午粽香""巧手"等主题活动，学生可以以小组为单位，带着课题回到家庭、走进社会，共同探究完成，这样，学生完成起来也会其乐无穷，也就感觉不到负担。

二、设计新颖、有趣的非书面作业

非书面作业形式多样，内容丰富，学生比较容易接受，能轻松完成。新颖的非书面作业不但不会增加学生的学业负担，反而能激发他们学习的兴趣，提高他们的综合能力，促进学生的个性发展。非书面作业中可以安排分层作业和小组作业，针对学生的不同情况，布置不同的作业，使每位学生都能在自己能力范围内完成非书面作业，获得存在感和荣誉感，使学生今后更喜欢非书面作业，也会扎实完成各项非书面作业任务，从而培养他们学习的兴趣和良好的学习习惯。非书面作业中小组作业可以培养学生的合作能力和团队精神，小组成员在一起合理分工，互相配合，相互启发，能最大程度上调动学生的积极性，聚焦学生的专注力。如在音乐课中，在学完一首新歌后，可以让学生以小组为单位，集体创编舞蹈动作和给配乐伴奏，以小小剧场的形式展现学生的非书面作业成果。这些活泼生动的非书面作业学生易于接受，且乐于表现，课标中的教学要求和任务也在潜移默化中贯彻落实。教师在设计非书面作业时要根据新课标要求和学生年龄特点，布置合理的非书面作业。教师要和家长经常沟通，提高家长对非书面作业的认识，让家长主动配合学生完成非书面作业，让学生在轻松愉悦的状态下掌握知识，提高能力，从而达到预期的教学效果。非书面作业类型丰富，形式活泼，容易被学生接受，如阅读类作业、表演性作业、实践性作业、艺术类作业等，这些非书面作业一方面发展了学生的个性，减轻了学生的负担，另一方面也锻炼了学生的各种能力，提高了他们的综合素养。这些生动活泼的作业形式深受学生的喜爱，让学生们在玩中学，在动手实践、在表演、游戏中学，让学生感觉不到是在做作业，而是在玩游戏，他们自然就不会感觉到累，让孩子们乐于沉浸在非书面作业的世界中，根本就不觉得是负担。

问题 5　布置非书面作业，学生完不成怎么办？

布置非书面作业，学生完不成怎么办？我们的答案是允许！允许不代表放弃，置之不理；允许也不是说一直允许。如果说学生不完成作业是个问题的话，那么允许就是正确解开这个问题的源头。准确地说，学生有一次未完成作业，这根本就不是问题，可以看作是学生身体或者说是情感上的一种需要，也可以说是一种释放。

学生是完成作业的主体，没有完成作业只是这个主体所呈现出来的状态，要想根本解决问题，必须从"人"这个主体上去下工夫。此时此刻最需要的是和学生敞开沟通的渠道，只有允许，才不会有对抗、抵触和防卫；只有允许，才能创造与之同频的氛围，同频才能共振。一切的谩骂和责罚都是徒劳无功的，甚至还会造成雪上加霜的局面。教育是人的唤醒，而不是某种结果的达成，人要是被有形框架的结果束缚了，那有意识能量的人也就失去了鲜活，失去了灵动和创造。

当我们面对此种情况，首当其冲要问自己：我们的作业过量了没有？我们的作业过纲了没有？我们的作业过低了没有？

量体裁衣，我们觉得是我们每一位教师在布置作业时要综合考量的问题。量体，量谁的体？当然是学生的体。不是我们想布置什么就布置什么，也不是我们需要布置什么就布置什么，而是要根据学生的能动力，结合教学内容的糅合来裁这份作业的"衣"。作业也是要有温度的，作业也是要有情怀的，它不是简单的数字传递。

欢喜，应该是作业完成过程中始终蕴含的情愫。作业的量自然是面向学生的第一次触碰。不言而喻，要是量过多，直接就腰斩了这趟欢喜之旅。作业量的适中，是我们要把握的常态。就是说平时的作业要维持一个常量，不能像过山车一样，有时少得寥寥，有时又多得像山。有了常态，就形成了学生自然的接受力，学生的身体和情感都有了习惯性的接纳。这份欢喜很浅，似乎到一定时候都不会觉察，但是哪天作业过量了，学生的身体或者情感就会像弹簧一样弹出反抗和不悦。这或许就埋下了学生不愿意完成作业的一个诱因。

　　作业的难易度也是欢喜的推进剂。作业难度超越了学生的能力范围，那么学生的安全感将在第一时间里遭到侵袭。因为不会、做不出来，畏惧、躲闪这些与生俱有的情感犹如手榴弹一般扔了出来，阻碍了学生继续前行的脚步。如果没有外力的援助，"不写"就成了名正言顺的结果。与之相反，作业设计的难度过低，机械烦琐也同样会出现学生不愿意完成的现象。因为简单而显得苍白，学生无法体验成就感，内心的欢喜没有得到激活，一些富有创造力的学生遇见了这样的作业，无精打采是他们的表现，偷懒成了他们内心隐藏着的小心思。

　　一份适量且具有挑战性和可控性的作业，是我们每一次作业设计要遵循的规则。这样的作业将成为一个载体，如一份营养滋养学生的价值感，为他们亲近学习的安全感保驾护航。

　　永远不要忘记学生是个人，不管他有多小。如果一个教师忽视这一点，那么其教学注定是失败的。既然是人，那么学生和教师之间的地位是平等的。凌驾于这份平等所言说的"爱"对学生来说，都是在伤害。尊重、信任、关爱无时无刻不流淌在师生之间，交融在教学活动之间，升腾在作业评价之间。

　　当我们面对学生没有完成作业的时候，评价的信念需要刹刹车。低下身去，问问"为什么？"，倾听是我们第一时间需要做的。那个"为什么"，它没有责备，没有棒喝，没有愤怒，有的是朋友间的尊重，亲人间的关爱，人与人之间的信任。有了这样的能量场域，学生才会和盘托出或真实相告，不论在任何时候，都要笃信没有坏的孩子。

　　当然，这份爱也要有一种阅读的能力，就是要读懂学生那个为什么背后的真实需要。有了这份阅读力，我们的爱才保有一份"火眼金睛"，才能准确无误地探明学生没有完成作业的根本原因。

　　当一个精气神不足的学生说"我忘记写作业了"，面对这样的回答，不能简单地回复一句"补起来,下午交"。因为这样的情况会在这个学生身上继续上演。隔靴搔痒的现象在作业反馈中屡见不鲜。要有与学生察言观色的查访,了解学生的心理状况;要有与家长推心置腹的交流,清楚学生的生活状况,从身心两个方面去推断学生的需要。在学校和家庭两个阵地的力量下完成对学生由内而外的唤醒。

同样,一个能力较弱的学生没完成作业,不能视而不见,或者"他就那样"似地无动于衷。对于这样的学生,需要给予其学习上的助力。这份助力不仅来自作业的完成,更多的是来自自信的鼓舞。自信是一个人内在力量的明信片,是一片"帆"!在教学活动中,要为学生创造"刮目相看"的情境;在班级事务中,要让学生有"用武之地"……相信时间会给我们惊喜。

一份小小的作业背后,其实是知识的运用,爱的付出,人的成长,当这一切都以温柔且有力量的方式呈现的时候,那才真正是教育魅力的最好展示。

问题 6　如何提高家长参与非书面作业的积极性？

一个学生的成长，是与家庭教育、学校教育和社会教育的影响分不开的。三种教育形成合力，才能给学生带来更好的发展。

一般来说，家长对作业有着复杂的情感，这种情感影响着他们的孩子和家庭生活。大多数家长都很看重常规家庭作业对学习成绩的好处，并期望它在教育过程中发挥重要作用，即便是孩子花在家庭作业上的时间会影响家务劳动、兴趣爱好和家庭生活等，他们仍然乐于接受。而非书面作业就不一样了，一时看不到效果还费时费力，加上许多家长认为很多非书面作业的设计很糟糕，千篇一律、枯燥乏味，学生和教师之间缺乏有效的反馈互动。因此，对于非书面作业，就出现了家长不闻不问，学生应付了事或者根本不完成，而老师也很难检查学生的完成情况。细细想来，同一个班级的学生接受的课堂教育是相同的，布置的作业也是相同的，而很多成绩优异的学生大都成长在家庭氛围和谐、家长主动参与孩子非书面作业的环境中。

作为老师，要想让学生能够高效地完成非书面作业，提升家长参与的积极性势在必行。那如何才能提升家长参与孩子非书面作业的积极性呢？不妨从以下几点谈谈我们的看法。

一、教师真正关心学生的成长，用心设计高质量的非书面作业

现在的孩子都是家长掌心的宝，没有哪一位家长不疼爱自己的孩子。只要我们以诚相待，把家长当作我们的亲朋好友，视学生为自己的子女，为孩

子创设美好的学习环境，调动家长的积极性，给学生温暖的笑脸，让家长深刻体会到我们对学生的爱以及对他们的尊重，同时用心钻研教材，了解学生的学情，布置高质量的非书面作业，家长就会主动配合学校的工作。

二、学校要通过多种途径宣传相关教育政策和教育理念，用情与家长沟通交流

应试教育、唯分数至上在家长的心中根深蒂固，绝大多数家长的认识也深受此影响。在他们看来，想要提升成绩就是要不断"刷题"，家长们认为题海战术是提高学生成绩的重要途径。无论是学生还是家长的意识里都认为需要动笔的书面作业是必须完成的，而且要尽可能不出错，因为这是在"刷题"，是在检验孩子知识的掌握情况，是可以为考出好成绩作铺垫的，况且这种书面作业也能收到老师的反馈。

要想改变家长对孩子学习的传统观念，学校可开展各种活动，通过多种途径与家长沟通交流，如家长学校、专家讲座、家长论坛等平台，潜移默化地渗透教育理念，号召家长积极参与到非书面作业中来，改变他们陈旧的思想认识，引导他们用发展的眼光看待教育、看待自己的孩子。同时教师要通过多种有效的方式与家长交流，晓之以理，动之以情，让家长真正明白非书面作业的重要价值和意义，从而将其与书面作业放在同等重要的地位。

三、教师要长久关注学生的兴趣，耐心等待学生看得见的成长

兴趣是最好的老师，坚持是最好的见证。任何一件事都是始于兴趣，久于热爱，终于坚持。家长意识到非书面作业的重要性后，能否持之以恒地参与到孩子的非书面作业中，有没有高质量的陪伴，在于学生和家长的兴趣。

想让家长对教师布置的非书面作业保持浓厚的兴趣，首先要让家长认可教师非书面作业的设计适合自己的孩子，有利于兴趣的培养和能力的提升，家长自然也就有了兴趣。让兴趣带领着学生，学生才会觉得完成非书面作业是一件赏心之乐事；让兴趣带领着学生，学生完成起非书面作业就会事半功倍；让兴趣带领学生，学生才会想要进一步去探究作业，去攻克难题。用兴

趣去唤醒学生对非书面作业的欲望，从而提高他们的学习素养，让他们的学习成绩更上一层楼。这些可以提升家长对非书面作业的关注度，提高他们的积极性，让他们能坚持参与到学生的教育中来，持之以恒地配合老师督促孩子尽可能高效地完成非书面作业。

非书面作业设计激发孩子和家长兴趣的关键在于能否顺应孩子每个阶段的心理特点，体现作业的差异化，对于不同的学生要设计分层作业。简单来说，不同的学生可以做不同的非书面作业，可以使用不同的材料，或者以不同的方式呈现自己的作业。教师要及时和家长取得联系，共同分享学生的成长。

四、学校让家长参与非书面作业设计，定期和家长分享参与学生非书面作业的快乐

近年来，社会越来越重视并鼓励父母参与孩子的教育。多项研究也一致强调一个事实：父母或监护人参与孩子的作业时，他们在教育成就方面的功效显著增强。父母支持和参与孩子的家庭作业（包括书面的和非书面的），既提高了孩子的作业完成率，也减少了孩子在完成过程中出现的种种问题。当父母对所做任务表现出兴趣，鼓励孩子完成活动，并列出活动计划时，活动效果最好，更增进了亲子关系。因此教师一定要尽可能多地邀请广大家长参与到非书面作业的设计等中来。

上一条我们谈到兴趣，提高非书面作业的完成质量和完成效率，关键在于教师布置的非书面作业能否激发孩子的兴趣。学生是怎样的性格、喜欢什么、讨厌什么、学生对什么样的作业更感兴趣等这些问题父母可能比老师了解。因此我们可以与父母交流，甚至可以邀请父母一起针对学生的特点来设计作业，定期组织开展分享交流心得。。

"一切都是为了孩子，为了孩子的一切"。家校携手才能更有效地帮助孩子的成长，家校合作，齐抓共管，才能使学生养成良好的作业习惯，提高学习效率。

问题 7 留守儿童难以完成非书面作业怎么办?

所谓"留守儿童"是指父母双方外出打工,或父母一方外出务工,另一方无监护能力,而留在农村生活的孩子。他们一般与自己的父亲或母亲中的一人,或者与上辈亲人,甚至父母亲的其他亲戚、朋友一起生活,与自己父母相伴的时间微乎其微,是儿童中一个特殊的弱势群体,即留守儿童。

这些留守的少年儿童处于成长发育的关键时期,却很难得到父母思想认识及价值观念上的引导和帮助,成长中缺少了父母情感上的关注和呵护,极易产生认识、价值上的偏离和个性、心理发展的异常。

非书面家庭作业,顾名思义,即布置不用动笔写的作业。在长期的教学实践中,我们尝试设计非书面家庭作业,不再局限于书面的练习。如把学习延伸到更为广阔的生活,调动学生的各种感官参与学习活动。学生真切地感受到知识源于生活,完成起来也是兴味盎然。这样的作业丰富了学生的课余生活,也张扬了学生的个性,学生的素养也在一次次轻松愉悦而又不乏挑战的活动中得到了提高。根据学生的心理特点可以设计活动性强的作业,比如动手操作型、绘画型、说理型、探究型、阅读型、调查型以及实践应用型等作业,让学生在富有乐趣并极具挑战性的作业中巩固所学的知识,提升他们动手操作、观察、想象、表达、探究、思考等方面的能力,同时提高完成作业的自觉性和主动性,进一步激发学习的主观情感。

一、留守儿童难以完成非书面作业的原因

作业是教学重要的组成部分,是为了进一步巩固所学知识而布置给学生独立完成的任务。家庭作业完成情况较差的人数中,留守学生占了很高的比

例。这种状况的形成，主要有以下几种成因。

1. 家庭作业量大、难度大、形式单一

在教学过程中，学生的作业布置缺乏灵活性，机械、重复、单一的家庭作业使学生感觉枯燥，失去了完成作业的积极性。孩子每天的家庭作业，没有太多的创新性、实践性、挑战性，来激发他们的完成兴趣，再加上学生的家庭作业不仅缺乏指导，而且量大、难度大，不能完成还要受到教师的批评，使得学生对家庭作业产生既厌烦又不得不完成的无奈心理，有的学生甚至对作业产生恐惧、逆反或厌学的思想，提起家庭作业就反感，想尽办法逃避作业，要么乱做，要么不做。

2. 教师和学生之间缺乏沟通

个别教师不注意关注留守儿童，而留守儿童又不愿意和老师交流，感受不到老师的期望。学生能不能完成非书面作业，教师也不了解情况。

3. 留守儿童自觉性差，家庭监管不力

留守儿童正处于身心发展的关键时期，对于学生来说，无论多大的孩子对父母都有不同程度的依赖，这种依赖不一定就是坏事，是亲情与心灵的寄托。但是他们却被父母留守在家乡，无法享受到父母在学习、生活、思想认识、品德行为、情感认知、情感交流及价值观念上的帮助和引导，加上社会、家庭等环境的影响，极易产生个性、心理发展的异常和认识、价值观判断上的偏离。

留守儿童几乎生活在无拘无束的环境里，这在无形中助长了他们任性、霸道蛮横、逆反心理重、以自我为中心、自身控制力差的极端性格。留守儿童的监护人由双亲变成了"外人"，在这样的状态下，就造成学生的家庭作业缺乏应有的指导和督促，不能被按时完成或很好地完成，学生的学习水平也不能得到应有的发挥和提高，致使留守儿童学习兴趣丧失、家庭作业无人辅导、学习表现差。

二、对策与思路

面对留守学生不能完成教师布置的非书面作业，那么该如何改变这一现象呢？以下是一些建议和方法：

（一）精心设计非书面作业

1. 非书面作业要联系生活，学以致用

我们获取知识的途径中，听来的忘得快，看到的记得住，动手做的印象深。学生学到的文本知识，只有与实际生活相结合，亲身参加实践活动，动口、动手、动脑才能运用知识，把知识转变为技能，形成能力。设计实践性作业，让学生在实践中运用新知识、新理念去解决实践问题，从而增长知识，培养能力。比如下面的例子：

（1）如看电视时，念念喜欢看的电视栏目和节目名称，上街时读读广告、店名和路牌，逛超市时认认商品名称等，这样的作业，淡化了任务性，学生在轻松愉快的氛围中，增加了识字量，提高了识字能力。

（2）找出看到的广告牌、标语中出现的错字或用得不对的别字，拍照片打印出来并纠正。（如衣衣不舍、止咳药广告：咳不容缓……）

（3）在看电视节目过程中，让学生看字幕，学习认字；模仿播音员的声音，学习发音、咬字，练习有感情地朗读。（如找一段有趣的动画片，给动画配音，和家长在家练习，也可以班级展示）

（4）了解一些书本上没有提及的知识，陶冶自己的情操（动物方面、地理方面、历史方面）等。（如引入播放小灯塔学堂等平台中的一些视频，让学生观看）

（5）鼓励学生每天把自己学习生活中的喜怒哀乐告诉父母，主动和父母沟通、交流，增进彼此间的了解和感情，更能锻炼自己的口头表达能力。

2. 非书面作业提倡动手动脑，让做作业更快乐

家庭作业不一定非要用文字的形式呈现出来，有时候可以借助绘画、唱歌等形式，这也是适应当前素质教育的要求，充分发挥学生的能力。这样一方面能加深学生对所学知识的理解，另一方面能拓展学生的学习空间，培养他们手脑并用的能力。比如下面的例子：

（1）我们可以把语文作业的设计和画画联系在一起。一年级的《春夏秋冬》，可让学生画出能表现季节特色的美景；还有《葡萄沟》，让学生试着画画自己家乡美丽的景色；学完了《日月潭》让学生用简笔画画日月潭……学生借助想象把课文内容与生活实际结合起来，让静态的文字变成了生动的图

画。这不仅提高了学生对课文的理解能力，还培养了学生欣赏美、表现美、创造美的能力。

（2）根据所学内容让学生自己总结，根据知识的不同与联系，画思维导图。（如词语的分类：名词、动词、形容词等；如诗人：唐代李白、宋代苏轼等，他们的代表作品都有哪些？）

（3）低年级语文课文本身就有很强的趣味性，而且有些课文本身就是歌词。（如《江南》《敕勒歌》出自汉乐府）学习了《春天》课文后，可以让学生去找一找和春天有关的歌曲唱一唱，这样学生在欢乐的乐曲中既加深了对春天的了解，又积累了词语。鼓励学生把一些古诗、课文编成歌。这样学生不仅兴趣浓，背诵课文容易，同时又培养了创造力。

3.非书面作业自主选择，作业多新奇

（1）不同的作业层次给学生独立自主完成创设了自由空间。因此，我们在布置非书面家庭作业时，也要考虑到学生的个性差异和不同的智力优势，让不同类型的学生自主选择，能够"跳一跳摘到果实"。

（2）根据课文的需要，还可以让学生自主布置作业。《语文课程标准》中"积极提倡自主、合作、探究的学习方式"帮我们打开了更为开阔的作业设计思路。如教学《夸家乡》时，可以布置这样的作业："同学们，你们想用什么样的方式来赞美自己的家乡呢？"结果学生有的说：我想画一幅家乡的画；我想唱一首赞美家乡的歌；我想把美丽的家乡拍下来，和过去的家乡作对比看看家乡的变化有多大……学生自己给自己布置了丰富多彩的作业，让他们自己去选择自己喜欢的方式完成，学生非常兴奋。

（二）多关心、多沟通，生活上照顾，促进情感交流

教师可以利用下午放学或节假日，走进留守儿童家进行家访。只有深入到留守儿童家庭，在生活上予以关心照顾，促成有效交流，这样不仅获取学生更多的情况，还能单独辅导学生，让他们感受到老师的期望。在学校也是如此，只有在学生的生活和学习上倾注了更多的关爱，才能对留守儿童对症下药，起到事半功倍的效果。

（三）多方面监督，促进自觉性的养成

1. 老师要积极与留守儿童的监护人沟通

通过家访或者电话、短信交流，与监护人一道督促孩子。通过沟通，交流一些管理孩子的具体方法，促成家庭、学校、教师三位一体的共同管理，扬长避短、对症下药、因材施教。培养留守儿童的个人素质，使其正确面对现实，克服自卑、疑虑等不良心理。加强留守儿童的自控能力，提高其意志力。

2. 教师要及时反馈学生在校表现

提醒监护人在忙碌之余关注学生的学习，让监护人做到心中有数，有的放矢。通过沟通交流，使家庭、学校、教师之间达成共识，产生共鸣，懂得如何去关注、管理、教育、培养留守儿童，增强教育的凝聚力，为孩子的美好明天打下坚实的基础，用真情和爱心为这些留守儿童的快乐成长导航。

3. 学校要充分开展各项留守儿童工作

学校要深入到每个留守儿童的心灵，如建立留守儿童档案、确立留守儿童代理家长、留守儿童图书室、亲情电话、聊天室、留守儿童帮扶机制、心理健康辅导等工作，让学校成为他们的第二个家，老师就是他们的父母，他们倾诉的对象。培养留守儿童建立良好的同伴关系及人际关系。良好的人际关系是留守儿童特殊的信息渠道和参照框架，对他们的身心健康发展有着不可磨灭的作用。

总之，留守儿童需要全社会共同关心、关爱、关注。学校就是他们健康成长的家，教师就是他们的父母，要实行物质奖励和精神奖励相结合，以精神奖励为主，使留守儿童及时感受到成功的喜悦，进一步激发他们完成作业的兴趣，培养他们认真做家庭作业的热情。除了以上这几方面，教师要及时更新教育观念，合理利用多元化评价，为学生创设舞台，激发他们的学习动力，为他们扬起成功的风帆！

问题8　非书面作业就不能动笔吗？

非书面作业就不能动笔吗？

答案是：能！

因为作业是教学环节中不可缺少的一部分，也是学生完成知识架构、提升能力的一种重要途径，还是教师掌握学生学习情况和完善教学的重要手段，更是课堂延伸出来的一部分。教学中有很大一部分知识和技能是需要通过课堂或课后练习来巩固和强化的，因此作业不可或缺。但是当我们看到非书面作业前的那一个"非"字时，想当然地理解为不用、不需、不可。那么，什么是非书面作业？翻开资料，有足以让我们每一位老师为之不断思考、不断学习的解释：非书面作业是指书面作业以外的，以提高学习兴趣和巩固课堂教学内容为目的，以发展学习能力为导向的，以探究实践为主要学习方法，以小报告、日记、小调查、小制作、小实验、小游戏或口头表述、阅读等呈现形式来巩固、获取、体验知识的作业。它具有实践性、开放性、思维性、趣味性、人文性等重要特征。一份好的非书面作业，可以在真正意义上帮助孩子们"减负"，让他们在快乐氛围中获得知识与经验。这种类型的非书面作业不仅可以帮助学生巩固知识、加深理解，更是对学生头脑中整个知识体系的架构起到关键的作用。可以从巩固知识质变为形成技能，最终将知识运用到现实生活中。这也可以作为教师用来了解学生的学习情况，并实时对自己教学方向进行微调的有效途径。

教师都有布置非书面作业的习惯，一方面惯性于布置仅仅是对本节课或者一天所学内容的复习或对将学内容的预习、准备等作业，这种作业任务内容单一、层次不够分明、趣味性较低，难以激发和调动学生的主动学习兴趣，更别说提高他们的学习能力了。另一方面家校缺乏沟通，家长因自身工作繁忙导致对此类作业的关注度不够，认为非书面作业不重要，不能给学生积极的引导和合理的建议。还有一部分家长过于溺爱孩子，当孩子在非书面作业中遇到问题或完成不够理想时，家长就迫不及待地帮忙完成，使非书面作业完全变成了家长的作业，学生的学习能力不但没有提升，还增加了家长的负担。更有甚者，在有些家长眼里，认为只有动笔的作业才是真正能帮助孩子提高成绩的作业，既然是非书面那肯定可有可无。其实在数学新课程标准上，就写着数学课程"要紧密联系学生的生活环境，从学生的经验和已有知识出发，使学生通过观察、操作、归纳、类比、猜测、交流、反思等活动……"这一理念说明，在设计非书面作业时，要多从学生的生活实际出发，根据他们的年龄、学段和心理发展的规律，多方面思考，为他们设计出丰富多彩且充满趣味与挑战的非书面作业。以下是几种数学非书面作业类型。

一、说出来的非书面作业

如在教授一年级上册"5 的分与合"中，我们可以和学生做游戏，说出一个数字，学生要快速地说出一个数字拼成五。在课后，也请他们回家和家人一起做这样的亲子游戏。为了给后期学习"凑十法"打好基础，帮助他们熟背十以内的分与合，我们尝试过手指表演法、画图法，经过观察，发现拍手游戏最有效率。因为一年级孩子识字量、学习能力都有限，虽然他们年纪小，但是韵律感和记忆力很好，我们先和每小组组长进行试验，将"你拍一我拍一"换成有节奏、有韵律的"2 可以分成 1 和 1……"再让组长和小组成员进行游戏，果不其然，他们学得很快，在课间的时候就已经掌握住了要领，在傍晚的课后复习中已经可以熟练地和老师对练。这样不但让学生熟练掌握了分与合，课间也多了一个有趣的游戏，且在之后的"凑十法"学习中他们也能快速判断把哪个加数凑十更容易，在后期的计算学习中学得更轻松。在口算中，也可以让父母家人随机出题，学生口答，这样不但可以培养学生听题时的专注力，也可以锻炼他们的口算能力和思维灵敏度。

这种形式的作业，学生无须动笔，也不需要他们绞尽脑汁，就让他们在与家人、同伴游戏的过程中，熟练记住了数字的分与合，提高了计算的正确率与速度。

二、画出来的非书面作业

如学习了"图形的运动"后,可以利用学生的童心和玩心,让他们运用这一知识自由发挥想象来设计自己喜爱的图案,当一回设计师。他们兴致勃勃,一幅幅漂亮且充满创意的设计跃然纸上:有两边都对称的蜻蜓;一个个连续的平行四边形、"S"形等图形在经过多次不同方位平移、旋转后形成的图案为我们展示了数学王国中的排列组合之美;"环保小卫士""数学王国数字风车"……这些不一样的数学作业带领同学们进行了一次次的奇妙数学之旅。在这趟彼此欣赏、赞叹图案世界的美妙旅程中,他们不但学会了发现同伴之间的创造力与想象力,而且在这一过程中提高了自身的动手动脑能力,将数学与生活实际巧妙地结合在一起,数学不再是晦涩难懂的课本理论,而是蕴含在我们生活实际之中那些随处可见又奇妙的体验。这种情况下,学生自然会本能地拿起纸笔,乐于动手操作。

三、写下来的非书面作业

让学生自己动手设计数学日记、数学小报、数学迷宫等,让他们在自己的数学日记中真实记录自己学习数学的情况,用学习过程中的新发现、新思路以及自己的小困惑,表达出自己对数学的理解。这是帮助他们积累数学知识的一种方法,是他们在数学成长之路上的一种见证,也是数学老师学习与改进自己教学方法的一面"学习镜"。我们可以用这种畅所欲言的数学日记代替传统的书面作业,去激发学生学习的主动性、分享学习的快乐,也可以了解学生在某一知识点学习中有阻碍时及时帮助他们清理路障,根据学生的困惑及时反思自己在教学中的不足,从而加以改进。我们还可以根据教学计划和进度,在每个单元的学习结束时或者利用单元里的复习版块,组织学生自己设计数学专题手抄报,或者分组分板块进行,实行小组组长承包责任制,使每一位小组成员都能参与进来,再在班级里进行评比,这样知识得以巩固,小组凝聚力得以增强,还可以让学生针对每单元知识自主设计相对应的数学游戏。学生在学习了人教版语文一年级上册《秋天》这篇课文以后,通过课文使学生看到了美丽的秋天，教师可以布置一份这样的作业：学生回去以后选择自己喜欢的方式去寻找秋天，并和老师、同学们分享他们找到的秋天。第二天，老师们看到了孩子们眼中多姿多彩的秋天：有用各种落叶做成的树叶画；有用日记写下他们所看到的秋天：秋天到了，因为秋姑娘觉得树儿们的衣服不好看，所以要给它们换新衣服呢，可是我知道，它们的新衣服得等到春天我们才能看到。还有的同学是用画笔画下了他们所看到的别样的秋天。从学生的作业中让我感受到秋天在他们眼里不但充满了色彩，更是富有了生命、充满了童真童趣。这样的作业，不但让学生看得更广、学得多，同学之间更默契，也锻炼了他们搜集、运用、组织信息的能力，培养了学生的创新意识和实践能力。

　　非书面作业形式多种多样，不仅仅局限于以上这几个类型，这还需要我们每一位教师用心设计、不断完善补充，不能仅着眼于"非"而忘了作业的主体性和重要性，更不能因为仅一"非"字就断言动笔与否。在不同类型的非书面作业里，孩子们才是最有发言权的，而他们反馈给我们的成果则是我们继续探究、思考提升与改进自己的利器。我们要紧紧抓住——思维性、开放性、趣味性、实践性、人文性这一系列特征，在每一次数学课堂中做到师生的双向成长：我们引导学生成长，学生帮助我们自我完善。非书面作业是帮助学生成长路上不可或缺的甘露，也是我们老师学习前进的动力。非书面作业设计是个不断推陈出新、不断成长与收获的话题，在确立一切以学生为本的基础上，自身也要不断学习、反思、收获，同时还要用真心、耐心、爱心去陪伴我们的学生，相信我们终将会欣赏到鲜花盛开的艳丽，收获一路生花的芳馨，让我们一起携手并进，在每一次学习中静待花开！

问题9 非书面作业与书面作业之间的关系?

作业是学生巩固新知的延伸和方法,在学习中有着非常重要的地位。长期以来,作业一直肩负着强化技能和巩固新知两项重任,它是对教师课堂教学的补充,能让学生巩固所学知识,并通过作业举一反三,充分理解并运用课堂所学,它有书面作业和非书面作业两种形式。

由于人们认识的偏狭,加上当前应试的指向,书面作业陷入了机械重复、枯燥单调的误区。原本充满情趣、丰富多彩的作业,变成了学生苦不堪言的重负,重复乏味的机械作业渐渐削减了学生学习的热情和兴趣。

随着新课程改革的深入实施,非书面作业的布置已成为教学的一个重要课题。非书面作业结合学生的身心特征以及认知水平,把提高学生的非书面作业实效性作为切入点以及突破口,能够有效尊重儿童的天性,设计出富有童心童趣的作业,让学生在不同的角色体验和多样化的作业类型中提高学科素养,为学生的知识巩固和理解应用创造了良好的条件。

那我们是不是要完全摒弃书面作业,只布置非书面作业呢?当然不是,非书面作业与书面作业之间既有区别又有联系,我们在辩证地看待它们的同时更应该思考如何将二者有机地联系起来,让它们更好地为课堂教学服务。

一、非书面作业与书面作业之间的区别

1. 作业的范围不同

书面作业的范围大多局限于课本。以语文学科为例,教师布置的书面作业通常包括抄写、练习、写作等,主要让学生达到会读、会认、会写、会运用的目的。非书面作业则是从课内走向课外,面向的是丰富而又广阔的生活、

自然以及社会空间，有助于为学生拓展更为广阔的眼界。

2. 作业的形式不同

书面作业侧重于学生动手去写，如抄写生字、词语，做练习、写文章等。非书面作业则努力扭转以往简单的抄写、背诵的形式，增加观察、创编、操作、体验等作业，更侧重于学生在动口、动手中进行实践探究，有助于提高学生的综合学习能力，提升学生的思维水平。

3. 作业的要求不同

书面作业侧重于学生对知识的内化理解，巩固课堂所学并通过练习达到熟练运用的目的。非书面作业的布置在内容以及形式方面都使作业从单一化走向多元化以及综合性，并力求运用综合性的作业设计提高学生的综合能力，满足素质教育对培养学生综合素质的要求。

二、非书面作业与书面作业之间的联系

非书面作业与书面作业都是作业的呈现形式，是帮助教师更好地了解学生对所学知识掌握情况的一种手段，也是帮助学生巩固新知、理解运用所学的一种方法，二者互相促进、互为补充。

1. 非书面作业与书面作业相互促进

"纸上得来终觉浅，绝知此事要躬行"，这句诗就是告诉了我们在学习上不仅要掌握理论知识，更要知行合一、学思践行，而非书面作业的设计就很好地弥补了书面作业的不足之处。

如在人教版三年级数学上册第一单元《千米的认识》中，学生通过学习认识了"千米"，但是"千米"是一个较大的长度单位，它不像厘米、分米那样便于在生活中直观地感受和体验。为了让学生在学习和生活中更深刻地感受1千米的长度，教师可以设计开展让学生通过走一走体验"1千米有多长"的活动。学生则可以借助智能手表或手机，感受从一个地方到另一个地方大约是1千米，步行走了多少步，大约需要多长时间。这样的亲身体验，让"千米"这一长度单位在学生的脑海中不再抽象，真切感受到了1千米的实际距离，感受到了数学与生活的密切联系。

2. 非书面作业与书面作业互为补充

如果把书面作业看作对课堂理论知识的巩固，那么非书面作业就是对理论的实践，进一步验证理论的价值以及对生产生活的指导意义，并在此基础上培养学生的动手能力和创新能力。布置非书面作业应当以书面作业为起始点和落脚点，不能将二者割裂或对立起来，否则，对学生发展的意义和价值将会大打折扣。

如统编版三年级语文上册第一单元的主题是"校园生活"，在教授这一单元时，教师可以安排学生进行组文阅读，阅读同类题材的文章，了解不同学校的特点。在品读的过程中，让学生关注有新鲜感的词句，这既关注了本单元的人文主题，也落实了语文要素，不仅扩大了学生的阅读量，让学生在比较阅读中感受学校生活的丰富多彩，也为培育学生语文综合素质打下基础。

三、非书面作业与书面作业对学生能力发展的优缺点

1. 非书面作业与书面作业的优点

非书面作业是课堂教学有益的必要补充，它本身所具有的实践性、操作性、趣味性和人文性等有助于学生摆脱枯燥的机械重复学习，有利于培养学生学习的主动性和积极性。

书面作业则是对课堂所学的理论知识的理解和巩固，它能够帮助学生积累知识，养成良好的学习习惯，帮助学生检验自己对知识掌握的程度，从而更好地督促自己。书面作业也是对于教师课堂教学效果的反馈，使教师明白下一步的教学方向。

2. 非书面作业与书面作业的缺点

非书面作业有利于学生的发展，但它不能代替所有的书面作业，如果没有遵循教育教学规律，没有遵循学生的身心发展规律，非书面作业反而成为学生的负担。学生不会做、做不了，就会让家长代劳，就无法实现其应有的价值。

书面作业如果陷入了机械重复、枯燥单调的误区，就会大大削减了学生学习的热情和兴趣，加重学生的课业负担。学生感受不到完成作业的喜悦，学习的积极性和主动性也会大大降低，不适合学生的发展。

综上所述，无论是书面作业还是非书面作业，它们都是为了帮助学生巩固、理解所学内容的一种手段。从某种意义上说，书面作业是基础，非书面作业是提高；前者注重知识的积累，后者注重能力的提升，二者相互联系相互促进、互为补充，既有共性又有个性。因此，我们需要辩证地看待二者之间的关系。对于学生来说，无论是哪一学科，书面作业的设计与布置都是必要的，教师应该取缔的是大量重复的无意义的机械式作业。然后再结合非书面作业的设计，把学习延展到更为广阔的生活中，调动学生学习的积极性，提高学生的学习能力，促进学生全面发展。

问题10 如何将书面作业与非书面作业有机联系起来？

一直以来，书面作业被视为课堂教学的补充，是帮助学生积累知识和检测学生对课堂知识理解的一种重要手段，也是巩固学生课堂所学的一种方法。在长期的实践过程中，书面作业仅局限于学科知识的范围，内容日趋封闭僵化，远离学生的实际生活和社会生活，再加上作业形式单一、枯燥乏味，学生对作业缺乏兴趣，学习效率低下，很难激发学生的求知和探索欲望，也难以促进学生抽象思维与发散思维意识的养成。

随着新课改的实施，全新的育人理念渗透到教育教学的每一个环节。新课程标准更是从育人的角度旗帜鲜明地提出了要强化学科实践，新课程的作业已不再完全是课堂教学的附属品，它要求教师为学生提供形式上新颖多样、内容上具有个性多元化的非书面作业，这样给"新课改"下的教学提供了更富有生机的活力。

在这样的形势下，我们是不是需要完全摒弃书面作业，一味提倡非书面作业呢？当然不是。非书面作业和书面作业都是教师在教学过程中检测、巩固学生所学知识的重要手段，二者相互补充、互相促进。在当前"双减"政策施行的大背景下，现阶段教学更强调有效教学，要求教师在设置教学活动时从遵循教学活动的客观规律出发，贴近学生的现实生活，在有限的时间内，让学生实现高效的教学成果。因此，教师设置的作业就需要简约且丰富。简约指的是合理、适度的作业量，可以让学生在自己有限的时间内自由完成的书面作业；丰富则是指教师在作业的内容和形式上，相较于以往的纸笔书写，增加更多作业种类与形式，让学生在完成作业的同时探寻个人兴趣，也就是我们所说的非书面作业。因此，想要实现高效的教学目标，则需要将书面作业与非书面作业有机地联系起来。那如何将两者有机联系起来，使课堂教学质量得到保证、共同推动学生成长呢？下面以三个语文作业设计案例作具体分析。

一、创编课文内容，提升学生综合素养

维果茨基曾经说过这样一句话："结合表演进行课堂教学有下面两个好处：首先，可以促使学生与课文相联系，勾起自身的生活体验，从而更好地理解课文；其次，在表演的过程中学生可以自由发挥自己的创造思维，激发学生的创造意识。"由此可见，表演在我们的课堂教学当中是有着重要作用的。

如我们在教完《牛郎织女》这一课后，教师可以依托课本，先设计"布置学生将这则故事改编成课本剧"的书面作业，再设计"表演剧本"的非书面作业来帮助学生理解课文内容。五年级的学生喜欢读故事，容易被故事中的人物和情节所吸引，因此在学习过程中，学生易于理解并且愿意去学，而角色体验又是帮助学生更好地理解课文内容的方法之一。对于这样的作业，学生表现得非常积极。作业布置下去之后，小组成员共同创作剧本，进行排练和表演。几天后的展示活动中，同学们大显身手，"小演员"们熟练掌握故事内容，能用不同角色的语言、动作、情绪等表现课本剧内容，还创造性地加入了自己的理解，把课文中的人物性格和特点表现得淋漓尽致。在这次作业的完成过程中，同学们不仅加深了对课文的理解，还在无形中增强了自身的艺术体验，同时也激发了学生学习语文的兴趣，可谓是一举多得。

二、创设真实情境，提高语言表达运用能力

2022年版语文新课标倡导"建设开放的语文学习空间，激发学生探究问题、解决问题的兴趣和热情，引导学生在多样的日常生活场景和社会实践活动中学习语言文字运用"。在设计作业时，教师可以利用课本资源延伸课外知识，给学生创设一个真实而富有意义的学习情境，引导学生记录生活中的发现和感受，增长见识，扩充知识面，从而提高语言理解与运用能力。

我们在执教完《爬山虎的脚》一课，可以布置学生回家完成"生豆芽"的任务，对豆子进行连续性观察，记录豆子的生长变化，为本单元的习作——写观察日记做准备。教师通过布置"生豆芽"的非书面作业，引导学生亲自体验观察一种事物，真实记录自己的观察所得，详细记录豆子的形状、大小、颜色等内容，为写作寻觅一个真实而具操作性的途径。学生直观地观察到豆子被浸泡后吸水膨胀、生长出小芽、小芽生长变粗、外皮开裂脱落的过程，为写观察日记提供了丰富的素材。这样的作业设计，将非书面作业与书面作业有机协同，"先观察，再记录，最后写作"的层次设计符合儿童的认知特点，不仅调动了学生的积极性，也解决了他们无话可说的难题。

三、创新作业形式，注重学科融合

学科融合对于学生核心素养的培养起着重要作用。教师在设计作业时可以在形式上进行创新和变通，设计跨学科作业，改变以往机械重复做题的方式，锻炼学生的综合素质。跨学科作业的设计突破了教材之间的限制，可以重组学科，促进了学科之间的融合共生，这样不仅激发了学生的学习兴趣，也极大地调动了学生的积极性，从而达到提升学生综合素养的目的。

如在教完《传统节日》一课后，我们可以设计一项"探索传统节日"的非书面作业。在学完新课的基础上，先让学生联系自己的生活实际说说自己是怎么过节的，在充分交流后，尝试动手画一画节日的场面。面对这样的作业，学生会在记忆中搜寻相关的画面，回想过节时自己和家人都做了什么，再将脑海中的画面用图画的形式表现出来，这也给学生带来了乐趣。像这样将语文学科与美术学科进行融合，不仅帮助学生找到了学习与兴趣之间的结合点，满足了学生的个性需求，又唤醒了孩子们对中华传统文化的民族认同感与自豪感。这种形式相对传统作业，更加自由和开放，符合低段小学生的心理特征。

综上所述，我们认为书面作业与非书面作业之间是紧密相连、协同发展的，也是相互补充、互相促进的，不能简单地将它们割裂或对立起来。教师在设计作业时，既要考虑学生对基础知识的掌握，也要注重学生实践技能的培养。在设计作业时，以课本为依托，创设真实学习情境，创新作业形式，建设开放的语文学习空间，将书面作业与非书面作业有机联系起来，提升学生的知识能力，提高学生的综合素养，培养学生的学习兴趣，促进学生的成长。

问题11 如何提高非书面作业的设计质量?

在影响学生的学业成绩、作业兴趣、作业负担感等因素中,作业设计质量的回归系数是最高的,作业批改和讲评都没有作业设计质量的回归系数高。我们往往对作业批改研究要求得更多,但是如果前端的作业设计质量很差,教师批改得再认真也是无用功。为素养而教是我们的全新教学的总目标,对作业的提质、控量、增效,选取与素养有关的核心知识、关键能力,减去"不必要的学习负担",是学校作业设计的价值追求。提高作业设计质量是第一位的,需要我们以坚定不移的态度,扎实深入地实践、反思、再实践,充分发挥作业诊断、巩固、完善教学等功能。

一、健全作业制度,提高非书面作业的实效性

非书面作业设计,是教师与学生共同开启的一段思维旅程。在这段旅程中,教师必须先勇敢打破陈旧、一成不变的思维定式,建构科学的作业观。

1. 坚持教师试做作业制度

学校应以坚持教师试做作业制度来增强教师对作业的预见性,这样教师教学时更加有的放矢,作业布置也能做到难易适度,切实减轻学生作业负担。凡是要求学生做的作业,教师必须先做一遍。教师在先做作业的过程中,可了解作业的难易程度、所需时间、规范格式、容易出错的地方和适宜的学生群体,做到布置作业适量且具有针对性。

2. 将非书面作业设计纳入教研体系

命题考试的变化让我们清醒地认识到机械刷题、重复练习无法取得好成绩。学校要开展"以提高作业质量"为主题的各类教研活动,将作业设计作

为校本研训、集体备课的重点,加强作业研究,提高教师作业设计能力。教研组教师要结合集体备课活动,以集体的教育智慧,系统设计符合年龄特点和学习规律、体现素质教育导向的基础性非书面作业;创新实行差异化、分层进阶的非书面作业。比如在语文作业设计中,"会读、会认 N 个生字""能写 N 个生字""正确、流利、有感情地朗读课文""按照课文内容填空"这一类知识的掌握和练习,可以借助课堂教学夯实基础,借助专项练习与考前复习再次巩固。要坚决杜绝重复性、机械性作业,不断提升非书面作业的设计质量与实施效果。

二、创新作业形式,丰富非书面作业类型

各学科教研组努力开展非书面作业改革尝试,指导教师合理布置科学探究、体育锻炼、艺术欣赏、口语交际、社会实践等不同类型的非书面作业,组织力量系统化选编、改编、创编学科校本作业,逐步实现非书面作业形式的多样化和个性化。

1. 游戏类作业:让作业充满乐趣

比如学习了汉语拼音第 1 课《a o e》,布置学生在家里和家长一起做字母手指操游戏,练读 a、o、e 的四声。家长和孩子一起用手指表示 a 的形,家长提示:"a 的头上戴小帽,读音不同要记牢,一声平(孩子练读:ā),二声扬(孩子练读:á),三声拐弯(孩子练读:ǎ),四声降(孩子练读:à)。"为及时了解学生的家庭作业情况,请家长指导孩子在成长记录卡上如实勾选自己每天的作业心情与评价结果,第二天交给老师。家长也愿意和孩子一起做手指操游戏,既融洽了亲子关系,又帮助孩子巩固了对 a、o、e 字母形的识记与四声的认读,动脑动手又动口,增加了拼音学习的趣味性。

又如拼读游戏"看谁反应快"。学生在家长的帮助下制作 j、q、x 声母卡和 i-a 介韵母卡片,把它们合在一起,读出四声音节,选择自己熟悉的音节口头组音节词或者说一句话。(家长可以和孩子一起玩这个拼读游戏,谁用时最短且读得对,谁就获胜,家长要给予及时的评价或奖励)j、q、x 与 i-a 介韵母的三拼音节拼读是本课学习的难点,在非书面家庭作业中以游戏的方式加强练习,旨在以尽可能少的作业量,达成更好的拼读效果。实践证明,有

家长配合完成 jia 与 qia 拼读作业的学生，拼读越来越熟练。

2. 表达类作业：展示多元自我

为提高三年级学生的倾听能力和语言交际能力，可每周组织一次"朝闻天下"的新闻播报活动。提前布置学生观看、搜集自己感兴趣的新闻，多听几遍，把时间、地点、人物、事件记录清楚。在班级播报新闻时还要发表自己对这则新闻的看法，接受同学的提问并解答问题。这样的作业设计，既锻炼了学生的口语交际能力和应变能力，又拓展了学生的视野，帮助学生不断认识自我，实现自我，树立自信心。

3. 制作类作业：让作业充满创意

比如在汉语拼音第3课《b p m f》的非书面家庭作业设计中，第一课时家庭作业是让学生用橡皮泥做一做或者用细绳摆一摆 b、p、m、f。仔细观察 b 与 p，说说自己的发现。第一课时家庭作业属于基础性作业，让学生在动手制作的过程中，主动探究、发现和区分 b、p 的不同之处，比机械重复的抄写更有效，更有创意。

再如一年级上册数学《认识钟表》教学后，布置制作钟表的非书面家庭作业。学生在家长的指导下，或手绘，或剪贴，钟面有圆有方，12个数字也化身为可爱的动物造型，手法多样，创意丰富。学生和家人一起，玩转DIY，在满满的成就感中，巩固了学习认识钟面的方法，懂得珍惜时间的重要性。

三、作业设计课程化，以作业提升学习力

作业的设计与研发要去除简单草率的形式化，在课程视域下予以理性的重构，让学生在完成作业的同时，不断提升学习力，在课程化的学习中夯实核心素养。

课程化的非书面作业要以某一学科为主，将其他学科知识与技能有机整合在一起，要体现与实践相融合，与生活相融合，与时代相融合，尽量运用多种感官，体现学生的综合素养。设计作业与完成作业，应与学习中的目标设定一致，即"学什么，就完成什么作业"。作业内容不仅涵盖学科知识与技能，还囊括相关学科的各类实践、演练、操作等学习项目。作业形式不再局限于"纸笔答题"，可以是音频或视频，可以是做手工、操作、实践等。有

口头与书面、动手实践实验、制作设计、调查研究等多种形式的结合，有独立完成与合作完成的结合，有多学科横向与纵向的结合。

1. 引导性作业

在预习时布置"引导性作业"，这是学生进入课堂之前提前完成的，即"预习作业"。以统编教科书五年级上册第四课《梅花魂》为例，引导性作业可以布置为：①查找作者陈慧瑛的相关信息；②了解《梅花魂》的写作背景，感受特殊时代华侨的爱国情怀；③收集相关资料，集中认识一两位中华民族历史上有气节、有品格的英雄。这三项作业的目的是引导学生关注与本课有关的历史人文背景，同时指向本次学习的核心目标——"体会课文表达的思想感情"。引导性作业的完成区间有两个：第一，家庭独立完成；第二，正式学习之前，安排集体的预备课完成。学生则可以借助自我鉴定表进行自我鉴定（见表1），也可以实施同伴互评（见表2）。

表1 自我鉴定表

我觉得做得好的	我感到困惑的	我可能会改变的	我需要提供帮助的

表2 同伴互评表

同伴达成共识，可共享的	同伴产生分歧的	同伴共同期待获得的	同伴超越我的

无论学生在哪个区间完成，以何种形式呈现，评价结果都可以作为教师设计作业时的参考；在正式学习之时，教师可以将与学习目标吻合度高的典型且集中的问题设计成学习活动。

2. 形成性作业

在进行课堂教学时同步完成的"形成性作业"，即教师常说的"随堂练习"。形成性作业设计，总体思路是在"教"的过程中嵌入"学"，同时伴随着过程性的评价，体现着"教学评三位一体"的基本设计理念。例如，《梅花魂》为统编教科书中的"自读"课文，在设计形成性作业时，根据教科书编撰的体系，教师须充分考虑参照"自读提示"中的学习指令，在课堂学习的起始阶段，设计如下两道作业：①默读课文；②归纳课文中写了外祖父的哪几件事。完成方式为自主练习和师生互动。评价方式为随机评价。

形成性作业的每个阶段都有反馈，随时进行纠正。"形成性"三个字让师生明确课堂中互为学伴、教学相长、镶嵌融合的关系。通过"实施教学——完成作业——反馈评价"的循环反复，使作业成为印证学习效果、推动学习进程、抵达学习目标的重要"中介环节"。从这个角度看，可以说"无作业不学习"。

3. 诊断性作业

在学习之后安排的"诊断性作业"，即有助于复习巩固的"课后作业"。诊断性作业，顾名思义就是为了诊断学习结果而设计的作业。学生在完成学习之后，通过诊断，实现自我明确：我到底掌握了什么？我能示证什么？我能操练什么？我能解决什么问题？诊断的结果应分类对待：第一，诊断结果合格，学习活动继续；第二，诊断结果不合格，学习活动则补遗、改造、强化，甚至重组。

基于对作业功能的考量，课后复习阶段安排的诊断性作业，不应以"抄抄写写""读读背背"的形式为主，而是更多涉及"对新知掌握程度"的检测与"对能力运用情况"的检测。检测结果的评定，也不是以简单的"对"或者"错"呈现，而是根据布鲁姆教育目标分类标准，区分出结果的能力层级，实施更为精准的评价。

诊断性作业安排在课后完成，学生还可以实行自我鉴定。同时，鉴定结果也提供给教师，成为延续教学的重要依据。教师要认真阅读并提取典型代表信息，参考后续教学。

三类作业和三类学习匹配，瞄准不同学习阶段的不同学习目标，作业设计作为学习过程的一个组成部分，做成由学生自主学习、自主实施、自主评价的课程，让作业与学习活动的不同环节构成闭环，让学习力不断循环提升。

作业属于课堂教学（备课——上课——作业——反馈——测试）的重要环节，也是课堂教学的拓展与延伸。非书面作业变硬性作业为弹性作业，给学生选择的余地；变封闭式作业为开放性作业，培养学生综合实践能力；变工具作业为人文作业，以作业育人。从这个意义上去理解，非书面作业也属于课堂教学范畴。我们要在发展学生核心素养的导向下，思考作业的内容和实施方式，优化整合，使非书面作业具备评价属性、检测功能，归属于教育质量评价监测系列，设计出真正有价值、有意义的非书面作业，让学生快乐作业，健康成长。

问题 12 非书面作业真的能提高学生学习的积极性吗?

"双减"政策明确提出要减轻义务教育阶段学生的作业负担,实现义务教育的科学发展,以提升课堂教学质量为契机,激发学生的学习兴趣和主观能动性,这样才能够真正实现教育的平稳发展、高质量发展。非书面作业对于小学阶段的学生来说,能够带来书面作业无可替代的效果,这个阶段的学生对学习的理解能力还不深,在他们的认知中,对学习的理解更多的只是任务驱动,也就是认为"这是我该去完成的任务",这在很大程度上,会导致学生对学习的理解发生偏离,甚至是不科学的发展。

非书面作业形式多样,内容丰富,能够很好地激发学生的学习兴趣,改变学生传统的学习观念,帮助学生去理解"为什么要学习?"。非书面作业作为小学阶段学习的一种行之有效的方法,在实施过程中,能够很好地弥补传统作业中忽视人文、偏离科学的缺陷,也是解决传统作业中忽略学生长远发展的重要手段。非书面作业,更多地强调"以人为本",也就是立足于学生的发展需求,根据学生的兴趣爱好和特点,设计有针对性的措施和教学方法,使得学生在对实际问题的探索和发掘过程中,独立思考,发散思维,升华意识,从而得到全面、科学的发展。比如布置非书面作业,可以安排同学们参加户外活动——探索发现之旅"小达人"瓷画欣赏活动。同学们须独立完成展览答题,这些彩瓷代表当时社会的一些情况,也突出了画家的一些感受,通过回答游客的一些问题来帮助学生进一步了解博物馆的一些基本常识,孩子们对博物馆和瓷画都有了全新的认识,这样的作业不仅让同学们学习了丰富的课外知识,也丰富了自己的见识;另外一项非书面作业,安排同学们参加图书馆小小管理员志愿者服务。同学们纷纷来到图书馆，担起了票务小助手、咨询小助手和整理小助手的职务，协助工作人员解决各种实际问题，他们分工明确，各司其职，虽然服务时间不长，但大家都觉得收获不小。图书馆作为他们的第二课堂，锻炼了他们的动手能力、协调能力和社会实践能力。这样的作业让孩子们收获很大，也乐于参加。

纵观教育的发展，书面作业带来的学习效果具有一定的局限性，也就是虽然提升了学生的做题能力和解题方法，却在一定程度上限制了学生思维能力和思维空间的发展。前一种能力只能够让学生在现阶段受益，随着年龄的增长和学术的深入，这样的能力将更多地展现出"心有余而力不足"；后一种能力的培养，将使得学生终身受益。思维能力和思维空间的布局打造一旦成形，那么对学生来说将是自我能力的提升，有利于突破"完成学习任务"的局限，让学生在生活和以后的工作中受益匪浅。因此做好非书面作业的相关设计，带来的效果将是"事半功倍"。

自"双减"政策出台，国家已经明确规定，小学低年级阶段不再安排课外书面作业，其他阶段的学生作业时间也有所控制，这既是学生想要的，也是家长想要看到的效果，这样才能够真正提升学生的学习积极性和主观能动性，学生将有更多的时间去尝试新的学习方法。这说明非书面作业在设计的过程中，可以创新和突破，但是也不能完全脱离书面作业的实际，只有将两者结合好，新的作业方式才能够让学生们觉得更有兴趣，也更能够接受，教学质量便能够实现长远保障。非书面作业在实践过程中得到了很好的印证，比如非书面作业中体育运动可以训练孩子专注力，还可以消耗孩子多余的能量，训练孩子手眼协调的能力；家务类活动锻炼了孩子们的动手能力；阅读训练了孩子们的定力和思考能力。随着教改的逐步推进，相信非书面作业形式一定会越来越完善，从而实现非书面作业的五育融合，真正做到育知识、育能力、育道德、育情感、育审美于一体。

问题 13 如何布置有趣更有效的非书面作业？

"双减"政策的目标之一，是使义务教育阶段学生作业总量和时长得到有效管控，让作业真正成为教育变革的力量。"双减"政策落地，教育部对作业时长做出明确规定：小学一二年级不得布置书面作业，其他年级学生每天书面家庭作业总计控制在一小时以内。减少作业时间，不只是在"量"上做简单的"减法"，而应该在"质"上求"变化"。面对新变化、新要求，教师要从作业形式、内容、评价等方面进行有效探索，以确保"量"少"质"不变。

为加强作业的管理，各学校也出台了多套方案，尽管方法不一，但殊途同归：一是严格控制作业数量、作业时间；二是改变作业的形式，除了精心设计基础性作业，更多倾向于探索研究性作业设计、实践性作业设计、综合性作业设计和跨学科作业设计。那么，基于教育"双减"政策的大背景，基于"课程标准"的新要求，教师如何加强作业的布置与管理，尤其是非书面作业的设计，让其在有趣的同时更加有效，以使其提质增效发挥作业育人功能，笔者认为可以从以下几个方面着手。

一、设计更加童趣性的非书面作业，让学生乐此不疲

教育心理学家认为："学习是处于被动状态，依赖性强，还是主动积极，独立性、创造性强，它在较大程度上决定了学习的成败。"简单地说，一个人对某项活动产生兴趣时，就会主动思考，主动参与，同时获得成就感。教师在设计作业时，要考虑多方面因素，如年龄、心理等，将毫无生趣的作业变

成充满童趣的作业，主动融入多感官体验，让学生享受作业带来的愉悦感。

1. 情境式作业，让学生感受作业的新鲜

在传统的作业设计中，固定的抄写作业比较多，如抄写课文词语生字，甚至课文段落，学生感到作业单调、枯燥，久而久之，就会觉得作业是无趣的。情境式作业，是基于2022版新课标的要求，结合教学内容，将先进教学媒体，融入生活化教学情境的作业。这样的作业内容更接近学生的生活，更加实用、科学，学生会主动投入到学习中，享受作业的过程，作业效率必然得到提升。

2. 实践性作业，让学生动脑又动手

很多学生面对枯燥的课本、练习册就会犯困，哈欠连天，原因在于他们对书面作业的呆板形式感到厌倦，毫无兴趣。这时，不妨考虑改变作业形式，设计一些实践性、操作式作业，让学生在实践中掌握知识的密钥，搭建知识结构，促进知识的理解，这样可以使兴趣激发、思维训练、能力培养融为一体，进而提高学生的思维能力和动手操作能力。

3. 闯关式游戏作业，让学生兴趣盎然

小学生的好胜心、好奇心理特别强，同样的作业，如果是传统的试题形式，学生可能毫无战斗欲。而闯关式游戏作业设计具有一定的挑战性作业内容，给予学生更多自主探索和发现的空间。这时候，学生的好胜心、好奇心被放大，就会主动探索作业的奥秘，而且乐此不疲。这个过程不仅丰富了课堂学习内容，还扩展了学科视野，培养了学生自主探索未知、搜集信息、获取知识的能力。

4. "自助餐式"非书面作业，更加灵动有效

在班级中，每个学生的学习能力、个人志趣各不相同，如果搞"大锅饭式"的作业，就会让学生产生疲劳，甚至厌倦作业。因此，在作业设计的过程中，教师要综合考虑多种因素，如课标要求、教材内容、学生年龄特征，以学科核心素养为导向，兼顾群体特点与个体差异，设计可供选择的差异化作业，学生根据自身需求加以选择，学生选择的就是符合其自身特点的，这样的作业针对性、实效性更强。

如学习古诗《小池》，可以设计以下作业：①正确朗读古诗，注意节奏；②有感情地背诵古诗；③根据古诗描写画一画，结合古诗说一说画中内容。

这样"三级跳"的作业设计，要求一步步提升，可以满足不同学生对作业的要求。大部分同学能顺利完成前面两个任务，第三个任务不是所有同学都能完成，它将美术、语言表达融合在一起，属于跨学科的作业，完成这道题有难度，但有助于对故事内涵的理解，可留给学有余力的学生完成。这样的作业设计促使教师更深入研读教材、更精准把握学情，促使教师对作业难度、完成要求、作业指导等方面进行研究，给学生提供选择的机会。学生主动选择符合自身水平的作业，自主选择可以完成的层级，从而获得成功体验，提升思维品质，切实落实"减负增效"。

二、丰富作业的形式，让学生动起来

传统的作业以机械式的书面抄写、重复性作业为主，学生缺乏兴趣，找不到做作业的乐趣，学习效率低。非书面作业可以赋予作业更多的形式，让学生从繁重的机械式作业脱离出来，在动手动口中实现知识点的巩固，在愉悦中开启一段美妙的作业之旅。

（1）演一演。统编教材中有许多有趣的童话和神话故事，在学完课文以后，教师可让孩子们回家自己扮演一个角色，和爸爸妈妈一起将课文内容表演出来。这个过程中，学生的语言表达能力、表演能力、合作精神等都会得到相应的提升，比传统的机械背诵课文有趣得多，学生往往乐意去做。

（2）画一画。比如学完《小猴子下山》这篇课文后，可以让学生根据课文内容画一画小猴子的行走路线，看看小猴子都去过哪些地方。结合课文插图，从小猴子的行为中得到启示。

（3）看一看。统编教材三下第二单元《我的植物朋友》可改为"植物观察日记"，培养学生持续观察的习惯以及精准描写的能力。

（4）走一走。在非书面作业中，还可以让学生走出家门做一些调查性作业，如在学习《端午粽》以后，可以让学生在父母的陪同下观看龙舟比赛，了解端午节的习俗。

（5）查一查。在统编版小学语文教材中，有很多课文需要学生提前预习、查阅资料。学生要学会查找资料，通过查阅资料让学生学会在海量的信息中提取自己最想要、最关键的信息。

（6）研一研。"秋天到了，树叶黄了。"秋天的树叶为什么变黄了？树叶为什么一片片落下来，同学们可有思考为什么落叶总是背朝上？此类的问题总能激发学生兴趣，促使他们去探究根源。

三、加强作业全过程管理，确保作业的实效

《小学作业管理实施意见》要求"健全作业管理机制"，即学校履行作业管理主体责任，加强作业全过程管理。依据国家整体要求，基于学校实际情况，以作业设计与实施为切入口，完善作业管理细则，明确对各学科作业设计、批改、分析、讲评与辅导的具体要求和操作路径，建立校内作业公示制度。可从以下三个方面提升作业应用效果。

1. 加强作业总量管控

这是"减负"重要的一环。控制作业的总量，确保一二年级无书面作业，三至六年级书面作业不超过一小时。这一硬性要求不能流于形式，学校要在校内进行作业公示。学校、教导处、年级组三级联动，每天了解每个班级每天的作业总量，发现问题及时反馈。

2. 基础性课后服务落实到位

现在，学校开展课后服务要给学生一定时间的基础托管服务，即在基础托管服务中，教师要尽可能地辅导学生完成本学段的课后作业，不能让学生将作业带回家。

3. 改变传统的评价模式

在落实"双减"中，学校不仅要注重常规评价，同时，更关注作业的过程性管理。学校要成立备课组，对作业类型、作业内容、作业量、批改格式、个性化作业等全程跟踪研究，聚焦作业内涵，提升作业设计效能，促使教师实施更规范的作业设计。

综上所述，非书面作业的设计要更多地从学生的角度出发，开辟非书面作业设计路径，寓练于乐，融入多感官体验，适应个性化发展，着力精准化提质，彰显作业设计的童趣性、适宜性、灵动性，让非书面作业助力"双减"的提升，助力学生素养的提升。

问题14 对于中高年级，难以找到合适的非书面作业怎么办？

作业是课堂教学的补充，是学生进行学习最基本的活动形式，是教学的重要环节。而作业设计是教学设计的重要组成部分，一份好的作业设计可以帮助学生巩固知识点，优化知识结构，拓展知识面，促进全面发展。2021年秋，"双减"政策落地，要求教师根据教学目标精心设计符合学生身心发展特点、具体可操作且多样化的作业，同时要求合理安排书面作业、口头作业以及实践体验式作业。

在日常教学过程中，小学低段的学生由于认知能力较弱，学业压力较轻，大部分老师都能很好地将"一二年级不布置家庭书面作业"的政策要求落到实处。但随着年级逐次升高，到了中高年级，学生的知识水平得到大幅度提升，低段的非书面作业形式和要求已经难以发挥作用，一时难以找到适合中高年级的非书面作业内容。基于上述原因，小学中高年级教师在实际操作时，应努力创新形式，将非书面作业的视角延伸至生活，从学生的长远发展考虑，通过多元化的活动、多样化的形式来丰富非书面作业的外延。

一、将听说读写进行到底

小学是人终生发展的启蒙阶段，扎实的知识基础是极其重要的，而听、说、读、写能力又是所有学科学习的基础。因此，在小学阶段，将听说读写的训练贯穿于整个教学过程，狠抓、常抓皆不为过。

（1）用耳朵倾听。此类作业应从小学低段的听故事为主调整为听名著、听美文、听经典音乐，让文学艺术的精华滋养学生的童年，此类作业没有太大的负担，既是作业，也是调节，更是注意力的训练，学生易于接受。在听的过程中，可设置一些考核问题，问题可以由浅入深，以考察学生听的效果。

（2）用嘴巴表达。清晰有逻辑的表达是一个人综合素质高的外在体现，在教学时，教师可以将说的训练融入日常作业中，说说对课文的理解，谈谈对人物的认识，汇报自己的收获，形式可以采用小组交流、读书分享、经典诵读、主题演讲等多种形式。一方面加深对所学知识的理解，另一方面提升学生的表达能力。

（3）带着理解去读。如果写和说是输出，那么听和读就是输入，没有长效的输入和积累，大脑就如无源之水，难以更新。到了中高年级，学生的认识和理解力有了较大的提升，可以尝试去读原著、读名篇，这也是贯彻新课标倡导的整本书阅读的理念。

（4）有个性的写作。有了前三个环节的积累和训练，写的训练就水到渠成，此处的写作有别于常见的课堂作文，可引导学生将自己的所得所感以自己喜欢的方式呈现出来。

听说读写，四位一体，教师在作业设计时要有整体思路，将这四项能力的训练落到实处，进行到底。

二、联系生活，深挖本土资源

普罗塔戈说："头脑不是一个被填满的容器，而是一把需点燃的火把。"课程教学要求教师心中装着学生，向生活要素材。教师要善于选择形式多样的教学资源，通过展现教学情景，创设教学情境，营造一种特定的教学氛围，以唤醒学生的激情，让学生的思维真正活跃起来，让思想进入创造体验。作业的设计也是如此，必须让学生从教材里走出来，走进生活，获得更为丰富的知识体验。例如统编版小学语文教材六年级下册，学生在学习了《北京的春节》一课后，尽管对课文内容了然于胸，但本单元的单元主题是"百里不同风，千里不同俗"，要求学生能分清内容的主次，体会作者是如何详写主要部分的。在本单元的习作环节，设置了"家乡的风俗"写作环节，而这些单元能力点的实现，就要求学生能对家乡的风俗有一定的了解。因此在单元作业设计时，可以设计调查地方风俗的实践作业。比如通过查阅资料、向长辈询问、实地走访等途径，了解安徽桐陵枞阳本地的一些传统节日中具有代表性的风俗习惯，例如端午节的长江赛龙舟、吃蚕豆和鸭蛋，正月十五元宵节时的陆家湾龙灯会。这些枞阳本土的风俗活动，有的学生可能会了解一二，有的可能亲身参与过。在统编版小学语文教材三年级下册第三单元综合性学习——"中华传统节日"板块学习中也可以参照设计。通过完成这样的实践作业，可以让学生和现实生活产生关联，以教材内容为例子，以生活实践为素材，将课内知识向课外拓展，在完成非书面作业的同时，将优秀传统文化深植于心，大大提升学生的文化自信。

三、动手动脑，提升实践操作能力

学生的学习过程应该是一个积极、富有主观能动性的过程，不能仅仅是接受学习，动手实践、自主探究与合作交流也应该成为学习的重要方式。因此，在小学中高年级，可以结合教材内容，多设计一些动手操作和观察类的非书面作业。

在统编版小学语文教材三年级上册第二单元中，单元习作是写日记，三年级孩子开始接触写作文，可能会出现无话可写的现象，在接触写日记这个板块学习之前，可以设计一些实践操作、观察类的作业，比如让学生动手去种植一些常见的、好养活的植物，并观察它的生长过程，这样的作业设计不仅锻炼了学生的实践能力，也为后续的作文教学积累了素材，一举两得，何乐而不为？类似的作业在三年级下册第一单元习作《我的植物朋友》中也可以运用。

四、实验调查，训练思维，助力判断

小学阶段，除了基础知识的学习积累外，思维方法的训练也是必不可少的，尤其是数学学科。在日常教学中，应引导学生先做实验、调查，通过收集、研究、分析数据得出结论并作出判断。

小学数学四年级下册，在学完第八单元平均数与条形统计图后，安排了

"营养午餐"内容的学习,引导学生将教材上的统计初步知识运用到实践中,教师可以在此环节因势利导,设计一些调查作业,进一步训练学生的思维。

五、深入探究,开拓思维,展现个性化

班级里的孩子,每一个都有各自的特点。如果教师能让作业的形式也变得丰富多样,就能看到他们不一样的个体积极性、不一样的学习风格、不一样的表达力和思考力。而这正是教师追寻的——在教学中看见更多孩子。而探究型作业是开拓学生思维、展现个性化的有效形式。简单来说,让学生从自身条件出发,对同一个问题展开个性化思考,并将学习结果最终反馈出来形成的作业,就是探究性作业。

人教版五年级数学中有教孩子解决生活中实际问题的教学环节,里面会涉及进一法、去尾法、四舍五入法等,通常情况下,针对这些知识点的作业就是让学生做对应的一组练习,比如5道题。还可以追问学生解决这些问题的秘诀是什么?学生会给出很多种令人惊喜的答案。

六、创编型作业,给学生充分展示自我的机会

学生是极富个性的生命体,他们对教材的理解和诠释也富有独特性和创造性。创编型作业就是引导学生根据已掌握的知识,通过改、说、唱等形式再现、拓展、延伸课文内容,或加工、整理、采集与课文有关的图文资料,编辑专题手抄报、电脑报,或根据对诗文的理解进行书法、绘画创作等。

非书面作业是"双减"政策下作业形式的一种有效尝试,一线教师要打开思路,扩宽眼界,不断挖掘有效资源,丰富作业形式,以达到优化学生知识结构,提升学生综合能力的目标。

问题15　如何批阅非书面作业？

伴随着"双减"主旋律的奏响，学生学业负担减轻，教育部办公厅《关于加强义务教育学校作业管理的通知》指出"学校要确保小学一二年级不布置书面家庭作业，可在校内安排适当巩固练习；小学其他年级每天书面作业完成时间平均不超过60分钟。""周末、寒暑假、法定节假日也要控制书面作业时间总量。"此项通知严格要求控制学生的作业量，表明书面作业占据学习主要时间的时代结束，非书面作业的兴起也就顺理成章。

诸多教师对于书面作业批阅付出较多时间和精力，非书面作业批阅标准不一而疏于检查，有些教师则认为非书面作业能够在后续教学中得到反馈，就未及时进行批阅，这不仅使精心完成非书面作业的学生产生心理落差，也会让学生降低对此类作业的重视，从而逐渐失去完成非书面作业的兴趣。如何批阅非书面作业，使其在教学中发挥重要的促进作用？经过多番探索，我们认为可采用以下几种方式批阅非书面作业。

一、全面把握，常进行面批

书面作业与非书面作业的功能是一致的，都是为了使学生掌握科学知识、发展能力。非书面作业的形式主要有听、说、读、唱、讲、做、画、想等，相比较批阅书面作业而言，批阅非书面作业的形式也就可以更多样化。批阅非书面作业仍旧需要遵循以学生为主，促进其全面发展为原则，其中，面批对于全面把握学生学情发挥着重要作用。

面批能够拉近师生之间的距离，能够及时有效地将非书面作业情况反馈给学生，教师也能够清楚而准确地掌握学生学习情况。面批非书面作业，需要考虑多种因素：首先，要确保面批的时间。自"双减"政策实施后，学生在校时间更长，教师可以利用课后服务时间，对学生进行面批；面批时需合理安排面批的顺序，依据先做完先面批的次序，保证面批的时效性。其次，优化非书面作业设计，能够减少教师做无效的批阅。最后，面批并不意味着全班批阅，面批时可针对以下几类学生：第一选择那些粗心、马虎、易错的学生进行面批，以此给予他们矫正、端正学习态度的机会；第二选择学困生，非书面作业形式多样，评价标准也要因人而异，多给予学困生鼓励与支持，能够让他们获得成就感；第三选择那些具有创造力的学生，面批他们的非书面作业，以此为榜样，从而在班级中树立良好的学习典型。

二、互帮互学，选聘小助手

班级中自愿选聘组长，充分发挥小助手的作用，这是一种灵活的批阅非书面作业的方式。在班级中可选聘6~8位小组长，志愿辅导、检查作业。非书面作业囊括基础性知识、发展性知识和拓展性知识，对学生各方面能力的检查较为全面，其呈现形式多样，也决定着其评价标准更加具有包容性。这种批阅非书面作业的方式需要教师对小组长的非书面作业先进行批阅，并明确告知批阅的标准和要求，以及在批阅过程中要注意"以鼓励、表扬为主"，从而使小组长在批阅过程中能够有所依据，做到有的放矢。

小组长批阅非书面作业的方式能够实现全体学生的非书面作业都能得到批阅，在批阅其他同学非书面作业的过程中，小组长也能收获更多同学的创意和想法，对他们的创新性和积极性产生助推作用，长此以往，班级也就自然而然形成良好的班风，学生的创新意识和实践能力也能得到培养。

三、交流共享，巧用班级群

QQ班级群、微信班级群是教师、家长和学生进行有效沟通和交流的重要工具。据不完全统计，班级一般都拥有一个班级群。巧用班级群，能够于无形之中批阅学生的非书面作业。

班级群中，不仅有家长、班主任，还有各任课教师，方便各任课教师及时掌握家长反馈信息，也有利于任课教师将非书面作业的内容发布在群中。教师可以通过班级群发布非书面作业的内容、要求等，让家长清楚知晓，方便家长有效督促学生完成，也将学生的学习阶段目标呈现在家长面前，减少家长因"双减"政策实施后书面作业减少后的焦虑心理。

巧用班级群是一种悄无声息的批阅非书面作业的方式，班级群不仅用来发布消息，也可以用来收集信息。家长将孩子的非书面作业完成情况发到班级群，一方面能够让任课教师直接获取完成情况，另一方面也能提醒家长履行督查工作，更重要的是让更多的同学能够交流、共享别人的创意、思维方式和学习方法。班级群中家长拍照发送自己孩子的非书面作业，在这一过程中，评价主体变得多元，不仅有教师、学生家长、其他学生家长，还有其他同学。这样的评价方式既有效，又遵循了新课标中的评价建议。

四、高效批阅，善用小程序

随着科技的发展，教学趋于现代化。教育部办公厅《关于加强义务教育学校作业管理的通知》中指出"鼓励科学利用信息技术手段进行作业分析诊断"，非书面作业批阅亦可参考此通知的要求。

微信中有很多小程序，可以帮助教师及时收取学生作业，方便教师集中大量时间、便捷使用零碎时间、灵活运用空余时间批阅。例如"每日交作业"小程序，不仅能够拍照上传图片、音频信息，亦能上传视频信息，可谓为非书面作业量身定做的小程序，制作、背诵、朗读等非书面作业则可采用录音频的方式上交；绘画、手工、剪纸类非书面作业可采用拍照形式上交；类似于讲故事、表演、连续性非书面作业则完全可以拍视频上传。教师批阅高效、便捷。小程序最人性化的地方在于具有统计功能，能够准确反馈上交学生名单，使教师一目了然学生作业上交情况。类似这样的小程序还有很多，比如钉钉、夸克、作业登记簿等。

2022年版《义务教育课程方案》中强调"积极探索新技术背景下的学习环境与方式的变革"。教师需要不断习得信息技术，批阅非书面作业可直接在电子产品批阅反馈，形式可根据反馈情况选择图片、音频、一段讲解分析的视频等，从而实现批阅场所、时间和条件的自由。

总而言之，批阅非书面作业，需要从实际出发，根据非书面作业的内容、学生的学习情况、教师的能力水平等角度合理采用适合的方式。能够促进学生全面发展的批阅方式都值得借鉴、学习和采用。

问题 16　如何评价非书面作业？

非书面作业是书面作业以外的，以提高学习兴趣和巩固课堂教学内容为目的，以发展学科素养为导向，以探究实践为主要学习方法，以小调查、小制作、小实验、小游戏或口头表述、阅读等呈现形式来巩固、获取、体验知识的作业。它具有实践性、开放性、思维性、趣味性、人文性等主要特征。书面作业需要评价，非书面作业同样需要评价。我们将作业设计好后布置给每一位学生，这是课堂延伸的第一步，学生认真完成这份任务是第二步，那课堂延伸就到此结束了吗？不，还等着我们去查阅学生的完成情况，并根据完成情况适时给予评判。在这一过程中，我们能大概了解到学生学得如何，也可在过程中了解教学效果。最后我们再根据所看、所思、所得对孩子们的学习进行巩固提升。可见如何科学有效地评价学生的作业就显得至关重要。作业评价本就是教育教学评价的一种具体实施方式，它具备鉴定、诊断、导向、调节、激励等多种功能，能对每一位学生的学习起到一个正确的导向作用——修正、完善、巩固的作用。为了让学生在完成作业时有据可依，评价先于任务又伴随任务完成始终。一方面，教师要重视学生非书面作业的完成情况，通过作业反馈知晓他们学习的情况，把准学习的脉搏，正确地判断他们学习的走向，在他们迟疑不前时及时为他们答疑解惑，也为他们取得学习之途中的胜利而骄傲以鼓励他们继续前行。另一方面，《兑命》曰："学学半"，为师者，看到学生的问题，亦是自己的问题，有教有思，教师在引导学生的同时，正是教学相长也！

因此无论是非书面作业的设计形式还是对学生评价的方式都应以学生为主体。每一个学生都应该被期待、被关注、被欣赏，他们都应该有属于自己的作业舞台，尤其是学困生，在作业展示评价环节中更要给予他们充分的肯定，让每一位学生根据自己的特点得到不同的发展。可以通过以下几个方面来完善非书面作业的评价方式。

一、坚持评价主题的多样性

一份已完成的非书面作业的评价主体可以是老师、同学、家长或学生自己，让每一位生活成员都参与进来，要充分发挥这些不同角色的重要作用。比如低年级中对数字口令、背乘法口诀、说时间等随堂检测类型的作业，可以利用课堂或者课后服务时间让学生在课堂上展示，教师适时根据作业之前明确的评价标准给予有针对性的点评，完成质量高的给予奖励：如发放学习兑换卡、在心愿存折上加分等。学生之间也可以进行互相评价，他们在相互评价时往往站在相同的高度来看问题的，比起教师，这样更直接，也更容易被学生所接受。学生在相互评价的同时，自己也会有新的认识和体会，甚至可能对问题的理解能上一个新的台阶，从而提高观察、比较和分析的能力，思维能力和表达能力也能得到提高。当然，在学生互评环节中，教师要从旁恰当引导，使这种评价方式发挥出最佳效果。在图形知识板块中的操作、绘画等类型的作业则可以让学生分小组在班级中进行展示与介绍，让其他同学来打分。根据得分情况选出优秀作品张贴在班级墙上，让作品贴在墙上的同学得到了大家的认可，同时在班级中也是一种学习经验的分享。还可以让学生自我评价，根据给出的完成标准，给自己打分或者给自己几颗星、笑脸等。目标明确的评价标准下，学生通过自我评价来反思与自省，进行修正与完善。有了教师的引导、同学的交流、自主的学习，还少不了家长的理解与支持。家长的评价也是学生作业完成质量高低的关键，他们同样要根据作业的评价标准，在陪伴过程中和孩子一起看一看、说一说，了解到孩子的学习情况，进而做到家校合力。

二、坚持评价模式的多样性

非书面作业的评价比起书面作业的评价要求大大提高了。作业评价的方式直接影响学生作业完成的质量，甚至学生学习的热情。教师的评价不能只停留在传统的口头形式上,应该多样化,可以采用教师评价、学生自评、同学互评、班级集体评议。例如在一年级"认识时间"作业设计中,可要求学生自由发挥想象,自主设计钟面,在钟面上用时针和分针画出自己每天最喜欢的时间。第二天,学生交来自己的作品,教师可以将其整理成一本作品集,在班级中进行集体评比,评选出"钟表优秀设计师"。利用学生眼中优秀的作业来激发其他学生完成作业的欲望,从各个方面对学生完成作业情况进行奖励,对不同层次的学生要求也要不同,从基础到巩固到提高再拓展,让每一名学生在不同层面上都能体验到主动学习获得成功的乐趣,成为学习的主人。并且在这一过程中,也可以将奖励设置成一个梯度,根据开始初定的心愿存折或者积分计划等,进行物质奖励(如文具)或者帮助他们完成心愿存折上的目标心愿。这样能使学生及时感受到成功带来的喜悦,以进一步激发他们学习的兴趣,培养他们认真完成作业的热情,使他们享受这一学习知识——检验自己的过程。

三、坚持推动发展性评价

教师可以尝试针对学生日常反馈作业中的表现情况进行记录与评价,鼓励他们尝试进行自我表达。在日常评价中,教师可以分别按照所布置的分层任务完成情况以及开放性任务完成情况两种主要类别来对学生的表现进行分析,从而提升评价效果。例如在学生学习了《凡卡》以后,教师可以让学生根据自己的生活经历和情感体验尝试写一写,如果爷爷收到了凡卡的信,结果会是怎样?在这里教师可以鼓励学生进行自我表达,并结合自己对课文的理解针对课文内容进行续写,将学生在自我表达与续写过程中的表现纳入这一次的评价体系中,以此从更加全面的角度对学生进行评价。又例如在学习了《饮湖上初晴后雨》这首诗后,可以让学生以此次学习为出发点,回去后查阅一下西湖的相关景点资料与图片,谈谈对这首诗的理解,并试着写一写关于西湖的导游词,为大家进行介绍。当这项任务布置以后,可以鼓励学生以小组为单位,课后进行研讨和分析,利用课后服务来进行展示。教师可以针对学生各小组成员在展示时的表现进行评价,这样不但培养了学生的综合实践能力,还促进了生生之间的交往互动、合作交流,更有利于及时了解学生的语文素养以及他们的学习状态。

在实施非书面作业过程中,教师要始终坚持以学生为中心,以培养学生的创新能力和实践能力为重要目标,以促进学生的全面发展为最终目的。让他们在轻松愉快的学习环境中,尽情地发挥其个性,忘情地学习,体验学习的幸福和快乐,主动敲开知识的大门。

问题17　如何提高非书面作业的效用？

传统书面作业机械性太强，控制性过度，学业负担过重，不适合专注力弱、活跃性强的小学生。在基础教育课程改革急呼"转变学生的学习方式"的今天，非书面作业以其内容上丰富多彩、形式上活泼多样的优点出现在小学教学中，极大地弥补了传统书面作业的不足，体现了"以学生发展为本"的新理念。非书面作业，即不能或不需要用书面形式来完成的作业。它常常需要学生用眼、耳、口、鼻、手等多种感官参与学习活动，既减轻了学生对书面作业产生的精神压力，又使学生在多彩的学习活动中体验到完成作业的乐趣。因此，有必要将一些好的内容设计成非书面作业。只要将这种作业的时间内容方式选择好，就能起到积极的作用。

一、非书面作业的设计原则

《小学语文课程标准》提出："教师要精心设计作业，要有启发性，分量要适当，不要让学生机械抄写，以利于减轻学生负担。"《基础教育课程改革纲要》中对课程改革的目标作出了明确的规定："要改变机械训练的现状，倡导学生主动参与、乐于探究的学风，培养学生获取新知识的能力、分析和解决问题的能力以及交流与合作的能力"。新课程实验中作业的设计应是开放的，应努力实现课内外联系，校内外沟通，学科间融合，让作业成为培养和发展学生能力的一座桥梁，从而优化语文学习环境。

《小学数学课程标准》所确立的义务教育数学课程的整体目标和分段目标是以知识技能为基础，以数学思维为基础，以解决问题为基础。数学作业是数学教学的一个重要环节，它的设计与实现应以教学内容与教学目标相结合。

所以，在数学作业的编排上，要根据课程标准、教材内容以及学生的具体情况，科学地选择合适的作业。通过精心设计，使学生掌握一定的知识和技巧，并能够促进学生的数学思考，提高学生的问题解决能力，进而提高学生的情绪、态度、价值，达到数学教学的目的。

二、非书面作业的设计方法

（一）提高非书面作业的兴趣

游戏是儿童最感兴趣的，闯关更能激发儿童的积极性，可以将作业也设计成游戏闯关的形式。如《树之歌》这一课，可这样设计：第一关字词关，正确读出本课的生字，并给生字口头组词；第二关诵读关，正确流利地背诵课文；第三关创编关，在生活中你还认识哪些树，知道它们的生长习性，并仿照课文创编儿歌。以游戏闯关的形式布置非书面家庭作业，很受学生喜欢，充分调动了学生完成作业的积极性，让学生在轻松、愉快的游戏中巩固了知识，提升了学习效果。比如，在"20以内的退位减"中，共有36个卡片，教师设置了45秒通过游戏关卡，而关于"100以内数"的相关知识，教师就让学生用各种各样的方法来过关游戏。这种游戏作业设计方式被广泛地运用于小学低年级的教学，并且取得了明显的成效。

（二）走向生活，拓宽非书面作业的广度

1. 在生活中学知识

小学生学习的天地很广阔，非书面家庭作业应走向生活。小学生学习的触角应伸向每一个角落，如看电视时，让孩子读读喜欢看的电视节目和电视栏目名称；在街上读读路牌、广告牌和店名；逛超市时认认商品名称，认识升、毫升，认识钱币及用法。这样生活化的作业淡化了任务性，让小学生在轻松的氛围中，增加了识字量，提高了识字能力。总之，抓住一切可以识字的机会，生活处处是课堂。

2. 在生活中捕捉美

例如，上完《田家四季歌》这篇课文，刚好是秋天，可以布置学生去野

外观察秋天,用手机拍下秋天的美景,发到班级微信群中,评选出优秀的作品。上完轴对称图形这一课,可以布置学生去生活中观察哪些物体是轴对称图形,并记录下来,再深入思考一下轴对称物体不轴对称还完美吗?

3. 在生活中提高能力

在教学中,我们往往发现,在一二年级时,学生回答问题的积极性特别高,而随着年级的升高,这种积极性慢慢变弱了,这跟学生的心理变化有关。因此,我们在低年级阶段,就应该充分抓住学生乐于表现的一面,让学生善于展示自己,形成开朗的性格。所以,布置的作业也不应该是单一的,而应该根据"儿童是用形象、声音、色彩来思维的"这一特点,布置富有色彩、充满情趣的多元作业复合体,激发学生进行多方面的感官体验。

教师布置的非书面家庭作业,不仅关注学生语文知识的提升,也要关注学生的观察能力、思维能力、动手能力和创造能力的提高,把作业变活。如可以根据教学内容,结合学生的生活实际,适当布置学生进行画、贴、剪、演、摄影等多种形式的语文作业,促使学生看、听、说、触、摸、嗅、想象等多种感官参与。如果老师是根据实际情况设计出适合学生年龄特点的活动,那么在这些活动中,学生们不会拘束,可以自由发挥,展现自我。如在母亲节让学生制作一张卡片送给自己亲爱的妈妈;学了《英英学古诗》,让学生也学着英英的样子,和自己的爷爷、奶奶聊聊天,给他们表演个节目或者教他们一首古诗;设计一些简单的口语表达的活动,如介绍自己,介绍自己的家、长大了会干什么等。在这些活动中,教师的工作就是要时时关注学生,及时发现他们的优点。教师一个鼓励的眼神、一句温暖的话,会让他们充满自信,充满阳光。

教师的信任和赏识能激起学生求知的勇气,激励他们更主动地表现自己,提高他们的能力。给学生一个表现自我的空间,让他们每个人都找到自己的闪光点,增加自信心,慢慢地学生就会变得活泼开朗起来。这样能发展学生的个性,挖掘学生的潜能,让他们在轻松愉快的氛围中不知不觉提升了语文素养。比如,学习20以内的加减法口算时的扑克牌游戏。挑选扑克牌中所有的1~10,一共4个花色40张牌。分成两堆,家长和孩子各20张。一人出一张,例如家长出8,孩子出3。要求孩子口头说出算式:8-3=5;依次进行,直到双方出完全部的牌。一局结束,孩子就口算了20道10以内的减法算式。

用扑克牌练习加减法，无需纸笔，方法多样，随时随地都可以玩，关键是一定要让孩子参与进来，感觉是游戏，而不是学习。如果在进行中，家长辅以各种表扬、鼓励和比赛，相信学习效果会更好。一天利用各种碎片时间，轻轻松松完成百十道计算题不成问题。

（三）动手操作，培养非书面作业的能力

低年级学生思维比较具体，对于抽象的事物可以通过动手操作对学生进行训练。学生获取知识最重要的方法就是发挥他们的主动性，让他们动手参与到学习中，对学习的兴趣就越浓厚。

例如，人教版二年级下册第三单元的口语交际《做手工》，我们可以在学习口语交际之前，让学生在家里做一件手工作品，边做边想是怎么做的。第二天将做好的手工作品带到学校，上课时进行交流。用表示先后顺序的词语来介绍自己是怎么做的，因为自己亲手做过手工，交流起来就有话可说，不仅条理清楚而且生动有趣，效果甚好。

例如，在完成了"分类和统计"课程后，教师可以安排学生进行一次户外活动，这是一种很好的体验。在活动开始前，教师要在活动前把一些东西整理好，然后把学生分组，在教师指定的时间里，让他们找出对应的物品，并进行统计。完成以上步骤后，学生可以将采集到的资料用自己喜欢的方法进行记录。在学生学习的过程中，学生的数据处理、分析和收集能力得到了提高，学习的积极性也得到了极大的提高，在轻松愉快的学习过程中，非书面的学习方式的运用价值得到了充分的体现。

非书面作业不仅丰富了作业形式，增强了作业的趣味性，还调动了学生完成作业的积极性和主动性，从精神上给学生减轻了负担，为作业注入了新的活力。只要我们精心设计非书面作业，学习对于孩子们来说不会是负担，笑容将绽放在他们脸上，他们将是爱学习、会学习，动手综合实践能力强的新一代。

问题18 在实施非书面作业时,要注意什么?

作业是课堂教学内容的巩固和延伸,可以检验学生课堂上所学知识的掌握情况,弥补学生课堂参与的不足,同时帮助教师了解学情,改进教学方法,提高教育教学质量。如今,随着"双减"政策的落地,切实减轻学生的作业负担,已成为教学变革中社会关注的焦点。为适应课程改革要求,教师们在实际教学中优化作业设计,运用非书面作业代替一些机械、重复、耗费时间的书面作业,这确实是一种有效可行的方法。非书面作业具有新颖性、趣味性,能提高学生的学习兴趣,有利于学生提升分析问题、解决问题的能力,促进学生个性特长的发展,以及学生综合素质的提高。非书面作业优点很多,但在实施过程中,应注意以下几点。

一、非书面作业目标的制定要基于课标、教材

《义务教育课程标准(2022年版)》围绕作业设计指出:要以促进学生核心素养发展为出发点和落脚点,精心设计作业,在识记、理解和应用的基础上加强综合性、探究性和开放性,为学生发挥创造力提供空间,既要关注学生对学科知识的系统学习,又要关注学生的全面发展。非书面作业目标的制定需要与课程标准、教学目标保持一致。首先,要参照课程标准,认真分析教材,并结合教材内容和学情综合考量确定单元作业目标。其次,可以以大单元为基本单位,设计"大单元非书面作业",还可以将大单元作业目标具体和细化为课时作业目标,从而设计"每课时非书面作业"。最后,单元作业目标与课时作业目标之间是整体与部分的关系,整体决定部分。

二、非书面作业的设计要多样性

很多教师认为非书面作业就是不让学生动笔在纸上书写就行了，因此布置的非书面作业形式单一、枯燥，往往是以背诵、朗读、复述为主要形式，这样的作业布置教师很省事，不需要动脑筋。渐渐地，每到教师要布置作业时，学生都会猜到教师要布置什么作业了。这样的作业效果会好吗？答案是否定的。因为这样的非书面作业形式不够新颖，没有思维训练价值，不能培养学生实践与创新能力，学生会陷入一种疲于应付且毫无成就感的状态，导致学生的兴趣丧失。因此，教师要根据自己的教学内容，创新非书面作业形式，让非书面作业形式多样化、趣味化，如阅读、交流、家务劳动、参观、调查、编排课本剧、收看电视、收听广播等，学生对非书面作业始终保持浓厚的兴趣，乐此不疲。

非书面作业还要让学生在动手、动口、动脑中汲取知识，掌握技能。比如学习测量时，可以让学生在家动手量一量家中的物品，和父母、同学采用"你问我答"的方式讨论课堂上知识的理解，在父母陪同下去图书馆查阅学习资料，去博物馆探寻书本上有关的学习内容，去公园观察一些植物的生长情况等，这些都可以成为非书面作业的内容。孩子们能在多样化的非书面作业中边玩边学，感受学习的快乐。

三、非书面作业的设计要有层次性

学生的能力和家庭背景不同，个体存在着差异。教师布置同样尺度的非书面作业，有的学生就会觉得太简单，达不到作业训练的目的；有的学生会觉得作业太难，无从下手，失去学习的信心。因此，教师要给学生布置不同层次的非书面作业，不同层次的非书面作业给学生自主选择、独立完成提供了自由空间，满足了不同层次学生的需要。学生可以选择适合自己层次的非书面作业，也能通过"跳一跳"完成稍高层次的作业，大大激发学生完成作业的兴趣，提高非书面作业的有效性。

四、非书面作业需要及时评价与反馈

非书面作业不像书面作业有统一呈现的作业内容，可以统一收取、批改、讲评，非书面作业由于内容呈现多样化，教师评价起来比较繁琐，需要花费大量的时间。教师往往让学生回家完成很多非书面作业，之后不了了之，学生回家有没有做，做的效果如何，教师不清楚。这样，做的学生得不到老师的肯定和激励，不做的学生老师也不会受到批评，时间长了，非书面作业的布置流于形式，还让学生养成了一种不良的行为习惯。对于非书面作业，也应该做到有布置、有批改、有反馈。作业的批改与反馈是教师与学生之间无声的"对话"，通过这种"对话"，教师可以从非书面作业中得到教与学的信息反馈。

另外，非书面作业的形式多样，教师要创新评价方式，可以采用教师评价、学生自己评价、学生互相评价、家长评价等不同评价主体参与评价，减轻教师的评价负担；采用评语激励、评比激励、展评激励、分层评价激励等方式，使不同层次的学生都能获取学习的动力。

五、非书面作业的实施需要家校相互配合

受传统作业观念的影响，许多家长认为学生在家就应该做一些抄抄写写、读读背背方面的作业，做一些练习册、试题来巩固课堂所学知识，只有这样才能在考试中取得好成绩。对老师布置的非书面作业不去督促，甚至还产生抵触情绪，认为这是无关紧要的作业，暗示孩子不要去理会。教师要通过家长会、微信群等多种渠道与家长交流、沟通，转变家长的思想观念，要让家长认识到现在的教育方式与传统的教育方式不同，不再是传统的应试教育，学生只是为了考试取得高分数去盲目学习、记忆，学生成了考试的机器，成了名副其实的"书呆子"。现在的教育要培养学生多方面的能力，促进学生德智体美劳全面发展。只有家长的思想观念转变了，家长才会配合老师督促孩子认真完成，非书面作业实施起来才顺畅、有效果、有意义。有的非书面作业需要家长和孩子合作完成，有的非书面作业需要家长对孩子的完成情况

给予评价，家长还可以发挥各自的特长，帮助、指导孩子更有创意地去完成，有些观察、实践类的非书面作业需要家长陪同孩子等，这些都离不开家长的支持与配合。

六、要控制非书面作业的数量和完成时间

兴趣是最好的老师。非书面作业生动活泼、精彩纷呈，学生对此很好奇，兴致非常高。任何事物都有一个度，如果过度地布置非书面作业，会挫伤学生的积极性，学生就会失去兴趣，产生厌烦逃避的心理。教师在布置非书面作业时要注意控制作业的数量，要结合自己的教学内容优化作业设计，提升作业设计的质量，设计一些融合型、多学科综合型的非书面作业，培养学生的综合素养。教师在布置非书面作业前要预估完成时间，不能要求学生在很短的时间完成任务量大的非书面作业，不能一边减少书面作业，一边增加非书面作业，这显然违背了"双减"政策的真正目的。

总之，教师实施非书面作业时，要注意做到以上几点，以切实发挥非书面作业的育人功能。

问题 19　在非书面作业中，如何培养学生良好的学习品质？

一、学习品质的含义

学习品质是指能反映学生以多种方式进行学习的倾向、态度、习惯与风格等，是对儿童现在与将来的学习、发展都有重要影响的基本素质。它不仅关注学生习得知识与技能的本身，更关注学生如何获得知识与技能。小学阶段学习品质的好坏决定了小学生现在和将来的学习与发展质量。

二、学习品质的主要内容

（1）好奇心与兴趣。即儿童具有好奇感，有寻求新信息的兴趣，有对新知识的敏锐，渴望学习。

（2）主动性。具体包括肯接受任务，愿意参与学习活动，学新东西时会进行合理的冒险等。

（3）坚持与注意。具体包括在完成任务时表现出坚持性，能够集中注意，不容易被干扰或被弄得很沮丧。

（4）想象与创造。指儿童能够利用想象等拓展知识，进行新的学习。

（5）反思与解释。指儿童能够吸收、思考、理解已有知识和信息，以便进行进一步的学习。

三、作业中如何培养学生的学习品质

培养小学生良好的学习品质，可以从以下三个方面来进行：学习动机、课堂学习习惯、课外学习习惯。其中课外学习习惯的培养主要通过作业来完成，传统的作业形式以书面作业为主，可以培养学生认真、专注、细致的学习品质，但因为形式单一，重复机械，使众多学生讨厌写作业，往往完成的质量不高，影响了学生学习品质的养成。相比之下，非书面作业的形式多样，容易被学生所接受，更能促进学生良好学习品质的形成。

1. 操作性作业

春天来了，可结合语文学习布置学生操作观察的小任务，如种下一粒种子，观察种子的变化，用手机拍照记录种子的发芽过程，用自己的语言说说种子的成长过程等，是非常有趣的作业。学生亲手播种，兴趣很浓，积极主动去参与；种子的一点变化都会驱使学生的好奇心，从而去观察、去记录，乐于分享给他人。

2. 自主设计合作作业

《中国学生发展核心素养》中提出促进学生"自主发展""学会学习"的相关素养，其中学会学习是指学生学习意识逐渐形成、学习方法自主选择的综合能力，通过学生自主设计作业环节更好地培养发展学生的自主学习能力。

例如在教学四下册综合性学习单元《轻叩诗歌大门》时，安排以小组为单元，完成一本小诗集。于是，学生们根据每个人的特长，分别负责搜集资料、排版设计、写字、美工等不同的工作。明确分工后，制订各项工作的完成进度，这样在协同中有分工，在分工中有合作，碰到问题一起解决，最终拿出一份凝聚集体智慧的作品。

在合作类作业中，要发挥好团队的力量，让学生从小接受团队合作教育，体验合作与成功的喜悦，并且在合作中提高共同学习能力和交流沟通能力，促进高阶思维的发展。

好玩有趣更有效的非书面作业设计新思路

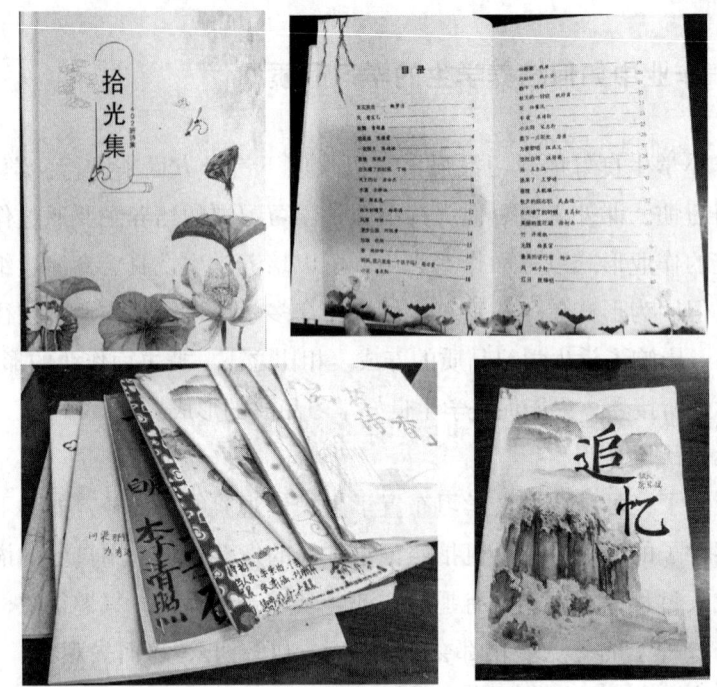

合作类作业小诗集

3. 体验式作业

数学知识本就是一个不断探究的过程，学生在此过程中，收获的不仅仅是知识，还有不放弃、坚持下去的优良品质。

📖 **案例一**

例如，在六年级学生学完圆柱的体积之后，教师给学生布置的作业是用一张 A4 纸创作一个圆柱，并计算圆柱的体积。你发现了什么？学生通过自主探究，在操作中培养动手动脑的能力，学生的思维创造往往会出乎教师的意料，在此过程中，学生的创造思维和刨根究源的探究精神得到空前的激发。

📖 **案例二**

多布置跟学生生活相关的实践性体验式数学作业，比如三年级学完长方形和正方形面积之后的铺地问题，一直令很多数学老师头疼，觉得学生不得要领。其实，这类知识本来跟学生生活密切相关的，如果这样布置作业：现在你家的客厅需要重新铺设漂亮的地砖，你的爸爸妈妈让你预算一下，大概需要多少块地砖？（地砖的形状和大小由你决定，尽可能选择2~3种不同的地砖）

这样的作业，帮助学生建立了一个生动、主动和个性化学习的路径，改变了以往单纯做题、刷题的现状，变为富有乐趣和深刻本质的学习体验，学生在解决问题的过程中不仅提升了高阶思维能力，还体会到数学的实际应用价值。

4. 长周期性作业

语文学科的阅读实践活动的作业形式可以有"课外阅读活动"和"古诗词积累""成语积累"作业等。每天坚持课外阅读或诵读优秀文学作品片段；将小学生必背古诗75首，每5首为一级，共分为15级，学生背诵完一级后，找教师和同学进行考级，如果学生考过，就获得考级证书；班级或家庭开展成语讲坛活动，每天学生轮流或自己讲一个成语故事……这些作业的实施，具有长效性，旨在通过优秀文化的熏陶感染，促进学生全面发展，使他们提高思想道德修养和审美情趣，逐步形成良好的个性和健全的人格。

5. 整合性作业

整合意味着打破学科壁垒，实现知识融通、时空联通、生活贯通。比如，以小学五年级语文《讲不厌的民间故事》为例，教师布置"制作精美的书签""创作图文并茂的连环画""编排妙趣横生的课本剧"等系列作业，让作业变得立体而丰满。又如，以大融合的理念设计英语作业。设计"英语＋美术"作业，让学生完成图文式作业；设计"英语＋生活实践"作业，让学生去文具店购物。这样的作业形式源于教材、高于教材，源于生活、高于生活，深受学生的欢迎。学生在完成整合性作业的过程中，利用自己丰富的想象力进行了无限的创造。

6. 反思性作业

从记忆走向创造。对学过的知识进行梳理和回顾是学习的有效途径。在数学学习中，针对学生的典型错题，有教师鼓励学生创作四格漫画，将错例解析、正确思路和解题心得有机整合，充分体现了知识性、趣味性和思考性相统一的原则。在语文整本书阅读中，有学生运用思维导图来整理阅读所获。

好玩有趣更有效的非书面作业设计新思路

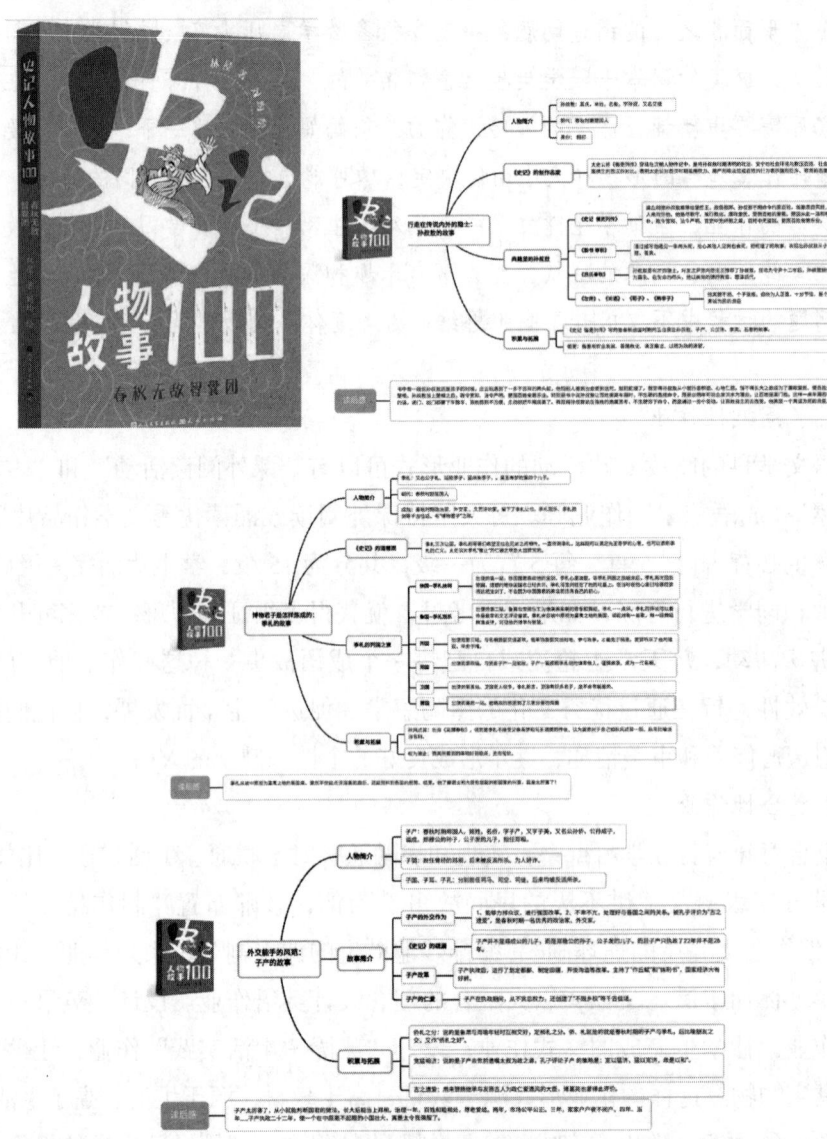

用思维导图来整理阅读所获

这样的创意作业,让学习变得生动且有趣、深刻且丰富。学生的学习品质得以提升,为将来自主学习打下了坚实的基础。

总之,减轻学生过重的作业负担是落实"双减"政策的重要任务,也是加强中小学生"五项管理"的重要环节。作业设计得好不好,直接影响着学生的学习兴趣和学习品质,也关系到教学成效和育人质量。

问题 20 基于学情，如何优化非书面作业的布置？

在践行"减负"的教育背景下，教师要改变以往的作业布置形式，做好合理优化。根据当下的教育状况，基于学生的学情、认知发展特点等，可运用多种形式来布置非书面作业，让学生积极主动地去完成非书面作业，在兴趣中提高自己的水平，发掘自己的潜能，真正成为学习的主人。

基于学情，优化非书面作业的布置是教育中的重要任务之一。了解学生的学习特点和需求，有针对性地设计和布置非书面作业，可以提高学生的学习效果和兴趣。那么，基于学情，如何优化非书面作业的布置呢？

一、以"兴趣"为基石

爱因斯坦曾说过：兴趣是最好的老师，真正有价值的东西，并非仅仅从责任感产生，而是对客观事物的爱与热忱产生。这也意味着学生对待作业的兴趣非常重要。以往学生完成的作业大多是枯燥乏味的，甚至要面对如山海般的作业，试问，怎么能令他们心生快乐呢？作业完成是痛苦的，那么作业完成的效果自然可想而知。在设计非书面作业的过程中，要实现"增质增效"的一个关键途径就是让学生对作业产生兴趣。无论是课堂教学还是课后作业，如果没有学生的主动参与和积极配合，都无法达到预期的教学目标，也就不存在作业的高质和高效了。对于小学生而言，没有什么比让他们做自己喜欢的事更让他们感到快乐。举个例子，教师在设计非书面作业时可以将作业与游戏相结合，比如在语文拼音教学中采用"我是小伞兵"的游戏来让学生巩固声韵母组合与拼读;"拯救溺水者"的游戏让学生巩固声母、韵母的认读;"古诗大比拼"的游戏来巩固所学古诗等,这些形式的非书面作业都可以将书本里的知识变成学生喜闻乐见的事。当然,也可以设计更多学生感兴趣的非书面作业形式来满足不同学生个性化的学习需求。

在学习的过程中,如果缺少了兴趣的参与,那么学习对于学生而言,就会变得索然无味。因此,如果想要真正提高学生学习的效率和质量,在非书面作业的设计就要符合学生的年龄特征和身心发展特点,以"兴趣"为基石,从趣味性、启发性、实操性等方面入手,使其在激发学生兴趣的同时,发掘出学生的"情绪智力"。

二、以"实践活动"为路径

"纸上得来终觉浅,绝知此事要躬行",陆游的这句千古名句揭示了学习的真理。作为学生,要做到知行合一。教师在进行教学活动以及作业的设计上要善于结合当下环境,引导学生开展丰富多彩的实践活动,从而让学生逐步走向"求取真知,学会做人"的正确发展道路。

小学生的理解能力还未完全发展,因此在课堂上学习各科知识时难免一知半解,遇到困难会阻碍他们学习的步伐。与此同时,基于学生年龄特点,他们的求知欲和好奇心都非常强烈,动手能力也在迅速发展。作为教师可以充分利用学生的这一特点,将实践活动与课后作业相结合,让学生在实践活动中加深对相应知识的理解。鼓励学生将动脑与动手结合起来,在动脑和实践中积累丰富的感官体验和实践经验,从而享受非书面作业带来的快乐。通过实践活动,每个学生都可以在实际操作中发挥自己的主观能动性,把自己对事物的理解融入实践活动中。以统编版语文三年级下册《昆虫备忘录》为例,在课文教学后,教师设计如下非书面作业:请同学们走进大自然,选择自己感兴趣的昆虫,认真观察,进一步了解千姿百态的昆虫和它们生活的各个方面,并结合查阅资料等方式编制一份属于自己的昆虫备忘录。制作完成后与他人分享收获。这样的非书面作业设计从学生兴趣入手,将课内延伸至课外,采取多种方式,不拘泥于形式,选择自己喜欢的方式走进大自然,了解昆虫,制作昆虫备忘录,同时可以锻炼动手能力和动脑能力及概括能力。

三、以"因材施教"为核心

教育孩子如育花,精心浇水、施肥、呵护,方能成功。正如世界上没有两片相同的树叶,学生亦是如此。因为内因和外因的影响,每位学生在学习能力、学习习惯、学习态度等方面都存在差异,这是十分正常的现象,必须直面应对。如果教师在设计非书面作业时忽视这些因素,那么非书面作业的合理性、科学性都会大打折扣,有时会影响到学生对学习的渴求以及未来的发展。正因为如此,教师在班级授课中以及布置课后作业时都要充分考虑不同学生的特点和层次,并切实有效地付诸行动,尊重学生的个体间差异,使学生的个性得到全面发展。

非书面作业的设计应该是开放而富有活力的,做到跨学科间融合、课内与课外相结合,让不同水平的学生都可以根据自己的情况,自主选择课后作业,如此一来,不同层次的学生可以在教师所布置的作业中"跳一跳"就能摘得果实。以小学语文古诗教学为例,针对一些学习水平较低的学生,教师在布置非书面作业时要注重对于学生基础知识的巩固,如准确朗读并背诵古诗词,正确认读生字词。针对一些学习能力一般的学生,教师要注重培养此类学生的信心,适当降低作业要求,让学生对照课本里的插图说一说古诗的意思。针对学习能力比较强的学生,教师在作业设计上难度也要有所提高,注重发展学生的思维能力和创造力,如让学生在学习完古诗后说一说自己对古诗的理解。这种分层次的非书面作业设计,更符合学生当下的学习能力,使作业趋于合理化,让不同层次的学生在非书面作业的引导下不断提升和发展。

四、以"了解学生"为依托

学生的学习能力和学习水平各不相同,因此在布置非书面作业时,教师应该考虑学生的实际情况,如年龄特点、班级差别、已有的知识体系等,通过观察和评估学生的学习表现,了解他们的学习风格、优势和困难,更好地调整作业的难度和要求,确保作业既具有挑战性,又符合学生的能力水平。

对于学习能力较高的学生，可以提供拓展性的非书面作业，促进他们的进一步发展；对于学习能力较弱的学生，可以提供更加巩固性的非书面作业，帮助他们夯实基础。

五、以"反馈和指导"为辅助

非书面作业的布置不仅是让学生完成任务，更重要的是帮助他们进一步提高学习能力。在布置非书面作业后，教师应该及时提供反馈和指导。可以通过批改作业、讨论、评价等方式给予学生具体的建议和肯定，指导他们进一步学习和改进。也可以鼓励学生之间合作与交流。非书面作业的布置可为学生提供合作与交流的机会。教师可以设计小组或团队作业，要求学生共同合作完成任务。这不仅可以促进学生之间的互助和合作，还可以培养他们的团队合作能力和沟通能力。教师也可以利用在线平台或社交媒体等工具，鼓励学生之间的交流和分享，让他们彼此借鉴和学习。

同时，教师还可以与学生进行一对一或小组讨论，就作业中的问题和难点进行解答和引导，帮助学生更好地理解和应用所学知识，教师也能在反馈和指导的过程中根据学生的学习情况和掌握程度随时调整自己的教学思路，优化非书面作业设计。

综上所述，基于学情，优化非书面作业的布置是非常有必要的，学生通过这些非书面作业可以更好地激发对学科知识的兴趣，挖掘自身潜能，在潜移默化中提升自己的综合能力。作为教师要高度重视非书面作业，及时更新非书面作业设计的方法和理念，合理优化非书面作业的布置，为学生的发展添砖加瓦。

问题 21　如何分层布置非书面作业？

根据教育部发布的文件要求，一二年级不得布置家庭书面作业，《关于加强义务教育学校作业管理的通知》中明确提出义务教育阶段严格控制书面作业时间和数量，鼓励分层布置作业。"双减""五项管理""作业管理"等政策颁布后，既要遵循政策要求，又要保证学生的全面发展。在此背景下，学校大力提倡分层布置非书面作业，增质提效，落实立德树人的培养目标。

如何分层布置非书面作业？首先要对问题中的两个名词"分层"与"非书面"作业进行界定。问题中的"分层"一词，依据以往的教学定势，教师会狭义地理解为"作业分层"，即把作业分成几个等级，如基础题、提升题、综合题和拓展题等。其实不然，问题中的"分层"有两种含义，除去大众普遍的狭义理解，还有"学生分层"含义，依据学生的年龄、能力、智力等特点进行等级划分。"非书面"作业一词是相对于"书面"作业而言的一种新的作业形式，顾名思义，不用文字写出来的作业，它具有实践性、开放性、创造性、趣味性和人文性等特点。

真正理解了问题中各名词的含义后，教师才能够准确设计、分层布置非书面作业。要想有效分层布置非书面作业，要考虑以下几方面的因素。

一、发展优势，因材布置

了解班级中学生的发展优势，是进行分层布置非书面作业的基础。心理学指出小学生个体间存在发展差异，有感知觉、记忆、思维和表达等方面的差异。小学生的发展差异并不标志着智力的高低，只是显示他们认知能力的倾向。

教师把握学生的发展差异，就能够依据不同学生的个性差异和发展优势分层布置非书面作业，也可形成小组，依据他们的认知发展差异，将每个方面有发展优势的学生在小组中合理均衡分配，让小组成员之间在完成非书面作业的过程中互帮互助，全面发展。

有关儿童学习研究表明，男女生在配对联想、辨别学习、偶然学习等方面差异不大，但女生的智商分布较均匀、男生的标准误差较为明显，这与两性生理发育有关，女生发育一般早于男生1~2年，脑的发育也存在差异，所以男女生都有其各自擅长的学科。男生右脑的发育比较好，故而他们的空间想象能力、理科能力突出，自然科学学科成绩较好于女生。女生左脑的发育比较好，故而她们的言语表达能力较强，文科成绩较好于男生。教师掌握男女生的发展差异后，依据不同性别的发展优势分层布置非书面作业，让不同类型的学生可以依据自身的发展优势自主选择非书面作业，能够获得"跳一跳，摘到桃"的成功体验。

二、兴趣为师，水到渠成

莎士比亚曾说过"学问必须合乎自己的兴趣，方可得益"，爱因斯坦也说过"兴趣是最好的老师"。分层布置非书面作业，能够有效起到查验学生学习效果、帮助学生理解和巩固所学知识、提高思维能力等作用，主体仍旧是学生，学生积极性、主动性强，则作用显著，反之则无效。

小学阶段的学生由于年龄尚小，身心发展不够成熟，自制力、自觉性都较差，因此分层布置非书面作业要考虑学生的兴趣爱好，从学生喜爱的方面入手，分层设计。第一学段的学生，具有强烈的好奇心和表现欲，针对此心理特征，教师应以布置趣味性作业为主，让他们在低学段感知到完成非书面作业的快乐，寓教于乐，在潜移默化中发挥非书面作业功能。第二学段的学生，摆脱了低学段学生的幼稚特点，进入小学中年级阶段，学生对于学习也有了自己的体会，此学段可根据他们对大自然、校园、家庭的兴趣布置分层非书面作业，拓宽学生的学习场所，将非书面作业与生活联系起来，但又不缺乏趣味性。动手制作物品、做手抄报、剪纸、做家务等都是值得设计的非书面作业。第三学段的学生基本已经有了自己的学习方式，不同层次的学生对于非书面作业选择，更多是依据兴趣来决定，这一学段可布置实践性、创新性、思维性的非书面作业，利用学生的中心兴趣进行广泛迁移。

非书面作业的形式要丰富多样、充满情趣，呈现的题目是一个多元的复合体，需要学生运用多种感官去完成，不同层次的学生都能有所触发，从而激发学生积极完成的热情和心向。

三、能力分层，共同进步

教师研究观察学生，认真分析每个学生的具体情况，依据学生的学习水平、学习态度和自主学习的能力，对学生进行分层，当然，这不是固定不变的层次，它应该是一个动态的，在实际操作中教师要引导低层次的学生慢慢往高层次阶段提升，教师再依据学生的变化不断更新学生的层次，要用不同的标准对待不同层次阶段的学生。

通常情况下，教师会对学生进行三个等级的分层：A级学生（优等生），此类学生基础牢固，吸收能力强，学习习惯优秀；B级学生（中等生），此类学生基础一般，吸收能力中等，学习习惯良好；C级学生（学困生），此类学生基础薄弱，吸收能力不好，学习习惯不好。将学生分层也为分层布置非书面作业奠定了基础。

非书面作业的分层一般分为三类：第一类，基础非书面作业。此层非书面作业针对基础薄弱、学习有困难的学生而设计的，作业数量较少，难度相对而言较低，只要通过练习，基础薄弱的学生也能有所收获，让他们不再自卑，体验到学习成功的喜悦感。第二类，提高性非书面作业。此层非书面作业主要针对基础一般、学习处于中游的学生而设计的，这也是班级中的大多数学生，此层非书面作业内容大多针对当堂课程学完后的巩固与强化训练，通过作业的完成，学生能够掌握当堂课的教学重难点，达到学习目标，并通过一定量的思维训练，提高学生的学习能力。第三类，拓展创新型非书面作业。此层非书面作业面对的是班级中学习成绩优异的学生，主要以培养创造力、发展思维为主。这一类非书面作业知识面广、创新性强，能够拓宽学生的视野，培养学生勇于创新的能力。

低层次的学生起步要缓一些，以训练基础、多表扬为主；中层次的学生要以培养综合能力为主,提高发展;高层次学有余力的学生要充分发挥他们的主观能动性,发展学生的创新精神和实践能力。让低层次学生"吃得到",中层次学生"吃得饱",高层次学生"吃得好",全体学生一起进步。

　　分层布置非书面作业的出发点是促进学生全面发展,将学生分层、作业分层。学生自主选择完成非书面作业是核心,形式多样的非书面作业和灵活宽泛的评价标准则是保障。多维度、全方位的分层布置非书面作业必能取得相应成效。

问题 22　如何设计非书面作业的单元目标?

作业是课堂的有效延伸和拓展,它不仅发挥着巩固知识和技能的重要作用,还对学生的能力、学习态度、学习习惯、学习方法、价值观等诸多方面的发展有着重要的价值。无论是书面作业还是非书面作业的设计都应该从大单元视角进行整体规划,针对学习内容、目标以及学生学习特点,进行作业设计与实施,形成完整的作业体系,促进大单元作业目标和学段作业目标的达成。同时还应该关注知识体系、大单元作业目标、课时作业内容之间的关联性及递进性,各课时的作业内容要有针对性和延展性。

一份好的作业设计和课堂教学一样,要有明确的单元目标。将一个单元看成一个相对的整体,在明确的单元目标统领下对一个单元的作业内容和活动进行系统规划、整合设计,关注联系、关注发展,充分发挥和落实单元作业价值,以清晰的路径促进学生学科素养的整体提升。

设计非书面作业的单元目标可以从以下几点进行综合考虑。

一、非书面作业的单元目标设计应以落实"立德树人"为宗旨

非书面作业的单元目标设计要体现学科核心素养要求。在大单元下设计课内外的学习活动,把非书面作业、书面作业和课堂教学有机结合,以少而精的高质量非书面作业取代简单、机械、重复性的书面作业,达到"减负不减质"的目的。

二、非书面作业的单元目标设计应依据课程标准要求

根据学生整体和个体的特点及需要，更好地完成教与学的任务，巩固所学的知识与技能，形成核心素养：一要认真研究课标（总目标、学段目标、学期目标、单元目标分解）；二要研究内容分析（教材编写体例、编写特点、内容结构、不同版本比较）；三要研究学情（学生原有的旧知、方法、新知等分析）。单元目标的设计要基于学科大概念，以知识技能为主线，活动为载体，向上承接课程目标，向下统领单元内的课时目标、内容、活动、作业、评价、资源等。如二年级上册数学《购物》单元的"非书面作业"的单元目标就可以根据学生的学习水平，围绕学科的大概念"人民币"展开，融合数学学科核心素养、数学课程标准、单元教学目标，依据课时进度进行统一任务群设计。

三、非书面作业的单元目标设计应遵循的基本原则

1. 科学性与针对性的原则

一要指向学科本质的理解及在具体情境中的应用；二要体现新课程标准中提出的核心素养；三要设计了解学生学习过程的非书面作业，注重作业设计的针对性和有效性，充分考虑作业内容与课程内容的一致性。

2. 目标与作业一致性的原则

非书面作业设计要与学生的学习目标匹配，把评价嵌入非书面作业的布置之中，作业评价无科学性错误，表述规范，数量和难度适当，完成时间合理，从而充分发挥评价激励学生学习和改进教师教学的功能。当然还要充分考虑处在目标和作业之间的学习过程，目标到作业可以一一匹配，但是经过学生的学习之后，有一些内容就可以不作为作业了，尤其是一些查漏补缺类的作业。因此非书面作业应该是变动性的，要因时制宜。

3. 层次性与趣味性相结合的原则

学生是个体的人，每个孩子都有自己独一无二的地方。教师应该遵循学生身心发展规律，尊重学生的个体差异，以平常心对待每一个学生，进行彻

底的教育改革,真正做到对每个学生进行具体分析。非书面作业的内容也应和书面作业一样适合不同层次学生的不同需求。有全体学生必须完成的,也有部分学生选做的。使得不同层次的学生都可以拥有适合自己的作业,避免"吃不饱"和"吃不了"的情况发生。另外,非书面作业的设计一定要避免随意性、单一性、机械重复、枯燥乏味,作业形式要灵活多样,注重趣味性,让学生愿意做、乐于做、期待做。

4. 适度性与多样性的原则

大多数情况下非书面作业都是不用动纸笔的,但也应该提前了解学情,设计作业的量要适当,难度要适中,不同学生要分层分类设计。作业内容与单元学习内容匹配,形式灵活多样,体现拓展性、开放性、实践性等特点。单元作业素材关联真实情境,内容体现学科实际应用,任务指向真实问题解决,体现动手动脑相结合。

四、非书面作业的单元目标设计应以课时作业目标为基础

非书面作业的单元作业目标与其课时作业目标,两者是整体与部分的关系,整体优于部分,整体决定部分,整体大于部分之和。教师只有站在大单元的非书面作业目标基础上统筹分课时的作业目标,才能真正落实"双减"政策,达到"减负增效"的目的。

设计非书面作业单元目标需要对本单元的内容进行综合分析,即单元主题是什么、围绕主题安排了哪些环节,每个环节的主要内容是什么等。课时作业目标是单元作业的分目标,集中体现本课时的作业目标。课时作业目标集中体现本节课的重点作业部分,是把单元作业目标分解化、条理化、具体化。制定课时作业目标一定要根据学情进行适当的调整,不是把大单元作业目标拆开、肢解。单元作业目标是条理的、系统的,可能会多一些;课时的作业目标是具体的、精准的,切忌泛谈。当然,课时作业目标的设计一定要依据课程标准、教材内容、实际学情等,在充分考虑课时作业目标的基础上再综合设计非书面作业的单元目标。大单元设计下分课时作业的布置,要确保"三不":不随意布置作业,不布置机械性、重复性和惩罚性作业,不布置时间和难度超负荷作业。还要做到"三明":设计意图明晰,训练目标明确,

训练效果明显。

综上所述，非书面单元作业的设计，是以单元为基本单位，依据一定的教学目的，选择、重组、改编、完善或者自主开发等多种形式作业的过程。教师在设计非书面单元作业目标时需要综合思考各个相关要素，包括作业整体框架内容、作业属性、作业难度、作业差异性、数据统计、结果分析、作业优化与形成、作业时间等。只有教师在设计单元作业目标时像学科课程专家一样系统地思考单元作业的各个相关要素，有了明确合理的单元作业目标，单元作业或者课时作业才会发挥应有的价值。

问题 23 大单元教学背景下，如何有效布置非书面作业？

作业是教育教学的重要环节。作业能否有效设计和实施，影响着教学目标能否达成和教学效果的好坏，以及学生对学习是否有兴趣等。传统教学中，教师的教学重心在课堂，受课堂教学时间的限制，教师在教完例题或课文后都会布置一定量的作业，这些作业大多是来自一些练习册，与课堂教学相比，作业被置于次要的地位，教师没有足够的重视，也没有从整体上去精心设计。这种课时作业具有片段性、零散性，作业之间衔接不够紧密，相互割裂。

新课程改革要求教师更新观念，站到大单元的高度进行作业设计。这里的大单元一般是指同一主题下相对独立并且自成体系的学习内容。拿语文学科来说，它可以是每册教科书中的一个自然单元，也可以是新课标所提出的学习任务群，还可以是一个话题或一个专题。相对于单独课时作业而言，大单元作业具有一定的系统性、关联性、综合性。以大单元为单位的作业设计，既便于从宏观角度把握学科整体教学要求，又能从微观层面解决课时作业目标分散、不统一的问题。因此，教师要提升大单元作业设计的能力，进而提高课堂教学效率，让孩子们爱上学习，爱上探究，兴趣盎然地主动求知。那么，在大单元教学背景下，如何有效布置非书面作业呢？不妨从以下几方面进行尝试。

一、紧扣大单元教学目标去设计作业目标

作业设计要从大单元视角整体规划，针对单元教学目标及学生年龄特点、

身心发展规律，设计好单元作业目标。单元作业目标是否科学，决定了作业的起点是否正确，它是单元作业设计的基本依据。单元作业目标要尽全力做到清晰、明确，单元作业目标绝大部分来源于教学目标，前提要求教学目标是准确的，不是所有的教学目标都要成为作业目标。可以设置教学目标里没有的作业目标，如课程标准里要求的，但这个单元没有，却是这个年级段要持续练习的，也可以放进单元作业目标，从而处理好单元教学目标与作业目标的关系。

设计好大单元作业目标后，还要关注大单元作业目标与课时作业目标的关系。大单元作业目标与课时作业目标是整体与部分的关系，大单元作业目标应大于该单元下各课时作业目标之和。因此，要站到大单元作业目标基础上统筹课时目标。大单元作业目标是总目标，是综合性的，条目比较多，包含了大单元所有作业目标，课时作业目标是大单元作业目标的分目标，是课时学习作业目标的集中体现，是大单元作业目标的进一步分解和具体化。

如统编版小学语文二年级下册第五单元围绕着"正确看待问题，善于思考"这个专题选择了课文《寓言二则》《画杨桃》《小马过河》，另外还有一个"口语交际"及"语文园地五"。单元的教学目标是：会认会写本单元的生字；养成自主识字的习惯，能在阅读的过程中积累词汇；正确、流利、有感情地朗读课文，理解课文内容，感悟、积累对自己有启发的句子。我们可以依据单元教学目标制定单元作业目标：认识41个生字，读准2个多音字，会写26个字，会写28个词语；能正确、流利地朗读课文，读出恰当的语气，积累对自己有启发的句子；养成自主识字的习惯，能在阅读的过程中主动积累词汇；能根据课文内容，说出自己简单的看法；能主动发表关于图书角管理方法的意见；能借助形声字的构字规律识字，能理解并积累含"笑"字的词语；能背诵《弟子规》中节选的内容。再将这些作业目标细分到每篇课文要落实的作业目标。

各课时作业目标要有针对性，同时又相互关联，课时作业目标的设计要注意课与课之间的层次，每个课时的作业设计都要与下一课时密切关联，为后一课时的学习做好充分准备和铺垫。确定好单元作业目标和每一课时作业目标后，再根据要达成的作业目标去设计作业。"双减"政策要求小学低年级不留书面的家庭作业，可以围绕要达到的作业目标去设计非书面作业，小学中高年级紧扣作业目标设计一些非书面作业替代低效的书面作业,巩固学生所学的知识,培养学生的技能,减轻学生的作业负担。同时,只有紧扣目标设计的作业才是有质量、有效果的。

二、大单元非书面作业设计要有层次性和趣味性

受家庭教育环境及学生自身因素的影响,学生的知识储备和学习能力的差异是客观存在的,不要让全班学生做同样的作业,非书面作业设计要照顾到不同层次学生的需求。可以将非书面作业分三个板块,即基础性非书面作业、提升性非书面作业和综合性非书面作业进行设计,三个板块相互联系,梯度推进,形成一个完整的作业体系。每个层次的学生都有符合自己难度的非书面作业,让不同层次的学生都有所收获和成长。也可以设计形式多样的"自助餐"式选做作业,学生根据自己的实际情况,选择跟自己能力和知识水平相适应的非书面作业,这样把完成作业的主动权交给学生,学生才能真正成为学习的主人,才会感受到成功的喜悦,增强学习的自信心。

不同层次的非书面作业都要学生去动口、动手、动脑,以多种感官参与完成,还要集知识性、趣味性、艺术性于一体,培养学生的综合素养和创新能力。

三、非书面作业设计要体现合作性

新课程明确指出要培养学生的合作能力。学生必须加强合作,学会合作。新课程教学内容具有开放性、综合性,甚至是多学科的融合,这就使得一些作业不再是个人独立可以完成的,如调查、参观、访问……需要和家长或同学相互合作才能完成。另外,小学生的年龄特征和心理特点,决定了他们对群体有着较强的依赖性,渴望和群体一同玩耍,在群体中表现自己,得到同伴的认可。设计合作性非书面作业,学生在完成作业的过程中可获取知识、发展协作能力,学会如何进行人际交往。

对于不同的年级段,教师还可以设计不同的合作性非书面作业。低年级学生每天与父母在一起的时间相对较多,可以设计一些让家长和孩子合作完

成的非书面作业,如亲子阅读、你问我答,这样,家长不但可以给予孩子指导,还能增进与孩子之间的感情。到了中高年级,同学之间的交往有了默契,可以设计同桌、小组合作完成的非书面作业,大家为了共同的作业目标,各自分工又相互协作,共同提高。

四、非书面作业的设计要联系学生的生活实际

学科的知识来源于生活,运用于生活,教师要从学生生活的角度设计综合性、实践性的非书面作业,让学生在生活中探究问题、发现问题、解决问题,学生对所学知识就会产生亲切感,完成作业的兴致才会高涨。在大单元教学背景下,教师除了设计课后拓展延伸的非书面作业,还可以根据自己教学的需要,在单元教学前,布置学生观察、查找、收集资料等非书面作业,为学生学好单元内容做好准备。

大单元教学是新课标倡导的教学模式,作业设计也要紧跟教学发展的步伐。在大单元教学背景下,相信做到以上几点,非书面作业的布置会更有质量、更有效果。

问题 24　如何设计跨学科非书面作业?

在"双减"大背景下,"减负"是摆在每位教师面前的重要课题。这不仅是一门学科的任务,也是跨学科的联动,实现减负的目标。跨学科作业是对学生各科作业进行重新整合,实现五育并举的重要教学举措。这样的形式打破了学科之间的界限,通过一定的方法,将课程内涵融合,实现多元发展。下面以小学不同学科中的非书面作业设计为例,谈谈跨学科作业设计的策略。

一、学科之间的融合

在日常的教学过程中,我们经常发现学科之间的联系很紧密。在作业设计上,不妨将不同学科中一些相似或相近的教学内容联系在一起,发挥学科的优势,为作业设计服务。尽管不同学科有着不同的教学目标,但可以求同存异,从学生发展的角度融合在一起进行作业设计。具体融合要视作业要求而定,可以是单科与单科之间的互补融合,也可以是多学科之间的融合。

1. 语文与美术的融合

在统编教材中,尤其是低年级课本中,我们可以发现每一篇课文都有精美的插图,许多优美的水墨画让学生不仅感受到中国的文字之美,也感受到图画之美。课堂上我们可以引导学生观察这些优美的图画,帮助理解课文内容。同样,在课后的作业中,我们可以设计一些"画一画"的作业,让学生把课堂学习的内容,结合自己的理解,用图画的形式表现出来,以增进学生对课文的理解。

在学习语文统编教材一年级上册《荷叶田田》一文时,课文中配了优美的水墨画,学生从中能感受中国传统的技艺之美,也能感受到荷叶长满荷塘,荷花翩翩起舞的动态美以及小鱼的快乐。在布置作业时,可以让学生根据自己的理解给古诗配上一幅画,诗画融合,诗中有画,画中有诗。

2. 音乐与语文的融合

语文与音乐可以说渊源颇深。在古代,诗词最早都是以唱的形式表现出来,诗词歌赋是一体的。在现今,很多教育大家都提倡在古诗文的学习中可以吟诵,古诗不仅可以朗读、吟诵,还可以用音乐的形式表现出来。大家最熟悉的莫过于苏东坡的《明月几时有》,苏大才子可能也没有想到,他的词可以用今天的流行音乐元素进行谱曲,而且风靡大江南北。

在学习古诗《静夜思》以后,教师不应仅仅让学生朗读背诵这首诗,还可以让学生给古诗配上合适的音乐,配乐朗诵这首诗。配乐的选择过程,其实就是一种理解、内化古诗的过程。这样的作业就更有深度,对于学生理解古诗中诗人情感大有帮助。

3. 语文与体育的融合

语文学科是一门基础学科,不仅可以和音乐、美术结合,还可与体育结合。例如在教学《操场上》这篇课文,学生学到了一些关于运动的词语,明白了"天天锻炼身体好"。在我们的作业设计中,就可以让学生经常参加体育锻炼,只有身体好了,才能更好地学习,文明其精神,野蛮其体魄。

4. 数学与语文的融合

语文和数学都是基础性学科,学生的生活中处处蕴含着语文和数学的相关知识。在社会的各个领域也离不开这两门学科的知识,它们都具有工具性。数学学科中的运算、推理等都需要语言进行支撑,语文学习中又运用数学中的推理、分析、归纳、总结等思维方法,因此就某种程度而言,语文和数学可以整合,使学生的学习充满活力。例如在学习《田忌赛马》这篇课文时,赛马的顺序调整,其实就包含了数学知识"对应",可以对这个知识点进行拓展,教完这篇课文后,可以追问:除了这一方法之外,还有其他的方法吗?学生回家可以利用数学知识进行验证,这样的作业就不再枯燥乏味,学生必然会兴趣盎然。

5. 数学与美术的融合

数学学科有很多内容比较抽象,学生学起来比较枯燥乏味,需要借助一些形象的实物去帮助学生解决思维上的困惑。比如二年级学生会学到轴对称图形，如何感受轴对称图形的美。这一章节内容正好与二年级美术第三册第七课的内容《对折剪纸》内容相似。我们就可以将两个学科内容进行融合，通过美术课上的观察，从美术的角度感受美、发现美，通过美术课堂的剪纸艺术，一方面感受传统剪纸艺术的魅力，另一方面又培养学生实践动手的能力，同时鼓励学生在操作的过程中积极思考，发展学生的空间观念。

6.道德与法治课程、音乐、语文课程的融合

随着国家对道德与法治课程的重视，"道法"课程承担了更多的育人功能。例如在学习《校园里的号令》时，每周一升旗仪式上的国歌是每个学生必须学会的歌曲，这也是对学生进行爱国主义教育的重要形式。而国歌的学唱就可以安排在音乐课堂上完成，两个学科可以实现完美融合。在音乐课堂学习以后，可以布置学生回家练唱《义勇军进行曲》，既完成了音乐课程的任务，又达到了道德与法治课程中育人的功能。

这一课程还可以与语文课程相融合。例如在教学统编教材一年级《升国旗》这篇课文以后，教师可以让学生回家学唱《义勇军进行曲》，通过互联网查阅资料，了解国旗，动笔画一画国旗，这样的作业就将语文、音乐、美术等几个学科融合在一起，甚至还可以将之与道德与法治相关章节联系在一起，让学生感受祖国的伟大，从而在学生幼小的心灵中播撒爱国的种子。

二、跨学科非书面作业形式

跨学科作业的设计能给学生带来一些新奇的体验，同时也能让学生从繁重的作业中解脱出来，实现减负的目的。跨学科的非书面作业综合性比较强，要调动学生多种感官参与，结合学科的特点，赋予作业不同的形式，以期调动学生完成作业的积极性。

1.迁移运用

学习《端午粽》一文时，在学生了解了传统节日的习俗、感受传统节日的魅力之后，可安排这样的作业：想一想，中国的传统节日，除了端午节，还有哪些？它们又有哪些习俗，或者有什么动人的传说故事呢？问题可以让学生回家通过多种渠道解决，比如利用现代的媒体手段查阅资料，走访当地的居民，查阅书籍等。

2. 口语表达

低年级要培养学生的观察和表达能力，教师要学会利用一切能利用的素材去培养学生的语言表达能力。例如，在课后服务活动中，学生在教师的指导下完成了剪纸，这样一份剪纸作品是学生亲手完成的，必定记忆犹新，教师可以让学生将剪纸的过程说一说，引导学生有条理、有步骤的表述，培养学生的语言表达能力。其他学科同样可以，当我们在科学课上完成一个小实验，在体育课上学会一个新游戏，在劳动课上学会一道新菜式，都可以让学生用口述的方式讲解完成的过程，既达到巩固的效果，又培养了学生的口语表达能力，一举多得。

3. 图文结合

在语文学习过程中，如古诗词，经常是诗中有画，画中有诗，诗画一体。在学习古诗以后，可以让学生结合自己的理解，给诗配上一幅画，讲一讲画中的故事，也可以将故事题在画上。在一些故事类的文章中，同样可以通过画插图的形式，然后对照插图复述故事。如在教学《小壁虎借尾巴》一文后，让学生根据课文内容自己再配上几幅插图复述故事，这样的复述效果会更好。

4. 音乐欣赏

统编教材中，低年级课文有许多儿歌，朗朗上口，既适合朗诵，也适合用音乐演唱。如学习《快乐的节日》的时候，教师可让学生回家后放声唱一唱，将学生对音乐的浓厚兴趣迁移到语文学习中，用音乐来加深理解、领悟。

5. 动手实践

有的课文学完以后，可以让学生回家做一个小实验，培养学生热爱科学的兴趣。有的课文在学习之后，可让学生按照课文的介绍完成一个小制作，既加深对课文内容的理解和内化，同时又培养学生动手和创新能力。如学了《肥皂泡》一文后，可让学生动手制作肥皂泡，做一做，吹一吹，更能感受冰心奶奶童年的快乐。

三、跨学科非书面作业的评价

跨学科的非书面作业与过去的单科作业有所区别，它融合了不同学科之间的优势，将不同学科单个知识点之间紧密联系在一起。因此，在作业评价中就不能简单地以对错来判断，而应该更注重学生完成作业的过程。如六年级下册综合性学习单元，要求学生合作完成红色主题诗集。这样的任务不可能一个人独自完成，它需要多人合作完成，需要美术功底较好的同学、书写美观的同学，需要学生综合运用信息化能力、组织管理能力、协调能力等。我们在评价这样的作业时，就要综合考虑不同的因素加以考量，主要以培养学生的学习自信为目标，让学生对作业的完成产生浓厚的学习兴趣。多元的评价方式让小学生的作业完成情况得到了全面检验，从得出的评价结果来充分了解跨学科作业的设计情况，可以为小学生的身心健康成长服务。

跨学科非书面作业的设计与 2022 年版新课标提出的要求高度一致，与"减负"政策的大背景是相适应的。跨学科非书面作业的整合优化了各学科作业布置的环境，对学生的身心健康产生了积极、正向的影响。我们要不断探索跨学科非书面作业的设计方案，以此来推进教育教学的创新发展。

问题 25　长周期的非书面作业如何设计？

新课标指出：课程应继承教育的优秀传统，要面向现代化，面向世界，面向未来。我们应拓宽学习和运用的领域，并注重跨学科的学习和现代科技手段的运用，使学生在不同内容和方法的相互交叉、渗透和整合中开阔视野，提高学习效率，初步获得现代社会所需要的核心素养。

一、什么是长周期作业

长周期作业的内容是基于深度学习的"单元教学"或"项目学习"。长周期作业是围绕大单元或大项目整体设计的作业，基于核心知识和技能，内容丰富，学生探究空间大，研究过程长，结果呈现更综合。长周期作业以单元为最小设计单位，完成时间通常以"周"为最小时间单位，甚至以"月""学期"或"学年"为完成周期。

二、长周期作业类型

我们倡导的长周期作业以非书面作业为主，学习过程和完成周期虽长，但探究性作业和实践性作业乃至探索跨学科综合性作业较多，体现的是"五育并举"的育人精神。

三、长周期作业的设计

（一）长周期作业的内容基于单元主题

语言知识与技能联系生活实际，因此在实施时要创设一个真实的问题情境，联结学生生活，从而激发学生学习研究的持久性。

小学语文下册第一单元人文主题都围绕春天，各个学段可以根据不同要求设计非书面作业主题。如低学段可以《探索春天的奥秘》为主题，设计跨学科综合性作业，实施时间为一个月。以"诵春、赏春、种春、吟春、绘春"等多种形式引导学生将书本知识与大自然的春天美景巧妙融合。每日晨诵春天的古诗或童谣，感受文字赋予春天的美好；周末和家长一起去郊游，沐浴春风，身临其境体会春天的万物复苏，认识各种植物与花卉，拍照记录，参加"我眼中的春天"摄影展；班级分组种植或家庭种植，学生怀揣希望亲手播种，每日细心呵护与观察，用心感受生命的成长；结合音乐与美术，唱春天的歌，绘春天的景，突出学科间相互补充、相互渗透的特点。这一长周期作业的实施，既拓宽了学生的认知视野，也巩固了课堂知识，使学生自主探索春天的热情被充分激发，并自觉运用多种方式展示在探索春天过程中的活力与生机。

（二）长周期作业要与学生实践体验有关

长周期作业使学生在丰富的体验和参与中，自主地将所学知识建立联系，以此构建出一套知识系统。因此，教师必须尊重学生兴趣，设计出符合学生成长规律的作业。

 案例一

一年级劳动课让孩子关注植物，发现一个个生命体的特点。我们设计项目化作业：让学生亲手种植一株植物，在进行长周期的种植活动中去探索植物的变化，发现植物的特征，体会植物是有生命的，观察和感受生命的生长

和变化过程。

主题：学生在家里种植一株植物

要求：①学习如何对植物进行观察，用绘画的方式记录植物生长的过程。

②学会介绍自己是如何种植植物的，认识到植物是活的，要爱护植物。

案例二

以一年级数学上册第七单元《认识钟表》为例进行设计。项目设计中通过妈妈叫小女孩起床图引出驱动问题，学生结合生活经验，理解学会看钟表的重要性和安排学习生活时间的必要性。学生在此次长周期作业活动中需要达到以下两个项目目标：

①掌握钟表的知识，利用所学合理安排自己的周末生活。

②让一年级小学生的周末生活更有计划、更丰富。

（三）长周期作业加强了学习过程的探索意义

探究的学习方法，在语文教学中，早就被运用得非常充分了。

如在《北京的春节》学习中，就家乡春节习俗的问题，当堂就可采用学生交流的方式，畅所欲言，并得出年味变淡的结论。但如果对此课的学习要进一步拓展思考，怎么办呢？教师可以问学生"学完这课，你对年味变淡，或者对继承与弘扬传统文化有什么看法？"这就需要以长周期作业的方式，给学生一定的自由空间，以期获得各种各样经过独立思考和查阅整理资料的学习成果。而学生的思考又会产生新的问题，推动教学的发展。由此看来，长周期作业不仅符合语文教学探索性的特点，并且使这一特点延伸。

（四）长周期作业的完成过程需要老师、学生通力合作，有步骤、有计划地逐层推进

语文课程标准提倡学生进行大量的阅读，其中包括阅读经典名著。阅读量的大与课堂的有限显然不平衡，所以阅读一定会延伸到课堂以外，成为长

周期作业。这样，培养学生探究性阅读和创造性阅读的能力，多角度、多创意的阅读，拓展思维空间，提高阅读质量等目标的实现才成为可能。

长期阅读，仅仅布置学生去读远远不够。怎么读？读得怎样？这就要教师多引导，每学期可以开展一次班级共读，同读一本书方便教师指导。初读时，提一些读书方法建议，学生自主阅读；中期，开一次阅读推进会，就某一章节或人物进行交流与讨论，教师点拨引导读细致、读深入；再次细读后，举行阅读交流会，师生面对面聊读书收获，学生大胆说出自己的见解，聆听别人的看法，交流与讨论，引发思考，在各抒己见中碰撞出思维的火花，提高阅读鉴赏能力。

共读中习得了方法，应给予学生充分的阅读自主性，不能下达硬性任务。教师和家长要营造良好的阅读环境，如班级读书角、个人小书架，选择优质图书，让孩子想读就读，沉浸书香，才能达到好的效果。

四、长周期作业的评价

长周期作业因为时间跨度长、实施过程影响因素不确定，所以成果评价不能简单地以"对""错"来衡量。评价的标准要由单一标准转变为多元标准，从多方面考察学生的能力。考察结论以鼓励、表扬为主，以增强学生的自信心为目的。

长周期作业的周期虽长，但通过过程性评价，可以实现及时反馈，包括通过作业精准分析学情，采取集体讲评、个别讲解等方式有针对性地及时反馈，也可以包括学生自己结合表现性评价进行的自评和互评。在互联网时代，还可以利用信息技术进行作业数据收集和分析诊断。教师要梳理总结，发现问题分析原因，提出改进措施，为下一次的长期作业提供高质高效的准备。

课程应该是开放而富有创新活力的。教师应当密切关注学生的发展和社会现实生活的变化，开发与之相适应的课程资源，尽可能创造性地开展各类活动，实施长周期非书面作业，增强学生在各种场合学知识、用知识的意识，多方面提高学生的综合素养。

问题 26 在非书面作业中，如何促进学生的学科素养？

作业是教学环节的继续和补充，是学生学习必不可少的一部分，在以培养学生核心素养为总目标的课程改革环境中，非书面作业有着传统书面作业无法替代的优势。教师如果能围绕教学目标，结合教材内容和主题，立足学生核心素养的培养，在作业的内容形式、布置策略等方面有所创新，精心设计趣味性、分层次、实践探索型、开放性的非书面作业，就能弥补书面作业的不足，增强学生的探究、创新与实践能力，有效提升学生的核心素养。

一、提升作业趣味性，促进学生自主发展

小学生活泼好动，好奇心强，有些学生对学习喜欢率性而为。因此，在设计非书面作业时，要注重趣味性，提高作业对学生的吸引力，提升学生完成作业的积极性和自主性，让兴趣成为引导学生主动作业的驱动力。

激发学生的作业兴趣，就需要了解学生的年龄特点，根据学生的兴趣爱好设计作业内容和形式，提高作业对学生的吸引力，这样可以减轻学生做作业的疲劳感，就不会感到负担过重，使他们在轻松愉悦的环境中体验学习的乐趣，变"要我做"为"我要做"，这样的作业才会收到事半功倍的效果。

如教完五年级数学《质数和合数》一课后，不妨将作业设计成"感应数字"的数学小魔术，让学生在用扑克牌表演魔术的过程中进一步理解质数和合数的意义，熟练记忆常见的质数和合数，快速判断一个数是质数还是合数，让学生在游戏活动中体验学习数学的乐趣，培养学习数学的兴趣。在这个过

程中，作业即魔术，表演即作业，大大激发了学生的兴趣，学生学习的主观能动性得到有效发挥。

二、增强人文性因素，积淀学生文化基础

文化基础是核心素养的一个重要方面。在布置非书面作业时，要结合学科特点，增强作业中的人文因素，注重选择具有文化思想内涵的作业内容，丰富学生的文化认知，培养学生的人文底蕴。

教师可以结合学科特点和教学内容的需要，选择有文化思想的作业内容，增强学生的文化感知能力，尤其是在语文、英语、艺术等学科的作业中更加明显。通过阅读体验，感悟小故事，欣赏艺术作品，谈体会和感受，用语言或表演等形式表达对所见所闻的理解，引导学生在真实或虚拟的情境体验中，沉浸式地融入，唤醒学生内在的情感，使学生获得情感浸润，受到潜移默化的思想教育和文化熏陶，并进一步丰富学生的文化知识，提升文化基础，积淀文化内涵。

三、突出作业的实践性，培养学生创新能力

非书面作业是拓展学生学科知识、提高综合素养的重要手段，教师要着眼于学生的长远发展，发挥非书面作业的优势，突出其实践价值，让学生通过作业中的调查研究、动手操作、归纳总结等，加深对知识的理解，丰富学生活动经验，让学生在实践中探究，在探究中发现，从而提高学生的综合实践能力。让学生在完成作业的过程中增长知识、增长才干，增强创新意识，实现全面发展。

因此，教师要密切联系教学内容，设计具有实践性的作业，引导学生学以致用。通过这些实践性、创意性的作业，充分发挥学生的主体作用，让学生将课本中的知识带入到日常实践中，让他们通过动手实践、动脑思考，加深对所学知识的理解，增强学生的综合运用能力，培养学生的创新精神，提高创新实践能力。

四、创新作业形式，提升学生综合素质

传统的书面作业形式单一，缺乏变化，比如有些教师布置作业时采用重复抄写、背诵形式，这挫伤了学生的积极性。在"双减"政策的背景下，有必要创新作业形式，引入形式多样的非书面作业，如游戏式作业、表演性作业、创意性作业等，从学生的兴趣入手，设计形式新颖、内容活泼风趣的作业，调动学生完成作业的积极性，有效培养学生的学习能力，提升学生的综合素质。

新颖多样的作业形式，能吸引学生积极主动完成作业，可提高作业的完成效果，如学习了轴对称图形后，可让学生充当小小设计师，动手剪一剪，自己设计一幅轴对称图形。还可以发挥学生的主观能动性，鼓励学生自编诗集、画集。这些有一定挑战性的、趣味的作业形式，激发了学生的内驱力，学生在完成作业的过程中，提高了解决问题的能力，提升了学习的综合素养。因此，教师要大胆打破传统作业观念，勇于尝试新的作业形式和呈现手段。

五、拓展作业开放性，培养学生思维能力

作业的开放性有多种形式，如开放性条件、开放性问题、开放性答案等。通过开放性作业，引导学生打破思维定势，发挥创造性思维，不把思维束缚在固定的模式上。可创设教学情景，引导学生不按常规寻求变异，不模仿照搬其他人的方法，运用已有的知识和经验，经过独立思考、实践探索，引导学生去思考、想象、创新，从不同方位不同角度去思考问题，从多方面寻求找出答案，从而引出更多的信息或可能，培养学生思维的广阔性、发散性和独创性，培养学生的创新意识。

运用开放性练习发散学生思维，能克服思维定势的局限，防止学生片面、孤立、静止地看问题，培养学生变换角度进行思考的意识和习惯，鼓励学生对已学的知识有新的理解、新的感悟，鼓励学生创造新颖性、独特性的理解或解题方法，使所学知识有所升华，从中进一步理解并掌握所学知识之间的内在联系，提高学生思维的灵活性。

六、区别学生层次，让每名学生都有进步

学生的学习能力、发展水平不尽相同，在布置作业时要尊重学生学习水平的差异，关注学生的个性差异，不能采取一刀切的简单模式的作业设计。分层作业就是要针对每位学生学习能力和学习水平的差异，设计不同层次的作业，以满足不同层次学生的发展需求，尽量做到让学优生"吃饱"，让学困生"吃好"，让每个层级的学生都有能力参与。

根据学生日常表现将学生分成若干个小组，针对不同小组布置不同的练习，对于基础性小组，可以布置难度不大的基础性非书面作业，用于巩固所学新知；针对中高程度小组可适当增加一些探究难度；针对探究性小组，可布置一些开放性的、具有一定挑战性的非书面作业。这样由易到难，分层设计，给学生自主选择的机会。不同层次的学生有不同的需求和起点，让基础差的学生可以选择做一些知识运用和巩固的作业，优秀的学生可以挑战有创意的、难度较大的练习。让他们由被动做作业变为自觉完成作业，这样充分调动了学生完成作业的积极性，让各层次学生品尝到"跳一跳"便能摘到果子的喜悦，使不同层次、不同水平的学生都在其原有水平上得到提高和发展，让所有人都能得到成长。

七、布置跨学科作业，培养学生的综合素养

学生的综合素养是学生核心素养的实现形式，在设计非书面作业时，要以培养学生综合能力为出发点。在现实生活生产中，学科都不是单独存在的，不同学科知识的相互融合、相互渗透，不仅可以弥补单一学科的枯燥性，还能激励学生将各科知识融会贯通，进行重新整合提炼，综合运用，从而提升学生的综合素养。

设计跨学科作业时，要依据教学内容的需要设定作业目标，结合不同学科的特点，考虑学生已有的知识和经验，将各学科知识有机整合，设计作业内容和形式。如在英语课后，可布置演唱英文歌曲的作业；在学生学习了对称的数学知识后，要求学生运用美术学科中的剪纸，设计并剪出一幅漂亮的

轴对称图形。学生在完成这一作业的实践过程中，可以充分发挥想象力和创造性，自己设计图案。在这个活动中，学生同时完成两个学科的学习任务，可谓事半功倍，有效地培养了学生的创新意识，提升了综合素质。

总之，在设计非书面作业时，要围绕学生核心素养发展的总目标，打破传统书面作业的简单背诵、重复抄写等形式，着眼于学生的长远发展，调动学生积极性，发挥学生的主观能动性和创造性，大胆实践，勇于创新，优化作业布置策略，使学生的综合能力得到提升，从而发展其核心素养。

问题 27　影响非书面作业的效果因素有哪些?

2018年12月，教育部联合发改委、民政部等部门共同印发《中小学生减负措施的通知》，通知明确要求中小学校严格控制书面作业总量，小学一二年级不布置书面作业。2021年3月教育部办公厅发布《关于进一步加强中小学生睡眠管理工作的通知》，要求小学生每天睡眠时间应达到10小时，中小学校要不断提升课堂教育教学工作成效，加强作业统筹资源管理，严格按照国家有关法律规定，合理调控学生学习书面作业总量，使小学生在校内基本完成书面作业，避免学生回家后作业时间过长，挤占正常睡眠时间。现阶段学生的课业负担过重，究其根源，主要是大量低水平的课外书写作业的存在，此类作业大多是重复性、机械性的作业，与学生的身心发展特点相悖，占用了学生休息、娱乐、体育锻炼和参加社会活动的时间，严重阻碍了他们融入社会的进程。学生家庭作业的提质、增效和减负是学生和家庭的强烈诉求，同时也是学校、教育部门乃至全社会努力改进的方向。在这样的政策大背景下，非书面作业这一知识巩固形式就被大众所重视，但在教学实践中，非书面作业并未达到理想的效果，其影响因素主要有以下几方面。

一、家校、师生存在认识误区

近些年来，教育部门一直在推进中小学生减负的改革和尝试，社会对此的呼声也极高，但大家并不太认可非书面作业这一形式，认为非书面作业只能成为书面作业的补充。学校在非书面作业的改革和尝试上也是动力不足，没有营造出一个好的非书面作业设计和实施的环境。一个好的教学效果需要家校之间形成合力，师生之间目标一致，只有这样方可凝聚各方力量，将教育影响最优化。然而在现实教学中，对待非书面作业这个新生事物，家长、教师、学生都有着思维定势，存在一定的认知误区。作为教师，在教学过程中起主导作用，起着策划师和导演的作用，因此教师的影响力非同小可。但由于长期的教育教学模式的无形制约，在许多老师眼里，课堂知识教授完后，需要大量的训练来完成知识的巩固，语文学科的抄写作业，生字词的机械抄写目标就是记住这些词语。数学学科也是将题海战术奉为圭臬。教师在思想上没有真正认识到非书面作业的重要性，从而在很大程度上影响着非书面作业的效果。作为家长，有很多人认为，作业就是要动笔写的内容，书面作业才是作业，教师布置的非书面作业就成了没有作业的表示。这也在一定程度上给学生形成了一个错误的引导，非书面作业就是没作业，因而完成起来也不够认真。

二、作业形式缺乏变化，不符合学生身心特点

非书面作业的涉及面可以覆盖很广，但在现实教学中，由于受到学业成绩的影响，许多老师不敢放手去布置非书面作业，布置的也都是一些机械重复的读一读、背一背、摆一摆、说一说，对于此类作业，学生在刚开始可能会比较认真地完成，但由于形式单一，经常如此进行就会形成程式化的效果，极易呈现固定的操作套路，灵活性太差，不符合小学生的身心发展特点，学生必然会生厌。只有考虑到小学生的认知特点，充分调动学生的学习兴趣，去设计一些新颖有趣、需要多种感官参与的非书面作业，并且作业样式要富于变化，能和学生的兴趣爱好、优势特长相关联。

三、作业要求"一视同仁"，没有分层设计

《论语》中的"因材施教"是先进的教学思想，孔子提倡教师的教学要根据学生的不同特点来进行，要综合考虑学生的认知水平、理解能力和性格特点等多方面因素。教学如此，作业的布置又何尝不是。同样的一份作业，不同认知水平的学生会有不一样的收获。例如，语文学科中的读一读、演一演的作业，性格开朗外向的学生会很轻松地完成，但性格内敛、不善表达的

同学就可能会困难许多。老师在布置作业时所提的要求对全体同学"一视同仁",没有考虑到学生个体之间在自身认知方式、性格特征、学习风格等方面的差异,所有人的作业完全一样,难易程度一致,绝对地"一碗水端平",这虽然方便了作业的布置,但由于没有区分度、缺乏分层设计的思想,极易挫伤一部分学生的学习积极性,进而影响到非书面作业的实施效果。

四、作业评价标准模糊,难以操作

在现实的教学过程中,非书面作业常常有"短命"的可能,因为教师通常会只布置不检查,而书面作业布置后,教师可以利用集中时间来批阅、讲评。相对来说,非书面作业就难以如此操作,评价起来就会困难重重,非书面作业的形式多样,内容开放、个体主观性强,这就需要教师根据每一位学生呈现的作业进行有针对性的评价,但目前班级授课的教育模式下,每一个班级都有四五十人甚至更多,教师没有足够的精力和时间来完成这项个性化的评价。例如,学生的有感情朗读课文,每个学生的作业不论是课堂上检查还是课后检查,都会存在时间不够的情况。数学学科的思考过程更是难以呈现、难以评价。因此缺少了针对性的评价,作业的效果也会大打折扣。

鉴于以上所述,非书面作业的实施效果受多方制约,需共同发力,同步提高。

问题 28 在非书面作业实施中，如何布置个性化作业？

所谓个性化作业，就是教师根据教学内容和教学目标的需要，设置对不同层次的学生提出不同要求的作业，使每位学生在其个体的能力、兴趣以及态度下呈现出一种自由、平等和绽放的作业完成状态。"一刀切"模式的作业，在平时的作业形式中是最常见的。它有极大的局限性，这样的作业无法彰显学生的个性特点，也无法弥补学生的个体需要，同时也限制了学生多元化能力的拓展，于是个性化的作业模式也应时而生。

一、布置个性化作业可遵循的原则

（一）像超市，在形式上要有开放性

同一个作业目标允许有多重表现形式，供不同学生选择，而不是来自教师的分人定业。因为是选择，更体现了尊重和自主。每个学生选择用自己喜欢的方式来完成作业，而这份喜欢就是最好的开始。每一份作业其实都是一份创造，一个作品，完成的过程始终都应该伴随着一份喜悦。在喜悦的氤氲下，学生才真正成为作业的实施者和缔造者。于是，在作业最初的设计里，要考虑它的完成是否有多样的可选性供学生挑选。如统编教材三下语文第16课《宇宙的另一边》课后练习第二题：想象一下"宇宙的另一边"还会有哪些秘密？和同学交流，看谁想得更奇妙。在这课的作业设计中，自然的操作就是以说的形式完成这题作业目标，这种实施对学生而言，没有触及思维幕

墙的打开，只是画地为牢的散步。其实，这课的作业设计包容性很强，可以说，可以画，可以编故事，甚至还可以用小诗的形式来描述宇宙另一边的情景。学生的思维是万花筒，要努力创造每一份作业的完成氛围，让它们携带一份势能，在学生的灵动思维中得到最大的动能迸发，这样学生的思维就会有专属的火花。

（二）有了归属的方式后，仍需对学生有个体差异的呵护性

呵护什么呢？呵护他们的安全感，也就是培植学生完成作业的信心。让每一位学生感受到"我来完成是没有负担的。"这一点是教师常常忽略的。往往教师任由学生自由地去完成，然后在作业检查的时候才发现问题。因为学生的个体不一样，理解和接受的能力不一样。殊不知，在完成过程中就有学生出现能力不足或者方向不明无法正常完成的情况，这个时候，他们完成作业的安全感遭到破坏，偷懒、马虎和糊弄的念头就滋生了，自然而然，一份没有质量的作业也就是这类学生的归宿了。所以，在课堂的教学活动中，要尽量规避学生的风险，让他们有足够的信心来完成作业。可以把作业目标先落实在学生的心中，充分做好学生作业的预设活动，将作业的结果在他们的心中做到"胸有成竹"，回家完成他们才有运筹帷幄的淡定和从容。还以"想象宇宙另一边"为例，结合课文中的想象，打开学生想象力的视野，把学生的视角从学校带到街道、田野、公园……引导学生大胆想象在宇宙另一边，这些地方会有怎样奇特的不一样呢？让每个学生心中充盈着满满的画面感，自然也就有了足足的安全感了。

（三）评价的包容性，是个性化作业点评中的指导性原则

作为一个教师，当拿到一份作业时，最直面的评价就是"好"与"不好"，这是教师已经养成了的习惯性评价体系。要知道，如果教师就这样直截了当地完成了简单粗暴的评价，它会像一瓢冷水浇灭学生的积极性。教师应该知道，在孩子的世界里只有他完成了，没有好与坏的分别。老师对学生每一次作业的评价都应该成为某个学生的起点而不是终点。也就是说，每次评价要让不同层次的学生看到希望，希望是光，希望是火，也许它很弱，但是教师都得始终帮学生守护住这份希望之光。在这里，教师需要多角度欣赏学

生的作业，也许他完成得不够好，但是他的创意很新颖；也许他的画画得很简略，但是他的颜色涂得很棒；也许他的手工做得很粗糙，但是他的心思很巧妙……太多的也许需要我们给予学生更多的包容和允许。从欢喜开始，从欢喜结束。一切的学习活动都得以学生乐学为前提。

（四）要有适量的展示，同时展示平台要有它的丰富性

可以利用多种载体进行多层面的展示。例如书画类的作业，可以出示展板；实践性的作业，可以用视频来记录进行观看；演说类的作业，也可以以活动的形式在教室里展开等。每个学生都渴望看到自己的存在感。如部编教材二年级《找春天》，可以有美丽的绘画作品的展示，也可以有寻找足迹的视频解说，还可以有美美的照片合集的欣赏，甚至还可以有春天里的美食实践活动。以学生的所长来亮他们的剑。当看到自己的作品出现在展示页面里，学生的心里会油然升起一股价值感，这样一种成就感胜过千言万语的说教。内在的喜悦将会带动外在积极性的学习，将最终实现作业完成与学习兴趣培养的完美结合。当然在展示作业的挑选上，要让每个学生都有展示的机会。接纳每个学生的不完美，才是对学生真正的接纳。

二、个性化作业具体实施的两个路径

（一）个性化非书面作业布置循环性的复制

非书面作业不是创可贴，需要时就用一下，它应该成为可复制、可循环使用的充电电池，让它成为一个模式，在每篇课文的学习中，在每个数学知识点学完之后，都可以重复出现，形成一个惯性的作业。任务量不大，却因为重复的力量，让学生们养成一种思维形式或者一种学习习惯，甚至还可能形成一股创新力的积聚。"不积跬步，无以至千里。"这句话讲的就是复利效应带来的不可估量的作用。

就如语文学习中的生字学习，课堂生字学习完成之后，就会有惯性的家庭写字作业的布置：把生字抄写几遍。这样的抄写无法体现学生个性差异，为了避免这项机械性的作业，可以用"睁眼摹、闭眼书"的形式来完成。这

样不仅可以减轻学生作业的时间,为他们减负,还可以体现他们的个性化,更是为他们赋能。这里的"能",是打开脑海这块幕布,要知道,空间想象力是学生以后的学习之路上非常重要的一个思维能力。每篇课文学习完之后,都可以用这样的形式来完成生字的巩固,简单加重复地出现,将生字作业与学生之间创建了一个轻而易举的好体验。当然,数学的学习中,也是可以有这样简单加重复的非书面作业形式。每天新的知识授课完成之后,可以让学生回家复述给家长听。可不要小看这几分钟,在这个时间里,学生有了亲近家长的机会和沟通交流的空间;同时也可以检查自己有没有听懂新知识;更是让家长通过孩子的反馈,了解孩子学习的情况。

当然,这样简单加重复的非书面作业的布置,需要教师在实际的教学活动中发挥教师的智慧,捕捉那些灵动又轻巧的作业形式。

(二) 个性化非书面作业在方法落实中的有效力

非书面作业,更好地对书面作业进行了补白。我们认为,最好的补白就是在方法的不断实践上。作业的布置不是为了布置而布置,它的出现是负有使命的,要么积累,要么促进学生新思维的形成。这份新思维的形成同样需要尊重学生的个性差异。新思维的形成肯定要经过一段时间的重复触碰,这个触碰的过程本质上就是方法的重复使用。让方法生根,让每一个学生在自己可呈现的能力范围内生根,才会有枝繁叶茂的景象。对于学生来说,一种新的方法不是课堂上教师讲一遍,他们跟着走一遍就完事了。这样的浅尝辄止,只会是昙花一现。非书面作业在方法落实的形象性上、可接纳性上,起到了非常高效能的潜力。

语文学习中的背诵,表面上看是让学生记住某一段文字,背后却隐藏着培养他们的记忆能力。记忆是有方法的,图像记忆是学生很重要的一种识记方法。可以让学生根据文字内容用简笔画的形式来表现,这里充分体现了学生的个性化,每个人的理解力和表现力是有共性和差异性的,所以每一个人的图画是不一样的。将一段文字呈现一幅或几幅简笔画,再根据画的内容给到简单的关键信息点的提示,从而记住需要完成的任务。这样的记忆方法通过非书面作业的形式,这篇课文用一次,那篇课文用一次,一学期持续下来,用图像识记法来记忆,相信学生的记忆能力会有提高。同样地,数学作业上的解决应用题，可根据题目的已知信息画出图意，再根据图解，发现解题思路。允许学生在画的表现形式上可以各有千秋，尊重他们各自的能力体现。在练习中，学生持续将这种方法用在每一次的解决问题中，学生的读题能力得到提升，解题能力也会起到推波助澜的作用。

  在方法的扎根上，非书面作业的作用毋庸置疑。好的形式仍然需要我们发现好的方法，在教中用心寻找好的方法，在非书面的练习中，好的方法最终会在学生那儿功夫加身，形成真功夫。

  综上所述，在非书面作业中，个性化的设计是将因材施教进行到底的坚守。把一份作业量身打造成几十份，充分尊重每个学生的独立性，打造属于他们各自的发展空间。这个空间是融洽的，是和谐的，是学生们所爱的。

问题 29　如何建构高质量的学科非书面作业体系？

在新课程改革背景下，作业作为课程内涵的重要组成部分，从某种角度看，它的设计与实施直接影响到课程目标的达成，影响到教育目的的实现与学生的全面发展。传统书面作业机械性强、控制力过度，重复无趣的书面作业易造成学生过重的学业负担，并带来不同程度的心理负担。小学生生性活泼好动，思维活跃，但在保持较长时间的作业专注力方面有待提高。为此，教师既要坚守有意义的书面作业，又要适度开发更具趣味性、实践性、探究性、综合性的非书面作业，从设计理念、作业内容与形式、实施途径和效果评估等方面建构小学各学科较完善的非书面作业体系。

一、创新设计理念，优化设计策略

（一）隐性分层，螺旋上升

教师应面向全体学生，紧扣新课标和单元教学目标，设计好丰富有趣的进阶性非书面作业，要把提高学生自主学习能力、单元认知能力、自主管理时间能力等这些思想要加进来，通过试做作业来预估作业的难度，把控好作业时间，做到适度、适时、隐性分层、螺旋上升。

在人音版音乐三年级上册《四季童趣》非书面作业设计中，教师将音乐与美术、语文、科学等学科进行整合，分层设计了三类作业。一是操练型作业：让学生根据自己对四季的喜好，画出自己在喜欢的季节做的趣事，再以诗配画的形式重现四季的美好。二是创作型作业：学生进行情景表演唱，分春夏秋冬四个组合，自主创编歌词与表演动作，合作完成情景表演唱。三是拓展型作业：学生自制打击乐器仿沙锤、仿鼓，为自己的歌曲演唱伴奏。

这三类作业根据学生的个性差异分层、分类设计，难易适中、层层递进，创设了轻松愉悦的学习情境，将各种音乐知识和技能的学习穿插在音乐活动中进行，学生动手动脑，合作表演，大胆创新，使不同层次的学生都有相应的收获和提高，品尝到学习的成功与喜悦。

（二）以学生为本，因材施教

1. 趣味性

兴趣是学生学习的内在动力，能让学生产生积极的作业情感体验，提高作业的正确度和完成效果，享受思维挑战的成就感。比如在教完《对称图形》后，可以给学生布置剪纸作业。学生有的凭借课堂所学进行模仿练习，有的进行了创造性练习，作业变成了作品，完成得十分精彩。随后，教师在班级的展示台上设计一个剪纸展览，把较好的学生作品挑选出来，让同学们欣赏并进行评价，最后选出大家最心仪的10件作品并颁奖，获奖人还就自己的作品进行介绍并发表获奖感言。

2. 实践性

实践性非书面作业是以学生在校内外的实践活动为主要载体的作业形式，更强调学生在情境中综合应用所学到的知识。在四年级美术教材写生课程的教学中，有的美术教师将其梳理综合成为写生单元，分层设计实践型作业，使每个学生都能自由表达对客观事物的理解，加深不同能力学生对写生的体验。以《玩具跑车》实践性作业为例，教师要求学生观察小组里的玩具汽车，描述它的外形特征，比较玩具汽车与长毛绒玩具的造型特点，找出基本结构差别，探究不同结构的绘画表现形式。然后分层布置基本任务（用黑笔从整体到局部描绘汽车造型）和挑战任务（尝试用黑笔表现汽车的立体效果和纹理效果）。最后鼓励学生举行一个跑车展览会。这类设计要求作业量少而精，不让学生在心理上望而却步，还给学生预留一段时间去完成，并注意通过讲解和范例进行过程指导，帮助学生弄明白如何去实践，以保证作业的质量。

3. 探究性

一份好的探究性非书面作业的设计，能让学生带着兴奋与好奇、带着积极的情感体验完成作业，既最大限度地发挥儿童的思维与创造力，又发展儿童的综合素养，为他们的终身学习打下坚实的基础。比如在教学《风儿轻轻吹》（一年级《道德与法制》下册）时，在研读课标、解读教材、分析学情后设定作业目标，设计如下作业：①在家人的帮助下，尝试制作小风车；②如果没有风，怎样让你的小风车转起来？请你想想办法"创造风"。如果实在想不出来，可以请教别人，也可以查找一下资料。探究性非书面作业内容的选择、方法的设计、评价指标的制定要基于教学目标、教学重点、学生的学科基础与认知特点建构。作业目标设定后，必须围绕目标，制定任务单、设计评价表格，促使学生在探究中发展想象力和创造力，拓展思维，养成良好的学习习惯。

4. 综合性

综合性非书面作业需要运用不同学科的知识、能力、思维方式来解决与社会、生活紧密关联的问题、任务，可以跨学科设计，也可以结合有主题的综合性学习单元设计。比如五年级语文下第三单元是"遨游汉字王国"主题综合性学习单元，教学中可以结合单元主题学习要求，结合活动板块设计非书面作业任务单，以任务驱动的方式，带动整个单元的学习活动。学生根据兴趣分组搜集资料、制作展板、展示交流，撰写研究报告，非书面作业与书面合理互补，相得益彰。

（三）智慧共享，推陈出新

1. 资源共享

建立校园智慧资源库，建设各年级非书面作业资料包、特色作业作品文件包。非书面作业资源由各年级教师逐年不断完善。学校借助信息技术平台，实现优质教育资源的共享，落实一对一、有针对性的差异化教学。

2. 平台建设

通过数据平台自动收集、积累优秀的非书面作业作品，进行学生学科特色作业展览，生成电子化非书面校本作业，不断提升非书面作业设计质量。

二、完善实施路径，形成作业体系

为建构高质量的学科非书面作业体系，推进多学科非书面作业设计，学校教学教研部门整体优化来自不同学科教师的亮点作业，促进各学科形成特色"校本作业"，整体提高教师团队作业布置能力，学校各学科教研组、各年级备课组须准确把握学生核心素养要求和学业质量标准，通过开展专题作业教研，在倾听、朗读、全科阅读、体验、创编、劳动作业、假期作业、节日实践活动、无作业日亲子活动等研究方向，继续系统建构更"精、准、实、活"的非书面作业体系。

三、"教—学—评"同步，一体化评估

课程视域下的作业设计与效果评估，强调作业对课程目标的诊断作用，构建体现教师的教、学生的学以及对于学习能力和学习结果的评价，即"教—学—评"一致性的作业评估体系，从"教—学—评"一体化的系统层面，综合考量课程目标、教学行为以及作业设计、实施、评价之间的关系，让作业不仅成为对课堂教学中知识与技能巩固的保障，更成为学生全面发展的必经之路。因此，非书面作业的评价，应该全面指向学科核心素养和学生发展核心素养，要家校协同，家长、学生、教师要全员参与评价，要兼顾过程性评价与阶段性评价，以促进评价效果的全面提升，为下一阶段的作业设计提供科学依据和有力指导。

下篇

非书面作业的类型和案例

近代著名教育思想家蔡元培先生最早提出了"军国民教育、实利主义教育、公民道德教育、世界观教育、美感教育皆近日之教育所不可偏废"的"五育"并举思想。此时辛亥革命胜利不久，中国教育正处于一个重要的历史转折关头，这个思想既体现出对传统教育思想的继承和发展，又汲取西方先进的教育理念，符合当时历史发展的要求，在教育思想史上是一个前所未有的进步。

"五育"并举的本质是人的全面发展，随着时代的进步与发展，"五育"并举的内容在发生着深刻变化。2019年中共中央、国务院《关于深化教育教学改革全面提高义务教育质量的意见》中要求："突出德育实效""提升智育水平""强化体育锻炼""增强美育熏陶""加强劳动教育"。这里提到的"德育、智育、体育、美育、劳动教育"就是新时代的"五育"，它们之间相互联系、相互融合、相互促进，形成一个不可分割的整体，"培养德智体美劳全面发展的社会主义建设者和接班人"是新时代的教育方针。那么，如何实现"德智体美劳全面发展"呢？一个重要的途径是学科教学，而作业是连接学科教学与教育评价的桥梁和纽带。

长期以来，教师的作业布置都是以巩固课堂知识为主，作业的形式单一，主要是一些内容机械重复、费时低效的训练，体现的是凯洛夫等人倡导的作业观，作业失去了育人功能，挫伤学生完成作业的积极性，学生一提到写作业就烦躁，拖拖拉拉。经常听到这样的话"不写作业母慈子孝，一写作业鸡飞狗跳"。这都怪罪于学生偷懒、不愿意写作业吗？教师也应该从自身角度找找原因，是不是作业布置上出现问题，让学生没有了兴致，没有了做作业的激情。受传统应试教育的影响，教师布置作业存在误区，大多数凭自身经验布置作业，要考试的学科作业量多，不考试的学科作业量少，甚至没有作业。智育方面的作业多，德育、体育、美育、劳动等方面的作业内容少，挤占了学生的课余时间，学生不能走进图书馆、阅览室，不能跑向绿草如茵的操场，甚至挤占了学生的睡眠时间，影响学生的身心健康。现在的学生近视率越来越高，生活依赖父母缺乏自理能力，还有学生缺少体育锻炼在军训场猝死等，这都和学生过重的作业负担有密切关系。

在"五育"并举下，教师要树立新的作业观，作业设计要坚持以立德树人为根本目的，以学科融合、解决实际问题为切入点，体现学科之间综合性、整体性，紧扣课堂学习内容，把握好教学重点和难点，精心安排与学生基础相适应，重在知识的迁移运用，培养学生的综合素养。加强单元的整合作业、探究性作业等学科综合性作业。作业的设计要调动学生的学习积极性、主动性，适应学生的个体差异。教师还要认真思考并努力优化作业设计，最好能在各科作业中潜移默化地融入其他学科内容。同时，充分挖掘"五育"融合的资源，提升作业质量，使作业能够实现"五育"融合。

当前，"五项管理"和"双减"政策的落地，切实减轻学生的课业负担，保证学生全面发展，健康成长，已成为社会的期盼和关注的焦点。教师要遵循学生成长规律，合理控制作业量，严格地执行"小学一二年级不布置书面家庭作业，小学其他年级每天书面作业平均完成时间不超过60分钟"。学生的书面作业量少了，自主活动的时间变多，但这并不意味着学生可以放任自流，无所事事地玩，而是要让孩子玩得"高级"，玩得"有价值"。教师要用更多精力、时间，在作业设计上下工夫，低年级设计生动活泼的非书面作业代替书面家庭作业，中高年级设计非书面作业作为书面作业的补充，达到"减负增效"的目的。

《基础教育课程改革纲要》在基础教育课程改革的具体目标中明确提出："改变课程实施过程过于强调接受学习，死记硬背、机械训练的现状，倡导学生主动参与，乐于探究，勤于动手，培养学生搜集和处理信息的能力，获取新知识的能力、分析问题和解决问题的能力以及交流合作的能力。"由此可知，新课改中作业的设计应是开放的，应努力实现课内外联系，校内外沟通，学科间融合，让作业成为培养和发展学生能力的桥梁。

非书面作业是不需要学生写下答案、答题步骤甚至答题思路的作业，没有严格的格式要求。非书面作业具有灵活性和开拓性。它让学生走出课堂，走进社会，体验生活，眼见、耳闻、手动、足行……它能培养学生的观察能力、倾听习惯、劳动能力等，非书面作业是实现"双减"政策下减量不减质的有效途径。

孔子曰："知之者不如好之者，好之者不如乐之者"。尤其是小学生，新颖、有趣的作业能让他们情绪高涨、积极思维、不断创新，这样完成作业也就成为一个生动活泼、主动学习的过程，对学习就会持续充满激情，乐于学，喜欢学。反之，他们不会主动去完成作业，还会产生抵触的心理。这样的作业是低效的，毫无训练的意义和价值。教师应从学生认知能力和身心发展特点出发，结合自己的教学内容和要实现的教学目标，突出重点，分解难点，设计趣味性、综合性、实践性的非书面作业。

为回答"非书面作业如何去设计？""不同学科如何设计非书面作业？""非书面作业有哪些类型？""非书面作业有效性如何？"等一系列问题，自2020年开始，枞阳中心学校成立了课题组，启动并持续开展了"五育融合视域下小学非书面作业多元设计与实施策略"的研究与实践，取得了一定的研究成果。本篇着重介绍了课题组在充分实践的基础上，探索出有效可行的非书面作业设计的各种不同类型，以及不同类型的非书面作业如何设计等，值得一线教师借鉴和学习。

本篇介绍了18种适合小学生的非书面作业类型，它们分别是：游戏式作业、表达类作业、想象类作业、制作类作业、合作性作业、操作型作业、观察性作业、实践型作业、锻炼型作业、编创类作业、表演性作业、创意性作业、魔术类作业、发展性作业、跨学科作业、创新型作业、阅读类作业、项目式作业。不同类型的非书面作业都立足于培养学生的学习兴趣，学生的实践能力和创新意识，促进学生综合素养的提升。

这18种不同类型的非书面作业，都是以学生为主体，以学生的发展为基础。有培养学生语言表达能力、增加学生知识的表达类非书面作业，可拓展学生的学习范围，增强学生知识的宽度和广度，发展学生的思维；有引导学生从知识的表层了解到深层次思考，达到融会贯通目的的操作型非书面作业，可发散学生的思维，开阔学生的视野；有让学生在动手实践中或具体生活情境中获取知识、运用知识，加深对知识理解的实践型非书面作业，学生可在生活中学习，在实践中运用，综合能力得到发展，创新意识得以培养，创新潜能得到挖掘；有提升学生核心素养、促进学生全面发展的跨学科型非书面作业，可帮助学生打破学科之间的壁垒，丰富思考问题的路径，提升解决实际问题的能力；有需要父母与孩子合作完成的亲子类非书面作业，可增进父母与孩子之间的情感，使家庭关系变得和谐。作业类型丰富，且每种非书面作业类型中都有来自一线教师设计的作业案例，这些案例都在他们的实际教学中实施过，并取得了良好的效果，且方法步骤清楚，具有可操作性。

小学阶段的各门学科都有非书面作业设计的案例呈现，不同类型的非书面作业包含 2 个及以上案例，除语文、数学学科之外，可能还有英语、美术、音乐等学科。另外，这些非书面作业案例涉及小学阶段的各个年级，从完成的时间上看，既有短程性的非书面作业，学生只需要很短的时间完成；又有长程性的非书面作业，学生需要一两周的时间才能完成。

这些案例中有学生独自完成的非书面作业，有需要合作完成的非书面作业，合作包括学生之间合作和亲子合作等，学生之间合作能让学生养成合作意识，增强学生的责任感和集体荣誉感，亲子合作能增加父母与孩子之间的感情，让家庭关系变得更加和谐。

每个非书面作业的案例符合学科课程标准，充分发挥了作业的育人功能，是经过学生实际完成的真实案例，案例一般由作业主题内容、作业目标、适用对象、作业效果呈现和反馈分析等部分构成，案例作业呈现有文字、图像、图表等方式。每个案例设计新颖、有趣，激发了学生的学习兴趣，让学生乐于去完成。

希望本篇中不同类型非书面作业的设计，以及其中经过实践证明是切实可行的非书面作业案例，能给读者提供一定启示，从而优化作业的设计，切实减轻学生作业负担，促进学生德智体美劳的全面发展。

游戏式作业

游戏一直是学生感兴趣的话题,"好玩"是儿童学习和作业的最大动力。做作业能"好玩",莫不是痴人说梦吧?还真的不是。儿童天生爱游戏,对小学生来说更是如此。小学生的生活与游戏往往紧密联系,让他们在"玩中学,学中玩",可以充分调动他们学习的兴趣。小学生学习的知识具有一定的抽象性,因此在设计非书面作业的过程中融入游戏元素能够达到化枯燥为生动的效果,激发学生的学习兴趣和动力,能让学生乐于去完成(对于低段的孩子来说这需要父母和老师的精心陪伴和协助,就如同种子的生长需要土壤和阳光、雨露一样)。在"一切为了学生的发展"理念指导下,教师应积极创新,让非书面作业成为学生学习、创造、游戏的乐园,使非书面作业真正起到促进学生发展的作用。

"双减"政策是为了"减负"不"减质",也为了还孩子快乐无忧的童年。一场作业变革在校园里悄然发生,这就要求一线教师在不断优化作业设计、提高作业质量上下工夫,而非书面作业让学生做作业有了全新的打开方式。游戏作业不失为非书面作业中的佼佼者,既将"双减"政策的"减负"落到实处,又实现了让学生"玩中学、学中玩",快乐无穷的同时还能收获满满。值得注意的是,任何一个学科的游戏作业的设计,一般都需要融合多种学科的元素,应该赋予学生无穷的想象空间,以激发学生的学习兴趣、培养学生的动手操作能力、提高学生的综合素养为主要目的。游戏式作业的设计需遵循以下几项原则。

1. 适宜性原则

在布置游戏式作业时,应遵循学生的发展特点,选择适合学生操作的游戏式作业。如家庭游戏式作业是期望家长能够更多地参与孩子的学习,因此在布置作业时,教师要考虑家长的接受程度,不能过量,要便于在家进行操作。同时要符合孩子的心理特点,设计有趣的、能让孩子和家长共同参与的游戏作业,适合该时段的教学内容及学生的身心发展特点。

2. 自主性原则

布置游戏式作业时应遵循自主性原则,尤其是低年级学生自主学习能力还不是很强。所以,在布置游戏作业时,应以学生能自愿完成为大前提,允许学生根据自身情况有选择地完成,不能强加给学生,避免让学生感到有作业的压力,而减弱了学习的兴趣。

3. 实效性原则

布置游戏式作业要充分考虑学生目前的学习内容,与课堂同步,通过家庭游戏式作业,充分调动学生的学习兴趣,巩固所学内容,发散思维,从而起到提高教学质量、发展学生学习能力的作用。

4. 可操作性原则

游戏式作业的内容应便于学生操作,不能太难,操作起来也不能太烦琐,否则不容易完成目标。家庭游戏作业要便于家长指导孩子一起完成,所以教师在布置作业时要充分提供操作的步骤和方法、材料及学具,通过家长和学生的游戏行为,体验操作的游戏中涵盖的数学知识,以提升能力。

现以小学语文学科和数学学科的游戏类非书面作业为案例进行简单的介绍与分析。

 案例一

语文游戏式作业

"玩游戏、学语文"这是语文老师常思考、常探索的一个问题。在语文教学中常见的课堂游戏还是比较多的,例如:拼音游戏"我是小伞兵""苍蝇拍";识字游戏"小动物躲雨""放飞气球";成语游戏"八仙过海各显神通""国王大比武";说话游戏"西瓜派对""心有灵犀一点通"等。"双减"政策落地后,为精准施策,将"减负增效"真正落到实处,语文教师一直在探索,尝试了许多听说读写结合的游戏式作业。下面以统编版语文二年级上册第二单元的"非书面"游戏式作业设计为例。

统编版语文二年级上册第二单元是识字单元，传统的抄抄写写不仅无趣，也着实很难让孩子真正记住这些生字。本单元的非书面游戏作业我们围绕"生活巧识字"这一主题，开展生字卡片、识字转盘语文实践活动。在循序渐进的活动开展中，这些游戏不仅引导学生认识巩固本单元的生字，还让孩子们认识了更多的生字，积累了更多的词语和识字方法。在熟记生字的偏旁和部首时，为激发学生语文学习的兴趣，教师引导学生在游戏中自主识字，在具体的语言环境里识字，让孩子们"在玩中学，在学中玩"。孩子们真正地体会到了"生活中处处皆学问，处处有语文，只要做个生活有心人，定能收获更多的知识"。

游戏一、字卡玩玩乐

一、操作步骤

1. 帮助学生找出本单元生字中难写、难记的字。
2. 引导学生制作尺寸统一的长方形或正方形卡片。
3. 学生自己动手写上拼音和生字，做成生字卡片。
4. 学生课余时间拿出字卡和同学一起玩认读、组词、造句的小游戏。
5. 学生回家后拿出生字卡，和家人一起玩。也可以和之前的识字卡片合在一起玩"小猫钓鱼"（两个字可以组成词语的就可以收回去）。

二、作业目标

学生通过自己寻找生字，自己动手操作、整理，制作成自己喜欢的生字卡片。学生不仅识记了生字词，而且培养了动手操作的能力，获得了成就感。学生和同学、家人一起在百变玩法的反复呈现过程中会认读、会组词、会造句，有的还可以串联几个词说一段话。

游戏二、生字转转盘

操作步骤

1. 让学生把本单元学过的生字按部首进行整理，家长可在孩子整理后和孩子一同核对、检查，以防遗漏或错误。
2. 和父母一起用硬卡纸等工具制作生字转转盘，并和家人一起拨一拨、玩一玩、认一认。
3. 下课后，和同学拨一拨、玩一玩，把生字学习变成孩子喜欢的游戏活动，让孩子在"玩中学、在学中玩"。

 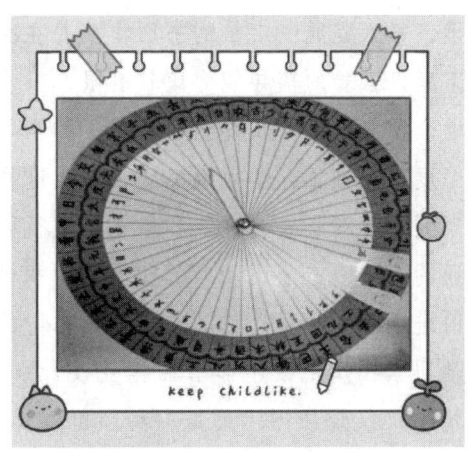

 案例二

小学数学游戏式作业

小学生的行为方式受情绪影响较大。孩子对感兴趣的事情会格外认真，反之则会消极对待。新课程标准也指出"从学生熟悉的生活情境和童话世界出发，选择学生身边感兴趣的事物，以激发学生学习的兴趣和动机"，为了改变小学数学作业所呈现兴趣不足、形式单一、脱离生活、缺乏层次、被动应付的现状，数学教师需要挖掘并利用教材中的游戏资源，使之与日常生活结合起来，寓数学于游戏、寓作业于玩乐。

随着新课标、新教材的改版，学生的个性化发展越来越被重视。为了能让更多的学生得到良好的数学教育，得到不同的数学发展，家校合力是一个重要而有效的手段。而家长要了解孩子在校学习情况，一般都会通过查看孩子的家庭作业来实现。因此，家庭作业不仅是教师检验教学效果的基本方法之一，还是反馈、调控教学过程的重要实践活动。同时，也应该是家长参与孩子学习的主要途径之一。一般常见的家庭作业，都是教师布置一些口头或书面的作业，让学生自行复习完成，较负责的家长会参与检查，然后由教师进行批改反馈。这样的家庭作业模式对于家长来说，只需要每天检查孩子的书面作业是否完成，对孩子感到困难之处稍加辅导，任务相对比较轻松。对于教师来说，也比较容易对学生作业进行评价。对于学生来说，学习任务明确,每天完成一定量的书面作业并在教师批改后及时订正即可。但对于普通家庭,家长的辅导能力比较有限,很多时候不知道该如何向孩子提供学习帮助,还有很多家长甚至放任孩子的学习,导致孩子学习兴趣不够浓厚,学习态度不够端正,学习效率较低。在这样的教学背景下,是否可以考虑在布置家庭作业的形式、方法和策略上进行创新,提供给家长更多参与孩子完成作业的机会,充分调动家长和学生的积极性,家校合力,在一定程度上更好地促进学生的学习,帮助学生养成良好的家庭作业习惯,营造更加优质的家庭学习氛围。把数学非书面作业设计成孩子喜闻乐见的游戏,那对学生来说就不仅仅是任务,更是一种新鲜的体验。通过"换一换""猜一猜""摸一摸""说一说""拨一拨"等趣味十足的创造性游戏活动,不仅可以培养和发展学生的主体意识,还给学生提供了自我表现的机会,激发学生的创新意识,变"要我做"为"我要做"。让学生成为作业和学习主人的同时,利用科学的思想方法与生活实际事物相联系,全面提高学生的综合素质。

玩转乘法口诀游戏

游戏名称	乘法口诀魔法转盘	年级与学期	二年级下册
作业知识点	乘法口诀	作业形式	非书面作业,可拍图片、视频到班级群
游戏设想	操作步骤参考 1. 找两张不同颜色的卡纸,要求硬一点的,不能太软(可以是食品饮料的包装箱); 2. 画两个大小不同的圆并把它们剪下来,最好两个圆的半径相差3厘米; 3. 把大小不同的两个圆分画成9份,按照九九乘法表,分成9份; 4. 在两个大小不同的圆上写上数字1~9; 5. 用图钉和橡皮把他们两个钉在一起 玩法一:家长任意转动数字转盘,孩子说出两个乘数的积和所运用的乘法口诀 玩法二:家长说出"积",让孩子转动乘法转盘,找出乘数后读出所用乘法口诀 (两种玩法,家长都可以和孩子互换角色,让孩子当"小裁判"判断正误)		
游戏情境	家长:家长转动转盘,"2"和"4" 孩子:"8""二四得八" …… 家长:"12" 孩子:转动转盘,"二六十二""三四十二" ……		

续表

| 作业呈现图 |   |

结合新课标、新教材，通过数学游戏式作业的设计，可以让更多的家长能够通过和学生一起参与数学游戏，更多地了解孩子在学校中学习数学的方式、方法和内容，从而更好地参与孩子的作业辅导，通过家校合力，有效提高孩子的学习效率。同时，由于家长和学生一起参与了"说一说""拼一拼""画一画""算一算"等形式的数学游戏式家庭作业，可以提升作业的趣味性、有效性，对提高学生数学学习的兴趣，发展数学思维能力，体会数学在生活中的应用，提升教学质量有很大的帮助。同时，快节奏的生活，让很多家长也忽视了与孩子的沟通，通过这样的家庭作业，可以让家长更多地参与孩子的学习，创造了亲子沟通的机会，对于营造和睦的学习型家庭氛围有较大意义。

总之，游戏是激发兴趣的最好载体，游戏作业带有"玩"的色彩。正如教育家米卓德·斯蒂文斯所说："玩耍和娱乐是开发孩子智力的第一位有效方法。"喜欢游戏是孩子的天性，为了让孩子体会到数学与生活的紧密联系、感受到学习的无穷乐趣，可根据实际把某些作业转变成"玩"，让孩子拥有愉悦的心情，从而更有效地主动参与到教学活动中。值得注意的是，游戏化作业设计，并非是简单地学习游戏的做法来改进作业，而是更深入一层，用游戏设计的思路与机制来改善作业设计质量。游戏化是作业设计的辅助手段，玩游戏和做作业有着共同的特征，都属于人的成长与发展特性，好游戏的设计之道和高质量的作业设计之道极为契合，将游戏的方法、手段或工具用于学生作业设计中，能打通游戏与作业的通道，借鉴游戏吸引人的特质，对未成年人进行正确引导，分析其背后的机理和机制，能有效地改善生活、改善教育、改善管理。

表达类作业

随着教育的不断发展和变革,传统的书面作业已经不能满足学生的多样化需求。表达类作业的引入为教育带来了新的活力和创新性,成为一种新颖而富有创造力的作业形式,使学习变得更加有趣和有意义。表达类作业通过非书面的方式,如朗诵、演讲等表达方式,为学生提供了更广阔的表达空间,鼓励他们以个人独特的方式展示自己的观点和创意。表达类作业的兴起是对传统书面作业的一种突破和补充,由于每个学生都具备不同的天赋和表达方式,应该给予他们更多选择和发挥的机会。通过表达类作业,学生可以真正感受到学习的乐趣,展现自己独特的才能,培养自己的创造力和实践能力。

一、表达类作业的概念内涵

表达类作业的内涵丰富多样。学生可以根据自己的兴趣和才能选择适合自己的表达方式,将自己的观点和情感表达出来,这种多样性的表达形式使得每个学生都能找到适合自己的方式来展示自己的才华和独特见解。它不仅注重学生的个体差异和兴趣需求,也强调了学生全面发展所需的批判性思维、问题解决能力和协作精神。借这种形式的作业,学生可以通过互动和合作与他人交流、分享,促进彼此之间的学习和成长。同时,表达类作业也为学生提供了一个展示自己才华和个性的舞台,培养他们的自信心和自尊心。表达类非书面形式的作业,不仅能够深化学生对所学知识的理解,还能培养他们的表达能力、创造力和实践能力。

二、表达类作业的特点

表达类作业是一种与传统书面作业不同的作业形式，具有以下几个特点：

（1）多样性。表达类作业强调多样化的表达形式和方式。它不再局限于传统的文字写作，而是引导学生通过多种方式来展示自己的观点和创意，鼓励学生以个人独特的方式展示对某一主题或话题的理解和思考。学生可以选择讲故事、朗诵、演讲等方式进行表达，这满足了学生的个体差异和兴趣需求，使每个学生能够找到最适合自己的方式来展示才华和独特见解。

（2）创造性。表达类作业注重培养学生的创造性思维和实践能力。通过非书面形式的表达，学生被鼓励勇于展示自己的观点和创意。他们可以通过实际操作和创作，将所学知识应用到实践情境中，从而更深入地理解和掌握所学内容。这种创造性的表达方式激发了学生的想象力和创造力，使他们能够以独特的方式表达自己的观点和情感。

（3）实践性。表达类作业强调将所学知识应用到实际情境中。它提供了一个机会，让学生通过实践操作和表达活动来运用所学内容。这种实践性的作业形式可以帮助学生更深入地理解和应用所学知识，加强他们对学科领域的实际应用能力，促进学生实际运用和掌握所学内容的能力，培养了学生的实践能力和解决问题的方法与技巧。

（4）互动性。表达类作业通常需要学生进行交流和互动，促进同学之间的合作学习和相互学习。学生可以在小组中展示自己的作品，与他人分享观点和反馈意见，从中获得来自同伴和教师的指导和启发。这种互动和合作促进了学生之间的协作学习和相互学习，培养了他们的社交技巧和团队合作精神。

三、表达类作业的应用价值

（1）激发学生的学习兴趣。相比于传统的书面作业，这种形式的作业更加有趣、有意义。表达类作业通过提供多样化的表达方式，使学生在学习过程中保持积极性和主动性，可以激发学生的学习兴趣和动力。学生通过自由表达和实践操作，真正感受到学习的乐趣。他们可以展示自己的才华和个性，获得他人的认可和赞赏,从而增强学习动力和积极性。

(2)提高学生的表达能力。通过不同形式的表达,学生可以锻炼口头表达、书面表达和艺术表达等多方面的能力。

(3)培养团队合作精神。一些表达类非书面作业需要学生进行合作或小组演出,这些都促进了同学们之间的协作与沟通。

(4)培养学生的自信心。通过表达自己的观点并接受他人的评价,学生能够建立起自信心和自尊心。

(5)培养学生的综合能力。通过非书面形式的表达,学生需要思考和分析,这可以培养自己的批判性思维能力和协作精神;同时,他们也需要解决实践中遇到的问题,培养自己的问题解决能力。这种综合能力的培养对学生未来的学习、工作和生活都具有重要意义。

总之,表达类作业是一种非常有价值和富有创造力的作业形式。它通过多样的表达形式和鼓励学生的创造性思考,为学生提供了一个展示自己才华和个性的平台。同时,它也培养了学生的表达能力、创造力以及批判性思维和协作精神。通过应用这种作业形式,可以激发学生的学习兴趣,提高他们的学习成绩,并为他们未来的成功奠定坚实的基础。

四、表达类作业的设计策略

布置表达类非书面作业时,教师可以从以下方面着手。

(1)主题选择。提供多个主题供学生选择,以满足不同学生的兴趣和需求。

(2)表达方式。鼓励学生使用多种媒体形式进行表达,如演讲、花样朗诵等,以发挥学生的创造力和天赋。

(3)时间安排。给予学生充足的时间来准备和完成作业,以提高作品的质量和学生的参与度。

(4)提供指导。为学生提供明确的任务要求和表达技巧指导,帮助学生更好地完成作业。

(5)评价方式。采用综合评价的方式,包括对过程的评价和对成品的评价,以全面了解学生的表达能力和思考水平。

在布置和批改表达类非书面作业时,教师需要注意以下事项:

(1)创造宽松的环境,尊重学生的个体差异。为了让学生更好地展示自己的表达能力,教师应创造一个宽松、包容的环境,使学生感到安全和舒适。鼓励学生以自己独特的方式进行表达,并尊重学生的表达风格和创作习惯。通过肯定学生的努力和成就,鼓励他们在表达类非书面作业中展现自己的才华,营造积极的学习氛围。

(2)鼓励合作与互动,鼓励自由表达。为了促进学生之间的合作和互动,可以设计一些小组作业或合作项目,让学生共同参与、分享经验。鼓励学生进行自由表达,不仅允许他们发表个人观点,还要尊重他们对所选主题的独特思考和创意。

(3)制定明确的标准,给予及时的反馈。布置表达类作业后,教师应给予学生明确的评价标准,并向他们解释清楚期望的内容和形式。在作业展示环节,教师应该及时给予学生反馈,指出他们的优点和不足之处,并提供具体的改进建议,以帮助学生提高表达能力。

(4)提供充足的支持和指导,与所学知识相结合。在给学生布置表达类非书面作业时,教师应该提供必要的支持和指导,确保学生充分了解任务要求,并能够获得所需的资源和材料。要强调与所学知识相结合,通过实际练习和创作,学生能够更深入地理解和应用所学知识。

(5)师生共同反思与改进。在评价作业时,教师不仅要给予学生肯定和指导,还要鼓励他们进行反思和改进,促使他们不断提高自己的表达能力。同时活动结束后,教师也需要回顾作业过程,评估作业的实施效果,并根据学生的反馈和学习需求,进行相应的调整和改进。

 案例一

口语交际"我们都来讲笑话"

作业内容	口语交际:我们都来讲笑话
作业目标	1. 知道讲笑话要注意什么 2. 尝试讲笑话,让身边的人乐一乐 3. 由课内转向课外,看自己的笑话能不能引发笑声

续表

作业内容	口语交际：我们都来讲笑话	
时间要求	总时长 10~20 分钟	
作业流程	内容	设计意图
1. 布置作业	1. 本次口语交际的内容是（　　） A. 讲故事 B. 讲笑话 C. 劝告	明确此次口语交际要掌握的目标——讲笑话
	2. 当同学在讲笑话时，下面不正确的行为是（　　） A. 认真倾听 B. 随意打断同学的讲述 C. 精彩时鼓掌 D. 好笑时可以笑，但应适可而止	讲笑话，是以逗乐为目的，但也让学生知道作为一名听众应注意的一些事项
2. 展示交流	开展讲笑话活动 在班上开个笑话大会，请大家各讲一个笑话，互相评价，然后收集一两个笑话讲给家长听	在作业设计过程中，充分发挥学生之间的合作精神，让他们通过展示自己的作品、品评作品，在品评中发现优点和不足，从而完善自己的作品，起到良好的效果

案例分析：

笑话作为老少皆宜的大众文化，会让人控制不住地产生愉悦之感。这就让我们想到儿童，常常可以看见他们在听笑话时，笑得东倒西歪，笑得气喘吁吁，笑得合不拢嘴，笑过之后，只要有机会、有场合，便会迫不及待地与人分享获得的笑料。儿童对于笑话的喜爱情不自禁，讲笑话是儿童爱做的、想做的，这些可以成为激发学生学习兴趣的最好体验。

交际话题对现实生活有指导意义，是统编版教材高年级口语交际编写的一个重要特点，讲笑话正是一个充满生活化和口语化的交际题目，它篇幅短小，故事情节简单而巧妙，结局往往出人意料又让人心生欢乐。在口语表达中如果能够根据交流内容、交流对象适时适宜地选择笑话素材，可以让交际语言凸显"幽默与风趣"的特色，让交际氛围愉悦和谐。本次的作业设计就是组织一次讲笑话活动，让学生在真实的语言环境中学习讲笑话、感受笑话给生活增添的乐趣，这样的语言实践是儿童感兴趣的、需要的、乐于主动尝试的，也是体验式作业带给学生最大的收获。

 案例二

英语五年级上 Unit 4　What can you do? 单元作业设计

一、教材分析

本单元的教学内容主要是围绕着"你会做什么"这个话题展开，教学内容与学生的日常生活紧密相连，教学的重点是情态动词 can 在陈述句和疑问句的用法。教学中，我鼓励学生学会运用主要句型："What can you do？I can sing. Can you dance？Yes, I can. No, I can't." 大胆地介绍自己的各种技能，本单元的难点是 AB 部分 Let's talk 和几个动词词组的听、说、读、写。在教学过程中教师要注意以旧引新，环环相扣，层层递进，从而降低学习难度使知识逐渐地系统化，同时，还要不断地循环复习，帮助学生积累和巩固，使学生学得更加扎实。

二、学情分析

学生在三四年级已经接触过了一些简单的有关动作的单词以及短语，而且在这学期前几个单元也学过类似的动词短语，比如 play football，wash my clothes 等，以及 what 的特殊疑问句，本节课关于问答个人能力的语言知识对学生来说不难。学生已经具备了简单的表述能力，而且本课知识与他们实际生活联系紧密，再加上他们对文娱活动都感兴趣，也愿意谈论交流并且参加各类活动。文本内容难度不大，且与生活息息相关，有较强的趣味性，通过参与趣味性的教学活动，学生会有较强的学习兴趣。本课内容容易融入学生生活实际，会对本课个人能力的表达产生极大的兴趣。

三、单元学习目标

通过学习，学生能够简单地介绍自己会做的事情，能够询问别人会做什么以及相应的答句。掌握 AB 部分的 Let's learn，read and write 中的四会单词、短语和句子。能听、说、认读 AB 部分 Let's talk 中的单词和句子，了解 Let's spell 中字母组合 oo 的两种发音规律，培养学生热爱生活，乐于交流，乐于沟通，自主学习的良好品质。

四、非书面作业设计

第一课时 Part A　Let's try　Let's talk		
第一部分：基础性作业（必做）☆　　　时间：10 分钟		
题号	作业内容	评价标准	设计意图
1	I can read loudly. 模仿录音读对话	语音正确 语调优美	锻炼学生基本的听读能力
2	I can say more. 列举更多关于特长和爱好活动的单词或短语	有关特长和爱好的词组，不少于三个	扩充学生词汇量
3	仿写本课时的四会句型两遍	书写工整，格式书写规范，倾斜度适当，字体美观大方	培养学生精心、耐心的习惯，提升学生观察、审美能力
第二部分：拓展性作业（二选一）☆☆　　　时间：10 分钟		
题号	作业内容	评价标准	设计意图
1	We can change. 与同伴一起运用所找的单词或词组重新改编对话，也可创设新情境，编写新对话	语句通顺 情境真实	鼓励学生在理解对话的基础上，运用学过的单词或短语改编或编写对话，与同伴合作表演，培养学生的创新能力和团结合作精神
2	We can play. 与同伴一起表演所编对话	语音正确 语调优美 表演顺畅	
第二课时 Part A　Let's learn　Do a survey		
第一部分：基础性作业（必做）☆　　　时间：10 分钟		
题号	作业内容	评价标准	设计意图
1	I can say and write 根据图片猜单词或词组	单词与图片内容相符，书写符合规范	选用与课本不同的图片，让学生根据图片写单词或词组，考查学生对新内容的掌握程度，四线格能帮助学生规范英文书写
2	I can guess. 与同伴进行你演我猜游戏。一位做动作，另一位猜，看谁猜得又快又准	动作到位 猜词准确	用传统的方法背单词，学生经常将单词和词义弄混淆，通过你演我猜游戏，学生能轻松掌握本节课四会单词的词形和词义

续表

第二部分：拓展性作业（二选一）☆ ☆			时间：10分钟
题号	作业内容	评价标准	设计意图
1	Talent show（达人秀） 班级达人秀来了，你有哪些才能？快来展示给大家看看！请做好参加达人秀的准备，用英语说出自己的才艺并进行表演	发挥才艺 表演到位 语音正确	本题适当进行了跨学科的融合，将英语与体育、音乐和美术等学科结合，提升了学生的综合能力
2	I can do a survey. 请仿照课本39页内容，制作表格，调查同学的才能	表格设计合理 调查真实可靠	五年级的学生已经初步具备调查统计的能力，调查班级学生的才能，能很好地帮助学生了解彼此，互相学习

第三课时 Part A Let's spell

第一部分：基础性作业（必做）☆			时间：10分钟
题号	作业内容	评价标准	设计意图
1	听录音，模仿跟读双"oo"发音音素词	听音仔细，模仿不走样	培养学生主动探索发音规律的习惯
2	总结发音规律，尝试创编"oo"发音口诀	会发现规律，掌握因素词发音特点	启发学生思考、辨别相似音的特点，培养学生辨别相似发音的能力

第二部分：拓展性作业（二选一）☆ ☆			时间：10分钟
题号	作业内容	评价标准	设计意图
1	背诵双"oo"发音口诀 木头脚，站站好 双oo见到k，两点都吓跑 木头：wood 脚：foot 站：stood 好：good	能理解口诀要领，掌握长音 /u:/ 和短音 /u/ 的发音规律	培养学生学习因素词的兴趣
2	听音指图	反应迅速，指图正确	培养学生的听力和学英语的兴趣

五、设计理念

遵循新课标的教学理念，坚持"以学生为中心，以兴趣为支点，以交际为目的"的原则，利用丰富的活动创设语言情境，采取形式多样的作业方式巩固学生所学语言项目，在贴近学生生活实际的环境中得到复习和操练，让学生完成作业的同时，不仅可以发展语言技能，而且能够提高实际运用语言的能力，提升学生思维品质，达成热爱文娱活动、热爱班级与校园生活，传承中华优秀传统文化，培养集体主义精神的育人目标。

本单元 Let's learn and let's talk 部分主要是围绕"你会做什么"展开。等学生掌握基本句型 What can you do？I can…等简单句式后，可以设计学生介绍个人特长的作业，通过夸夸我自己、才艺表演以及参加面试特长生等一系列的活动，培养学生综合运用语言的能力。从 Let's talk 部分的机械操练，到巩固与拓展部分的趣味性操练，再到实际运用，让学生将活动由浅入深、循序渐进地进行，知识巩固做到了由易到难、层层深入地进行。通过画一画、写一写、说一说，让学生介绍自己的特长，在规定的时间内完成任务，然后再安排学生做各种各样的家务活，目的是让每个孩子都有机会去做没有兴趣或者是最容易干的一些家务劳动，而且按时检查孩子完成家务活的情况，使孩子因为自己的劳动而得到肯定，从而产生完成任务后的成就感。另外在基础知识的巩固上，还设计了"最佳搭档""拼读比赛"以及"多才多艺"环节，让学生在完成这些任务的同时，发展自己的语言技能，提高自己运用语言的能力。另外，机器人是学生非常喜欢的人物，为了吸引学生的注意力，可让机器人在"说一说""帮一帮"中登场，最后进行角色扮演活动。让学生戴上机器人的面具，模仿机器人的声音及形态，介绍自己能做和不能做的事情，让学生在趣味性强的活动中，操练语言，完成教学任务。无论是基础性作业还是拓展性作业，都设计了让学生自主选择的形式，目的是根据学情，体现分层，让学生根据自己的实际学习情况查缺补差。

六、作业总结

《义务教育英语课程标准（2022版）》规定英语课程内容主要由主题、语篇、语言知识、文化知识、语言技能和学习策略六要素组成。其中语言技能为学生获取信息、建构知识、表达思想、交流情感提供途径。语言技能分理解性技能和表达性技能，具体包括听、说、读、看、写等方面的技能。听、读、看是理解性技能，说、写是表达性技能。在作业设计时，表达性技能主要体现在口头表达作业和书面表达作业。口头表达性作业以本单元 Part A 作业设计为例：

第一课时作业设计了"模仿达人""创编和表演对话"等，本课时作业的设计主要考查的是学生的口头表达能力。能围绕相关主题和所读内容进行简短叙述或简单交流，表达个人的情感、态度和观点，是新课标对五年级学生表达性技能的要求之一。鼓励学生在理解对话的基础上运用学过的单词或短语改编或编写对话，与同伴合作表演，培养学生的创新能力和团结合作精神。让学生从"想表达"到"能表达"，在多次锻炼之后，必然"会表达"。义务教育英语课程体现了工具性和人文性的统一，因此在教学过程中，我们不仅要关注英语的工具性，也要关注它的人文性。

新课标要求五年级学生能模仿句型的结构和内容写几句意思连贯的话，并尝试使用描述性词语添加细节，使内容丰富、生动。第二课时上完本课后，让学生再试试自己仿说句型，可以发展学生的创新能力。在布置本课时作业之前，教师已经向学生展示了一些简短地描述个人爱好和特长的句型框架，在此基础上让学生进行创编。学生创编比较轻松，教师要及时肯定他们的尝试，鼓励他们继续用自己所学的知识创编出更多的句型。

传统的表达性作业设计形式主要是读背对话或读背单词，学生在机械地读背过程中并不能灵活地运用所学语言。在进行表达性作业设计时，尽量减少对作业的统一要求，要采取不同的作业形式来引导学生在理解、内化所学内容的基础上进行思考与实践。第三课时的语音作业设计，安排发现规律、创编口诀、听音指图的活动，让学生在实践过程中体会语音在不同单词中的变化，体验英语学习的乐趣与意义，获得成就感和自信心。

想象类作业

想象是灵魂的眼睛！对于小学生来说，想象是学生通往智慧的通道。在想象的空间里，学生找到了真正属于自己的领地，他们就是这个领域里的"王"，可以无拘无束地成为自己，同时成就自己。一方小小的想象空间，让学生拥有了无限的遐想力，借用想象的翅膀，自由自在地伸展自己的所见、所知、所感。在这里，学生可以跨越时间和空间的维度，将景物和人物超时空转移，并在自己的脑海里按照自己的预设进行另一番演绎。

想象是学习语文必不可少的手段。在想象中展开画面，可以把枯燥的文字还原成富有动感的画面，对学生理解文字起到了举一反三的作用；在想象中理解关键语句，可以运用画面形象的力量，让学生身临其境，从而形成体验感，以达到"无中生有"的效果；在想象中拓展故事情节，为课文内容的延伸、融合学生自己的生活经历和感悟，提供了合情合理的剧情性创设；在学生的背诵中运用想象则能起到事半功倍的效果；在朗读中做到边读边想象画面，能够体验人物的情感，并与之产生共鸣；在写作中，想象画面更是必备的载体，没有想象就没有写作，没有想象就没有活灵活现的人物跃然纸上，没有想象就没有情感如水的流淌。

想象的力量在其他学科中发挥得更是淋漓尽致。在音乐课堂歌曲的演绎中，想象带来的是更加生动的音符，更加鲜活的舞蹈，更加动人的视觉享受；在美术课堂想象赋予了美的灵动，赋予了色彩在平面上的流淌，赋予了学生对绘画热情的荡漾；想象在数学课堂上，更是为学生逻辑思维训练添砖加瓦。

在小学的每一门学科课堂上，学生能力的发展、思维的激发，都离不开想象的锦上添花。因为有想象，才有了个性的体现，才有了独一无二的"我"的存在。

 案例一

"乘坐高铁去旅行"非书面作业设计

一、作业呈现

本单元是部编版三年级语文上册的第六单元,围绕"祖国河山"的人文主题展开学习,带领学生走进语言文字,见识祖国不同地方的大好河山,体会别样的乐趣,从而让学生深入领会祖国的幅员辽阔,领略祖国河山的自然美,激发学生对祖国大好河山的热爱。

在学习完本单元的几篇课文之后,考虑到几篇课文的学习内容是分散的,只是在学生的脑海里形成了独立的风景,没有整体观。为了更好地唤醒学生整体感知祖国的山河美,同时将这份美丽融入他们的生活,于是带着学生来一次想象之旅——乘坐高铁去旅行。利用这种在想象中的身临其境,让学生更真切地感受祖国之大、祖国之美。制作具体如下:

(1)绘制一列高铁,安排四至五节车厢,用A4纸画出。此项任务在美术老师的帮助下完成。

(2)结合本单元的课文,以及学过的课文,选择好自己要旅行的地方,如西沙群岛、台湾地区、黄山、大兴安岭等。从相关的课文中汲取本文的思维导图,在导图中注明此处风景的特点。

(3)将写好的思维导图以小车厢大小的形式粘贴在图画的车厢处。

(4)在整个图画完成之后,以小导游的身份向别人介绍本次旅行的见闻。

二、适用对象

本次作业面对的是三年级的学生,任务的综合性比较强。考虑到高铁的绘画有难度,需要美术教师协助,在教师的帮助下,一列列小火车跃然纸上。在整个过程中,最需要学生细心的地方是将思维导图写在小小车厢的纸片上。对于思维导图的完成,学生只要抓住课文内容的脉络,任务相对会轻松很多。

三、设计目的

(1)通过绘画,提取信息,完成作品,再向家人介绍旅行过程,在这些环节的落实中,让学生对课文内容更熟悉,培养学生独立动手的能力以及提取课文主要信息的能力。

（2）从无到有的一趟旅行，完全在想象中进行，并实施在一张纸上，这有力地激发了学生的创造力和无限的想象力。

（3）在本次旅行中，我们起始站安排的是枞阳，鼓励学生利用双休日感受家乡秀丽的风景，并且走街串巷去了解枞阳的风土人情，让家乡的美同祖国的美深深地融入学生的血液中。

（4）本趟旅行的最后一站，我们安排是台湾的日月潭。对于中国人来说，爱国主义教育要从小抓起，再一次告诉他们：台湾是中国领土的一部分，而且是不可分割的一部分。

（5）在想象中绘制这样的一趟高铁旅行，激发学生对祖国山河的热爱之情，同时种下一颗热爱祖国的种子，为自己是一名中国人而自豪。

四、反馈分析

（1）理想很丰满，现实很骨感。在最初的设计中，教师给予极大的热情，但在落实中，却感受到了学生能力的局限性。特别是高铁列车的绘制，绘画能力强的学生在美术老师的指导下，轻而易举地完成了这列即将启程的列车，可是这部分学生占的比例不大。对于更多的学生，在绘制高铁的时候，仅仅车厢的长度就让他们费尽了心思，重来了好几次。

（2）在寻访枞阳的实践中，学生的热情是高涨的，从反馈回来的照片中，每个孩子望着家乡，都洋溢着幸福的笑容。有的拎着大萝卜，有的闻着香肠，有的闲逛在荷叶田，有的悠闲地散步在旗山公园……

（3）虽然是趟想象之旅，可学生的作品还是深深地打动了我们。一列列栩栩如生的小火车，不管是有模有样的，还是歪歪倒倒的，它们都透着学生的认真和分享的喜悦。

（4）看着学生身上透出的认真劲，真的为他们鼓掌。思维导图上不仅有文字，还配了与之相符的图画，涂上亮丽的色彩，真是漂亮极了。从中能感受到，这份认真是学生对祖国河山之美的崇敬，是对祖国大美之境的欢喜。

五、作业展示

学生设计的作业展示如下。

六、作业总结

本次非书面作业的设计综合性强、实践性强、想象性强。在作业完成过程中,学生通过想象的融合,运用绘画的方式,结合所学的课文,挑选自己想要游玩的地方,串联成高铁线路,是一次特别好的创意之旅。学生在想象中游览了祖国的大好河山,本单元语文学习要素扎实落地。

这趟高铁之旅以枞阳为始发站,把家乡作为第一站,对学生故乡情结的渗入有无声浸染的意味。以台湾为终点站,更是寄托了学生盼望台湾早日归来的美好愿望。将自己的家乡融入了祖国的山河站点,家乡美就是祖国美,祖国美就是家乡美,在学生幼小的心灵里铸就了作为中国人无论何时何地,中华民族一家亲的坚定信念。

想象是本次作业的主创。课本单元中涉及的课文都是孤立的介绍,包括二年级学习过的《黄山奇石》《日月潭》,都是在向学生宣传祖国大好河山的美丽景色。一趟想象中的列车形象地完成了一次穿越时空的连接,在学生的想象中,教材中的课文景点成了学生旅行中的站点。学生由选择景点到绘制景点思维导图，再到车厢安排，整个过程中，想象力得到了超越地域的扩张。想象力也为学生创造了一次旅行体验。

 案例二

小学美术低学段"造型·表现"领域作业设计

一、作业呈现

（一）作业内容

本单元为人教版小学一年级美术下册内容，被视为丰富"造型·表现"领域课程，以贴近学生生活表现为主轴。结合教学目标、学情，研究整合学习内容，以课中作业部分，积极探索分层次自主选择作业的形式，继而实现既面向全体又兼顾学生个体水平差异的目标。

学生通过造型表现活动，大胆、自由地表达自己的观察、感受和想象，创作若干件反映自己学习水平的作品。通过作业引导学生对多种不同风格面具的理解和设计，运用画、做不同方式进行表现。通过分层作业学生选择适合自己能力水平的艺术实践，从中获得成就感。

（二）作业类型

分为基础性作业、探究性作业、综合性作业三种。

1. 基础性作业

课题	内容	要求
a.生活中的趣事	结合自己的经历，想想自己生活中的趣事有哪些？说一说自己的趣事，选一件自己认为最有趣的事，通过绘画表现自己的趣事	独立完成，能表达出趣事的有趣之处。线条灵活，形式多样，画面丰富，内容有趣且主题突出
b.泡泡飞呀飞	想象泡泡飞在空中的情形，想象泡泡里面可以有什么？画出自己喜爱的泡泡，在泡泡里进行添画	大胆想象和表现自己的想法，用夸张的手法表现新颖的特征
c.太空里的植物	发现植物构成的基本形状，再进行想象。太空里的植物可能是什么形状，可能是什么颜色，有什么样的本领？画出想象中的太空植物	初步掌握想象的方法，能对太空里的植物进行想象创作。造型奇特，色彩艳丽
d.妈妈的节日	知道哪些日子是属于妈妈的节日，观察描述妈妈的形象特征。想一想妈妈最美丽的姿态和表情是什么样的？画出妈妈最美的表情	注意突出妈妈的位置，适当添加场景，主题与背景色彩要有对比

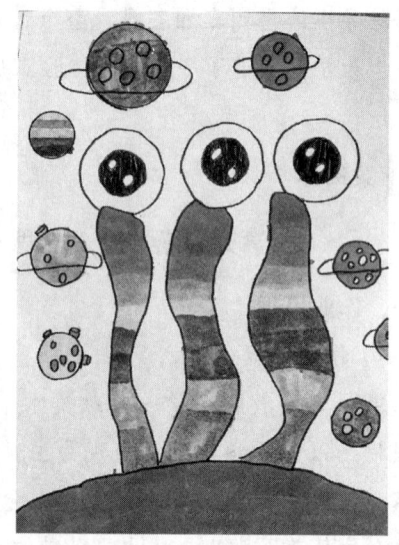

2. 探究性作业

课题	内容	要求
a. 生活中的趣事	动手制作,利用各种材料制作人物动态来表现趣事	小组合作,积极主动制作,注重夸张变形特点,生动有趣
b. 泡泡飞呀飞	积极尝试,用各种材料表现自己的丰富想象	学生大胆的想象和表达自己的想法,作品有新意与个性。材料丰富,内容新颖独特
c. 太空里的植物	用材料(纸、黏土、胶水、塑料等)制作一株想象中的太空里的植物	材料丰富,具有奇特的作用,能用材料来组合、粘接制作太空里的植物
d. 妈妈的节日	利用卡纸或黏土给妈妈做一件小礼物,表达对妈妈的爱意	色彩鲜明,能表达对妈妈的爱意

3. 综合性作业

课题	内容	要求
a.生活中的趣事	上台演一演、说一说自己认为最有趣的事情（不是恶作剧的趣味，是真正有趣的事情）	独立完成，生动有趣，大胆表现自己
b.泡泡飞呀飞	制作泡泡，丰富自己的想象。用语言说一说自己的泡泡特点，在游戏中发现泡泡的特点	独立完成，想象丰富，大胆表达自己的想法
c.太空里的植物	用语言描述并向别人介绍自己的作品	大胆想象构思，积极创作
d.妈妈的节日	设计节日礼物，在妈妈的节日里送给妈妈	作品色彩鲜明，体现自己的心意和情感

二、适用对象

此案例依据人民教育出版社一年级美术下册内容进行分析设计，选用课程中"造型·表现"领域中四课内容进行作业设计，作业适用于小学美术学科低年级段一年级学生。因该学段学生年龄较小，动手表现具象事物的能力较弱，但思维活跃，想象力丰富，且乐于接受和表现形象的事物，所以选择以上四课内容进行作业设计。学生通过说一说，说出自己的想法和感受；通过演一演，演出自己认为有趣的人物和故事；做一做，做出有创意、有新意的作品，把自己看到的、想到的、经历过的事物和感受用不一样的形式表现出来，真正做到乐中学、学中乐，丰富课后生活。

三、设计目标

本单元是"造型·表现"领域，本领域运用多种材料和手段，体验造型乐趣，是表达情感和思想的学习领域。造型是具有广泛含义的概念，在本学习领域中指的是运用描绘、雕塑、拓印等手段和方法，创作视觉形象的艺术创作活动。表现则是通过美术创作活动来传达观念、情感和意义的过程。造型与表现是美术创造活动的两个方面，造型是表现的基础，表现是通过造型的过程和结果而实现的。本学习领域在低年级阶段强调感受、体验和游戏性，看、画、做、玩融为一体，模糊学科门类界限。随着学生年龄的增长和学习的深入，美术学科知识的轮廓将逐渐适度地显现。四个课程贴近学生的生活经验和感兴趣的事物，有利于激发学生的学习兴趣。我们以学生的日常生活经验为出发点，针对学生的实际经验和感兴趣的事物，来激发学生的学习积极性，这样他们的学习就变为生活中有趣的事情。对于学生来说，哪怕是生活中很小的事情都会产生浓厚的兴趣，在学习活动中可引导学生充分体验创作的乐趣和审美感受，将人文主题融入美术学科教学之中，凸显美术教育的人文性，且通过造型游戏，来激发学生学习美术的兴趣，从中体会美术课带来的喜悦。突出学生的学习活动方式，淡化过于强调学科特色的倾向。

本学习领域不是以单纯的知识、技能传授为目的，而是要贴近学生不同年龄阶段的身心发展特征与美术学习的实际水平，鼓励学生积极参与造型表现活动。在教学过程中，应引导学生主动寻找与尝试不同的材料，探索各种造型方法；不仅要关注学生美术作业的结果，还要重视学生在"造型·表现"活动中参与和探究的过程。

四、反馈分析

根据美术新课标理念，本课从面向全体学生、激发学生学习兴趣、关注文化与生活、注重创新精神四个方面设置作业目标。采取课中部分宏观设计，在课堂实践作业中采用基础性、探究性、综合性的作业模式。通过分层作业要求，旨在唤醒学生，使每一名同学在作业单上都能找到自信和兴趣。课前预习单和小组合作能充分调动学生参与的积极性，确保每个学生都能参与到课堂中来，合作互助促使作业表现异彩纷呈。

一年级小学生在用色用线方面大胆、果断、单纯，是小学生思维的真切体现。小学生美术不受表现对象的约束，带有强烈的主观性，以印象成分居多，学生在表现作品中的随意性很大，夸张而无拘无束，却能在无意中创造奇特的、令人惊奇的效果。在课程中，我们必须以活泼多样的课程内容呈现，激发学生学习美术的兴趣，加强教学内容与学生生活经验的联系，培养学生个性与创新精神。由于小学生美术的特点，在评价学生美术作品时，要看是否真实反映了儿童的内心感受，是否有独特性和新颖表现。

五、教学建议

（1）教学过程中要注重对学生审美能力的培养。注重美术课程与生活经验紧密联系，使学生在积极的情感体验中提高想象力、创造力，提高审美意识与能力，增强学生对大自然和人类社会的热爱及责任感，发展学生创造美好生活的愿望与能力，重视激发学生的创新精神，培养学生的实践能力。

（2）从单纯的技能、技巧学习层面提高到美术文化学习层面。利用多种形式组织学生认识人情感、态度、价值观的差异性和人类社会的丰富性，并在一种广泛的文化情境中，认识美术的特征、美术表现的多样性以及美术对社会生活的独特贡献。同时，培养学生对祖国优秀文化的热爱，对世界多元文化教育的包容和尊重。

（3）教师联系各学科的课堂要求，根据美术课的自身特点，明确地向学生提出正确的学习态度，逐步培养学生良好的学习习惯。利用课堂教学，要充分发挥教师的直观性演示。教师动作要规范化，给学生以楷模，学习正确作画方法，充分调动起学习氛围并选择富有儿童情趣的教学内容，采用生动活泼的教学形式，激发和培养学生学习美术的兴趣。注意学生的情绪，语言要亲切，气氛要轻松，要积极鼓励学生动脑筋，大胆添画，来培养他们的想象力和创造力。

（4）教师应鼓励学生进行综合性与探究性学习，加强美术与其他学科的联系，与学生生活经验的联系，培养学生综合思维和综合探究的能力。研究学生的学习方法，引导学生以感受、观察、体验、表现以及收集资料等学习方法，进行自主学习与合作交流。

（5）教师的评价要体现多维性和多级性，以适应不同个性和能力学生的美术学习状况。鼓励采用学生自评、互评，教师评以及座谈等方式对学生的美术作业进行评价。评价结果可以是等级或评语，也可以是评语与等级相结合的方式。对学生美术作业的评价可以从创作构思、表现方式及技能等方面进行，既要充分肯定学生的进步和发展，也要使学生明确需要克服的弱点并找到发展的方向。

制作类作业

制作类作业是指学生运用适合的工具、工艺，通过拼一拼、画一画、做一做、剪贴、搜集资料图片等动手综合实践活动，获得解决问题所需要的模型或实物等作业，如制作主题鲜明的手抄报、黑板报，进行绘画创作等。陶行知先生曾这样评价说："中国教育革命的对策是手脑联盟，结果是手与脑的力量都可以大到不可思议。"制作类作业不仅可以帮助学生将课堂上学到的知识，通过手工制作的方法加以巩固，而且还可以充分发挥学生的想象能力，培养学生的创新思维和实践能力。教师在进行制作类作业设计时，应该遵循一定的原则，并要注意一些问题。

一、制作类作业设计的基本原则

1. 制作类作业应有目的性

设计制作类作业应具有目的性，就是说，教师在设计相关的制作类作业时要围绕一个知识点、技能点进行，从而强化学生的学习，以达到特定的教学目标，而不是为了设计而设计。因此，教师在设计制作类作业时，要思考一下本课乃至本单元的教学目标是什么，本课的教学重难点是什么，再依据教学目标和教学重难点精心设计作业。这样，才能防止设计的偏差，保证学生在课堂上学到的知识得以深化，促使教学目标的达成。

2. 制作类作业应有创新性

苏联教育家苏霍姆林斯基说："在人的内心深处都有一种根深蒂固的需要，这就是希望感到自己是一个发现者、实践者、探索者，而在儿童的精神世界中，这种需要特别强烈。"制作类作业就是要针对学生的这种心理，引导学生在进行手工制作时充分发挥自己的想象力和创造力，不墨守成规，不受同学、老师的牵制。学生如果把自己的见解、想法融入制作类作业中去，就能够让自己的想象力之花得以绽放。当然，这样制作的作业形式多样，五花八门，教师要树立全新的作业评价观念，肯定每一个学生在作业完成过程中的优点，并且给学生展示作品的机会，让学生能够及时地把自己的创意与大家交流，在交流中相互学习、相互启发，培养学生的创造性思维和创新精神。

3. 制作类作业应有适度性

小学阶段的制作类作业除了应该具有目的性、创新性之外，还应该保证作业的难易程度能适应于学生的认知水平，确保学生在一定的时间内能完成，或者在家长、老师的指导下完成。如果设计的制作类作业要求过高，那么，学生在制作过程中会遇到重重困难，一部分学生在遇到困难时会静下心来，认真思考，尝试着坚持下去；一部分学生在面对困难时很可能会选择放弃与自己认知水平不相符的手工制作活动，有的甚至由家长代替完成制作，这样的制作类作业也就流于形式，失去了应有的意义。

二、设计制作类作业时的注意事项

1. 制作类作业要联系学生的生活实际

知识来源于生活，服务于社会。教师要将所学知识与学生的生活实际联系起来，使得学生乐于参与、积极完成。

如综合实践课教师可以让学生利用塑料瓶、易拉罐、纸箱、方便面盒、废旧衣物、废电池等常见生活废品，充分发挥才智和创意，制作成惟妙惟肖、妙趣横生的生活用品和工艺品。这样既培养了孩子们动手操作的能力，也在孩子们幼小的心灵中树立了环保意识。

2. 提供一个学生展示自我的舞台

比如可以让孩子将制作的作品拍照发到班级微信群，还可以举办学生制作作品展，进而有效地激发孩子们学习的热情和自信心。

以下分别以小学语文学科和数学学科的制作类非书面作业设计案例进行说明，供大家参考学习。

（一）语文学科制作类作业

《义务教育语文课程标准（2022版）》要求"引导学生在广阔学习和生活情境中学语文、用语文，提高交流沟通、团队协作和实践创新能力"。这就要求教师设计的作业应具有交流合作性、实践性、创新性，让作业活动成为学生交流和合作、大胆实践创新思维的舞台。

人教版语文教材中的每个单元都围绕着一个人文主题进行编排，我们在教学每个单元时，可以根据单元的人文主题设计制作主题手抄报活动，这样既巩固了单元所学的知识，又有效地进行了拓展延伸，还对学生潜移默化地渗透思想道德教育。学生在制作手抄报时，需要收集大量资料，如名言、故事、古诗词等，这样可以扩大学生的信息容量，拓宽学生的知识面，增加学生的知识积累。学生在制作手抄报时，还要结合所要表现的主题进行版面设计，思考不同色彩如何搭配，才能让自己的手抄报变得美观，主题鲜明突出，学生在制作过程中，审美能力和思维能力也会得到发展。制作类非书面作业也能培养学生的合作意识和创新能力，如教师让学生分小组创编作文集或小诗集等，学生在创编时就会积极互动，各抒己见，集思广益，取长补短，让自己所在小组的作品得以完美呈现。同时，学生在创编的过程中，逐渐学会与人合作，学会相互学习，共同探索。

案例一

制作小诗集

诗歌无疑是祖国文学宝库中永恒的瑰宝，激荡着一代又一代读者的心灵。人教版语文四年级下册第三单元选编了来自不同流派、不同体裁风格的四篇中外优秀现代诗歌作品，有冰心的三首抒情短诗、艾青的作品《绿》、苏联诗人叶赛宁的诗作《白桦》和戴望舒的诗《在天晴了的时候》等，旨在引导学生深入走进这个丰富多彩的诗歌世界，初步认识、了解西方现代浪漫主义诗歌的显著特点，体会中国诗歌复杂的文化情感。本单元还安排了一次综合性学习活动，主题是"轻叩诗歌大门"，要求学生在收集、创作诗歌的基础上，合作制作小诗集，进一步了解诗歌，感受诗歌的魅力。

在教学综合性学习时,教师引导学生分小组制作小诗集,设计以下活动方案:

【活动目的】

1. 通过设计制作的诗集培养学生的编辑、合作等能力,进一步感受当代诗歌的魅力。

2. 进一步增强学生对中外诗歌的阅读兴趣,加强自身对诗歌艺术的理解和欣赏。

3. 丰富学生的课外科学知识与储备,引导学生传承祖国灿烂的民族文化。

【活动时间】

两个星期。

【活动过程】

1. 小组合作编诗集

(1)小组分工合作,准备好入选诗集的诗。可以六人一组,也可以四人一组。可以编入搜集到的诗或故事,也可以编入自己写的诗,还可以是同学写的诗。小诗集中还可以适当穿插诗歌故事或相关资料,还可以配上插图,或者辅以书法。

(2)将准备好的材料分类编排、有序组合。大家设计好本小组的诗集格式与内容,由组长分配任务。

(3)可以请父母、老师、同学写序或题字。

(4)设计精美的封面,诗集名字要引人注目,编排好目录。

2. 成果展示

(1)诗集编好了,我们来欣赏吧!各小组把诗集放在展示台上,并派代表进行介绍。

(2)同学们评一评。可从书写、编排、美工等方面进行评选。

(3)选出优秀的诗集交流展示。并给予一定的奖励,以示鼓励。

【活动效果】

学生的积极性非常高,很快成立了小组,制订了活动计划。根据计划安排,学生收集和创作自己喜爱的诗词,还给诗配上了简洁的图画,将诗的意境之美展现了出来,做到诗中有画、画中有诗,并给诗集设计了个性化封面、目录、封底。学生在制作过程中不断讨论、修改……相互协作,群策群力。

作品终于诞生了,"诗海拾贝""童心诗语""诗雨星空"等好听的诗集名字,让人忍不住想翻开去看看。

制作小诗集活动丰富了学生天马行空的创意想象,创新了小组集体合作的学习意识,进一步培养了学生对诗歌的探索兴趣,强化了学生对诗歌作品的初步积累方法和阅读理解。

(二)数学学科制作类作业

数学源于生活,又应用于生活。小学生思维是从具体形象思维逐步过渡到抽象思维,抽象逻辑思维能力仍然直接地和人类感性经验思维相联系,仍保有某种具体或形象性。小学生因为缺乏生活经验的积累和数学经历,空间思维想象、逻辑思维能力较差,在学习一些数学意义上的简单空间几何图形时,理解起来有一定的难度。在教学中,教师布置学生制作具体模型和教具,可使抽象难懂的知识形象化、具体化,如学生认识长方体、正方体、球、圆柱体后可让学生拼出玩具车、机器人等造型;学习时间这种抽象概念时,可让学生制作学具钟表模型等。

现代课程教学论主张:"老师首先要懂得如何让全班每个学生都一起动手来做数学,而不是都在用两只耳朵静静地听着数学"。教师设计动手制作的作业,可让一些抽象逻辑性概念变得具体化、形象化,便于学生认识、感知。学生在动手制作过程中,调动了眼、口、耳、手、脑等多种感官参与,通过做一做、摸一摸、看一看的实践制作活动,找到学习数学的乐趣,爱上数学。

 案例二

制作正方体和长方体

立体图形更需要学生具有空间想象力。因此,动手制作立体图形显得尤为重要,它会让学生的空间感知更为准确、深刻。

教师在教学《长方体和正方体的表面积》前,让每个学生回家用硬纸做一个长方体和一个正方体,然后在长方体和正方体的六个面上分别标上"上""下""前""后""左""右"六个字,并在上下两个面涂上相同的颜色,在前后两个面涂上相同的颜色,在左右两个面涂上相同的颜色,使长方体、

正方体既可以展开成由六个长方形（或正方形）组成的平面图形，又可以将这个平面图形折合成长方体或正方体。

学生在动手制作长方体、正方体的过程中，获得有关长方体、正方体的直接经验，为形成长方体和正方体表面积的鲜明表象、正确掌握长方体和正方体表面积的计算方法及发展空间观念奠定基础。上课时，教师教得很轻松，学生也容易接受，因为学生的头脑中已有了正方体和长方体的表象特征，只要教师稍加引导，学生就领会了。学生在教师的引导下，各自说出计算正方体和长方体表面积的思路，发散了学生的思维。

在此基础上，教师可以进行迁移类推，使学生不仅初步掌握了怎样计算正方体和长方体表面积的方法，还解决日常生活中涉及的数学问题。如火柴盒内匣和外壳的表面积、房间内部的粉刷面积等，学以致用，培养了学生分析问题、解决问题的能力。

语文、数学学科可以设计制作类作业，英语、音乐、美术、综合实践等学科也可以设计制作类作业。在教学不同颜色的英语单词时，因单词比较多，学生容易混淆，可以让学生制作色卡并标上相应的单词，以强化学生对英语颜色词的理解和运用。制作类作业在综合实践课上会经常出现，如让学生利用废旧物品进行小制作或小发明，既培养了学生的环保意识，又激发了学生学习科学、探究科学奥秘的兴趣；在朋友或家人生日时，送给自己亲朋好友一份亲手设计或制作设计出来的精美生日贺卡，可以增进朋友之间的友谊和对家人的关爱。

总之,在"双减"政策背景下,制作类作业是书面作业的有效补充形式。教师在教学时要依据教学目标、教学内容,结合学生的生活实际,从学情出发设计制作类作业。学生在动脑动手过程中,掌握各种知识和技能,促进综合素质的提升与发展。

合作性作业

课后作业是帮助学生巩固所学知识、提升自身认知能力的重要途径。不同的课后作业设计导向、形式、策略，对学生核心素养的塑造也有着不同的作用和影响。同时，随着新课改推进的深入，传统的课后作业设计模式已很难满足不同学生的身心发展需要，弊端也在日渐暴露，这使得积极探寻小学课后作业设计新途径、新方法、新思路显得尤为重要。新课标要求学生注重合作、学会合作，并把学生的合作精神与能力作为重要的培养目标之一。因此，在作业设计时，根据合作互动的原则，可设计相互切磋，共同合作完成的"合作性"作业。合作性作业不局限于学生个人与书本的单向、封闭交流，教师设计作业时要把独立学习与集体学习有机结合起来，给学生提供相互合作的机会。合作性作业不仅可以给学生提供更广阔的交流空间，同时还能增强学生的合作意识。教师可视作业量、难易度等不同，灵活运用合作性作业方式。

一、合作性作业设计原则

在进行合作性作业组织设计时，应坚持以下原则：

1. 适应性原则

不要为了合作而合作。适合合作完成的内容才进行合作完成作业，要创设适合合作学习的环境，使学生掌握必备的合作技能，在恰当的时机进行合作学习。

2. 多元化原则

要根据具体条件组织灵活多样的合作型小组，根据学习进程和作业完成情况适时调整合作学习小组；要在教学实践中不断创造丰富多彩的合作完成作业形式；合作作业完成活动评价要多元化。

二、合作性作业设计分组准备

1. 组建合作作业小组

组建合作作业小组时，学生的能力水平、人格品质、人际交往技能等都要加以考虑，要保证组内各成员之间的差异性和互补性，小组之间合理竞争的公平性。

2. 选举小组长，搞好成员分工，明确责任

小组长以民主选举方式产生，每个组员既是选举人又是被选举人。小组长是小组合作的组织者和管理者，是小组意见的整理者和反馈者，一般应从合作意识、口头表达和组织能力强的学生中产生。每组成员的分工，经过一段时间后轮换。合作作业小组隔一段时间也要重新组建，以相对平衡、自愿组合为原则，整个运作实施动态管理。

3. 优化、动态调节合作作业小组

合作作业小组应充分体现动态性，根据不同情况适时优化、动态调节小组。合作作业小组的优化、动态调节主要体现在以下两方面：①根据作业的类型实行小组动态调整。任何分组都不可能尽善尽美，而且合理编组后，学生各方面素质会在教育的作用和合作小组间的相互作用下发生变化，使原有编排的合理性遭到破坏，表现出新的不合理，教师适时地予以调整和重新组合是非常必要的，也是完全应该的；②根据不同学习任务实行小组动态组合。如在英语课后会话作业中，可以两人对话，也可以三人对话。

三、合作性作业设计组织

1. 准备阶段

有的教师不重视合作作业的准备，认为合作作业不过是一种"教师布置＋学生合作完成"的作业形式而已，这是错误的观念。实践证明，要组织好合作作业活动，就要对合作作业进行充分准备。合作作业准备阶段的关键是要

在创造必要条件的基础上创设合适的合作作业情境。为此，教师要培育适宜于合作作业的物理环境和心理环境，让学生在师生平等、信任、尊重的环境里体验合作作业的成功与乐趣；要培养学生合作作业的技能，如人际交往技能、表达技能、查阅和整理资料技能等；把握合作作业时机，确定合作作业的问题，如仅靠个人思考或操作不全面，需要共享资源时；学生独立思考出现问题时；学生之间意见不统一出现争议时；学习任务便于分解时；重点、难点、疑点的学习内容等。

2. 合作作业阶段

当学生进行小组合作作业活动时，教师课后可以参与，解决学生合作作业遇到的困惑，对学生给予鼓励、支持和启发，搞好课后督促与处理，引导合作作业由一个阶段适时转到另一阶段，引导合作小组之间的合作与交流，督促学生以保证合作作业的效率和质量。

3. 评价总结反思阶段

当合作作业完成后，有些教师习惯不进行评价，这样做不但使这次合作作业不能达到预期目的，而且会产生持续的不良后果，学生自然会把合作作业看成是一种形式而已，在以后的合作作业中不会有太多热情，这次所犯的错误下次仍可能犯。必须重视合作作业活动的评价、总结、反思，做到"两结合、两侧重"：过程评价与结果评价相结合，侧重过程评价；小组评价与个人评价相结合，侧重小组评价。小组评价的内容主要包括小组成员差异性和互补性，小组分工合理性，小组成员组合方式，小组成员活动参与度、交流状况、互动程度、合作完成目标达成程度等。个人评价主要包括小组成员对小组任务的态度、小组成员执行合作完成任务及其完成情况、小组成员在合作作业中的表现、小组成员互助合作、小组成员对小组作业任务的贡献、小组成员是否有创新等。评价内容与评价方法都应该具有多样性，如评价要注意认知、情感、体验等目标的达成，既要重视成绩又不忽视问题，既要注意表现积极的学生又要注意表现不积极的学生，可采取教师评学生、组长评组员、组员评组长、学生自评、学生互评等多种评价方法。经过评价、总结、反思，可为新一轮合作作业提供启迪。

合作性作业组织形式以合作为核心，目标在于通过合作作业，培养学生创造性思维品质、合作意识与技能，促进学生主体性和社会化发展。对于教学来讲，只有愿意学才能学得好。只有满足学生对归属感和影响力的需要，学生才会感到学习是有意义的，才会愿意学，才会学得好。基于以上认识，我们将合作作业建立在满足学生心理需要的基础之上，使课后作业活动带有浓厚的情意色彩。

从合作性作业的整个过程看，其情感色彩渗透于作业完成的各个环节之中。尤其是在小组合作活动中，小组成员之间可以互相交流，彼此争论，互教互学，共同提高，既充满温情和友爱，又像课外活动那样充满互助与竞赛。同学之间通过提供帮助而满足了自己影响别人的需要，同时，又通过互相关心而满足了归属的需要。在小组合作活动中，每个人都有大量的机会发表自己的观点与看法，倾听他人的意见，使学生有机会形成良好的人际技能，当学生们在一起合作融洽、工作出色时，他们学到的就会更多，学得也就更加愉快，由此可以实现认知、情感与技能教学目标的均衡达成。

另外，教师设计合作作业应注意人际交往的技能目标，并将之作为一种重要的教学目标予以遵循和追求。在以往的作业完成过程中，教师通常十分重视学术性目标，而往往忽略学生合作交往技能的训练与培养。而在合作性作业中，对学生进行合作技能的教授与训练是一个很重要的组成部分。

以下呈现两个合作性非书面作业的设计案例及分析供大家参考。

 案例一

语文学科《草船借箭》非书面作业设计

（一）教材分析

《草船借箭》是人教版五年级下册第五单元的第19课。本单元主题是在我国浩如烟海的文学、历史名著中，有许多栩栩如生的人物、引人入胜的故事正等着我们去亲近，去感受，去细细品味。我们学习本组课文，要理解主要内容，感受人物形象，体验阅读名著的乐趣。

（二）学情分析

五年级的孩子，已经具备一定的阅读能力和思维能力。在学习《草船借箭》这篇文章时，因为它只局限于一个小故事，学生往往不能全面理解文章的内涵，还需要了解更多和本故事有关的背景，从而知道事情的来龙去脉，

所以我们要锻炼孩子的语文实践能力。

（三）设计理念

这篇课文是根据我国著名古典历史小说《三国演义》中"草船借箭"的有关情节改写的。加之《三国演义》电视连续剧不断热播，课文中所讲的故事情节知晓度高，学生及家长在相关故事的基础上可以有更大的拓展联想空间。

（四）非书面作业设计

学习《草船借箭》这篇文章时，我们了解了故事的起因、经过、结果，还认识了诸葛亮、周瑜和鲁肃，还想了解更多和本故事有关的背景，从而知道事情的来龙去脉吗？请学生按照5~6人一组展开合作，收集相关资料，编写一张有关三国内容的小报。

（五）作业总结

安排这样一个开发合作性的课后作业，我们希望学生们可以充分利用现有资源，联系课文内容充分调动和培养学生的语文实践能力。一周后，学生上交了8份小报。这些小报内容充实，形式多样。有"人物介绍""三国成语""三国歇后语""精彩故事""人物评说"等许多小栏目。同时，还有学生展开了对"诸葛高是怎样将计就计惩治了曹操和周瑜的？除了这种方法，还有没有其他的方法？"这一问题的研究。学生通过搜集资料讨论、画地形图等方式的合作分析，进一步深入理解了诸意亮的聪明机智。

这样，学生通过小组合作，把收集到的资料加以整理归类，共同编报，交流、共享了自己获取的信息，加深了对故事人物的认识，丰富了自己的知识。同时，促使学生在轻松愉悦、合作交流的过程中增强文学素养，塑造健全人格。

案例二

英语学科 Unit 1 My day ____ Your timetable 非书面作业设计

（一）作业呈现

课题	Unit 1 My day ____ Your timetable	课时数：3
作业类型	作业内容	设计意图

续表

课题	Unit 1 My day ____ Your timetable		课时数：3
基础性作业（必做）	1. "一寸光阴一寸金，千金难买寸光阴。"时光宝贵，为了我们每天能更合理地安排学习和生活，这次请你做自己的小助理，设计一张作息时间表，合理安排自己的生活和学习，养成良好的学习习惯和健康的生活习惯		让学生学会梳理一天的日常生活，清晰地了解自己的每天是怎么度过的
	2. 你的作息习惯健康吗？请用英文讲述一下你的作息安排 开头：I have a healthy/an unhealthy life. I get up at……		鼓励学生合理安排自己的作息时间，养成良好的学习生活习惯
	3. 请和你的同伴4人为一组，循环进行问答训练。A问B "When do you usually…?" B回答后问C，C回答后问D，以此循环		鼓励学生大胆说英语，培养学生的语言综合运用能力
拓展性作业（选做）	1. 请用英文采访你的同伴，询问对方的作息时间，填写下表 Ask and write Ask about your partner's timetable. get up 6:00 a.m. do morning exercises 7:00 a.m. eat breakfast 8:00 a.m. have – class eat lunch ____ play sports eat dinner ____ go to bed		通过采访，进一步实现知识的运用
	2. 请向你的家人讲述你的生活作息安排，并请他们给你提出好的建议		让家长更好地了解孩子并鼓励学生养成良好的生活作息习惯

（二）适用对象

本单元作业内容取自人教版五年级下册英语教材，作业设计对象是五年级的学生，他们已经学过两年多的英语，已经有一定的语言基础。教材内容与学生的生活实际紧密联系，趣味性很强。设计的作业应遵循五年级学生的身心发展规律。本单元的作业设计了基础性作业和拓展性作业，注重了学生的个体差异性和因材施教。

（三）设计目的

本单元主题为"My day"，讲述的是一天的时间安排，描述日常学习生活安排及周末活动安排。本单元设计的课时作业分为两个部分 Part A Your timetable/Part B What do you usually do on the weekend? 在 Part A 以时间表为关键词，讨论一天的生活学习安排，设计的基础性作业包括制作自己的时间表，这项作业旨在让学生学会梳理一天的日常生活，清晰地了解自己的每天是怎么度过的。同时就自己的时间安排发表自己的观点，分析自己的作息习惯是否健康，鼓励学生合理安排自己的作息时间，养成良好的学习生活习惯。另外鼓励学生大胆地说英语，将课堂所学的常用表达及时消化吸收，运用于生活实际，培养学生的语言综合运用能力。在拓展性作业部分设计让学生采访其他同学的时间安排，以进一步实现知识的运用。同时通过向家长讲述自己的生活作息习惯让家长更好地了解孩子并鼓励孩子养成良好的生活作息习惯。在 Part B 的基础性作业部分，设计让学生表演动作来猜的游戏任务简单有趣，可帮助学生在轻松愉悦的环境中掌握知识。同时，通过讲述 Robinson 一天的生活安排让学生学会运用思维导图来概括内容，培养学生的语言组织能力和思维判断能力。通过询问同学们的周末活动安排增进学生之间的交流，培养学生的语言表达能力和合作能力。在拓展性作业部分设计让学生唱歌给家长听，以培养学生大胆说英语的能力，也让学生能够在与家长的交流过程中增进家长与孩子之间的感情。用书信讲述自己一天的时间安排帮助学生梳理知识，实现知识的内化，提高语言的综合应用能力。

（四）反馈分析

这个单元的学习内容是以一天的生活学习安排为主线，学习一些重点的词汇和常用表达语句。在 Part A 部分以学习描述每天的生活安排为重点，这是与学生的生活实际相联系的，能够激发学生的学习兴趣，学生的接受能力强，在设计的各项学习活动中，逐渐掌握所学的知识。Part B 部分以讲述周末的活动安排来实现知识的正向迁移，将所学的知识应用到更为广泛的话题，在活动的过程中培养学生的综合语言运用能力，提高学生的逻辑思维能力、语言表达能力和交流合作能力。通过作业反馈，可以了解到学生最近的生活作息情况，能够及时帮助学生调整他们的作息习惯，促进他们养成良好的生活学习习惯。

（五）教学建议

1. 在交流合作的活动中，增强学生主动性，友好大方，积极乐观。

2. 在调查活动中，注意方式方法，结合所学的知识，合理运用。

3. 创造合适的语言环境和情境，让学生能够身临其境感受语言的内在文化，提高英语学科素养。

4. 家校合作，促进学生与家长之间的沟通交流，营造好的学习环境。

操作型作业

所谓操作型作业，是指一种让学生通过看一看、量一量、测一测、比一比、拆一拆、算一算等实际操作活动与手段，获得解决问题所需要的数据、现象、模型或实物等信息，从而使问题得以解决的作业。这种作业有利于促进学生的直观形象思维向抽象逻辑思维转化，有利于培养学生的动手操作能力和创新精神。

《基础教育课程改革纲要》中对课程改革的目标作出了明确的规定："要改变机械训练的现状，倡导学生主动参与、乐于探究的学风，培养学生获取新知识的能力、分析和解决问题的能力以及交流与合作的能力。"作业设计的初衷和最终目标应该是让作业更加开放，实现课内外联系，校内外沟通，学科间融合，让作业成为培养和发展学生能力的一座桥梁，优化学习环境。

操作型作业的设计要遵循以下原则：

1. 开放性原则

学习不仅局限于学校、课堂，学习的环境应该是开放地突破校园和教室的边界。到大自然中走走，赏心悦目，有感而发，是文辞迸发的根本；奔走于大街小巷，广告、标语、招牌，那是简略的表达；与亲友围坐电视机旁边，欣赏电视节目，那是有声学习；与三五伙伴争得面红耳赤，滔滔不绝，又何尝不是学习？操作型作业就是要突破课堂的学习，让学习延伸到课外。

2. 兼容性原则

操作型作业应该是糅合语文、数学、美术、音乐、信息技术等多种学科的兼容作业。在朗读时配上优美的乐曲，可以使学生更好地体会语言文字的韵律美和节奏感；来一次社会调查，可以锻炼学生口头表达能力的逻辑性和严谨性；搜集资料，可以开阔学生的眼界；唱一首励志的歌曲，可以感知语言文字的精华,激起学生热爱祖国、热爱生活、勤于学习的积极精神。

3. 科学性原则

操作型作业运用一切可以帮助学生学习的材料,提高听、说、读、写、思等运用语言文字的能力,但操作型作业是作业,不是消遣,更不是玩闹。作业中可以有娱乐的成分,但不能用娱乐取代作业。欣赏一首歌曲,重在感受旋律,感受歌词带给个人的冲击,这是艺术行为,操作型作业重在感受歌词的准确性、韵律美,感受词韵的主体思想。操作型作业的设计要遵循科学性原则。

4. 趣味性原则

相对于机械重复的抄写等书面作业,操作型作业重视动手、动脑、动口,多感官并用,使学习变得更具趣味性。

案例一:小小设计师——《轴对称图形》作业设计

案例内容:人教版数学二年级下册第4单元《轴对称图形》

一、教材分析

自然界和日常生活中大量的轴对称物体为学生的认知奠定了较强的感性基础,学生已经学习了平面图形的特征,形成了一定的空间观念。课本的内容就是要在这些感性基础上建立起轴对称图形和对称轴两个概念,为学生以后学习其他的空间图形打下基础,并在学习过程引导学生去发现和创造生活美。

二、作业目标

1. 能正确运用轴对称图形的知识解决简单的实际问题。

2. 体会对称轴的作用,进一步深化对轴对称图形的认识。

3. 在动手操作中进一步感受轴对称图形的魅力,感受生活中的数学美。

三、设计思路

二年级学生活泼好动,对探究活动有着较强的兴趣。课堂上,学生通过欣赏、观察各种图案已经理解了什么是"轴对称"图形。设计此项作业,把美术学科与数学学科有机结合起来,让学生在剪纸的活动中感受轴对称图形的魅力所在,使学生的学习具有形象性、趣味性,培养学生的观察、动手能力和勇于探索、自主学习的精神。

四、作业设计

1. 作业内容：动手剪一剪自己设计的轴对称图形。

2. 作业要求：先找一张干净的彩纸，折一折，找准对称轴，沿着对称轴画出你最喜欢的造型，再剪下来打开。

3. 设计意图：在《义务教育数学课程标准（2022版）》中明确提出："培养学生核心素养，会用数学的眼光去观察。"通过让学生动手剪一剪自己设计的轴对称图形，鼓励学生用数学的眼光去观察、感知轴对称图形的特点，激发学生的学习兴趣，在学中玩，在玩中学，在玩中悟。

五、作业评价

清晰的折痕，完美的对称，原来数学作业也可以这样美！对照下面的评价标准，在完成作业之后，同学们可以通过下面的评价表，和教师一起完成自评表。（注：每一项完成后可得一星，完成质量较高或有创意的可得三星）

作业内容	评价标准	自评（涂星）	教师评（涂星）
轴对称创意手工	1. 知道什么是轴对称图形	☆☆☆	☆☆☆
	2. 能剪出简单的轴对称图案	☆☆☆	☆☆☆
	3. 作品具有创意和想象力	☆☆☆	☆☆☆

六、作业展示

七、案例反思

新课标指出:"有效的数学学习活动不能单纯地模仿和记忆,应该是动手操作、自主探究与合作交流的方式。"本次作业属于手工制作,低年级学生很喜欢手工作业。从提交的作业来看,学生全部参与,说明学生对手工作业很感兴趣,行动力较强。学生提交的作业也出现了不少问题,例如半个人、单独的一个一个的人、头掉了、脚没分开等。学生通过生生互动,明白先要观察图形的特点再来动手会更准确。在纠错中成长,避免犯同样的错误。从作业提交的质量来看,女生设计的图形更美、剪纸更精细美观,说明在剪纸设计上女生比男生心灵手巧;从图形的设计效果来看,有的同学剪出来的实际效果跟设计的相差较大,是因为没有充分利用轴对称图形的特点。所以轴对称图形知识不仅要认识,还要达到理解掌握运用水平。学生通过在活动中互动交流,明白了先要观察图形的特点再来下手会更准确。在纠错中不断成长,避免犯同样的错误,注意归因训练,同时理清思路,这对后期的学习有更大的帮助。

 案例二:《别致的小花瓶》

案例内容:人美版三年级美术下册第 8 课

一、教材分析

本课属于"造型·表现"领域的课程。本课重在学习陶艺的几种造型技法,如拉皮成型法、泥板成型法、手捏成型法、盘条成型法等,让孩子们能够运用学到的技法,制作一个别致的小花瓶,并将其运用到美化生活的活动中,提高其审美能力。

二、作业目标

1. 掌握泥条成形的方法和装饰手法,并制作出新颖美观的小花瓶。

2. 学生在观察、欣赏、体会、探究的过程中,运用比较、交流、讨论等方法,用泥条成型的方法制作出造型别致的小花瓶。

3. 在创作中感悟陶艺作品的美感,体验泥塑制作的乐趣,形成良好的审美取向,能将所学用于美化生活,表达对生活的热爱之情。

三、设计思路

在本课教学中,为了在有限的时间、空间内尽可能地给学生提供更多、更直观的资料,教师展示了大量的图片,拓宽学生的思维,引导学生创新,提高其审美能力。通过观察、小组讨论、教师演示,让学生更直观地了解陶艺的几种制作技法。教师让学生准备了一些塑料瓶作为骨架,然后裹上双面胶,让学生用彩色橡皮泥为塑料瓶装饰,制作一个别致的小花瓶。

四、作业设计

1. 作业内容:掌握泥条成形的方法和装饰手法,分小组合作制作出新颖美观的小花瓶,用来美化生活。

2. 作业要求:学生在本堂课中,学习了最初的涂鸦法制作花瓶,使学生在不知不觉中得到玩泥巴的快乐。新的基础教育理念要求课堂焕发出师生的生命活力,如何使学生在每一堂课中兴趣盎然,通过美术教学活动去唤醒他们对生活的感受,引导他们用基础的艺术形式去表现他们内心的情感,陶冶情操,提高审美能力,达到认识、操作、情感、创造的整合,值得我们每一位美术教师去研究与探索。

3. 设计意图:本课主要放在了开放、沟通、合作上,进行探索与实践。师生通过相互提问,沟通思想,交流情感,启迪智慧。营造自由、民主、和谐的教学氛围,还给学生无拘无束的学习空间,本课给学生们充分活动和表现自我的机会,特别对小组合作能力的提高也有很大的帮助。

五、作业评价

学生完成作业后,教师可根据下面的评价标准,给学生的作品打分。(注:每一项完成后可得一星,完成质量较高或有创意的可得三星)

作业内容	评价标准	教师评（涂星）
别致的小花瓶	1.能够掌握泥条成型的方法和装饰手法	☆☆☆
	2.能够独立制作出小花瓶	☆☆☆
	3.作品具有创意、新颖别致	☆☆☆

六、作业展示

七、作业总结

《别致的小花瓶》是属于"造型·表现"领域的课，通过让学生欣赏图片，提高他们的审美能力和人文素养。在本课课堂教学中积极提倡开放、沟通、合作的学习环境，但学生在课堂上的开发性思维显得薄弱，当提问"你有什么更好的想法时"，学生回答的还是以老师课堂上所教为主，说明思维的解放不是一朝一夕能达到的，是个长远的过程，需要师生共同努力，今后在课堂中要积极提升学生的互相沟通能力，给学生彼此交流的空间，让学生彼此分享好想法。根据学生的学具准备情况积极提倡小组合作学习，围成一个小桌制作，或者独立个人创意制作，总之互相协作，特别对小组合作能力的提高、团队合作能力的养成有很大的帮助，独立创作对创新性思维有特别意义。在制作过程中，发现学生制作的速度比较慢，与想象中有差距。在总结之前，大部分造型有个人特色、互相不雷同、具有创意，有几个小组完成作品已近结束，还有个别同学在揉搓时不熟练，动作显得稚拙，说明平时缺少动手的锻炼机会，以后要加强动手能力的训练，注意这方面的引导。

八、案例反思

1. 围绕课标，落实要求

《义务教育美术课程标准（2022版）》中课程设计思路之一"以美术学习活动方式分学习领域，加强综合性和探究性"，清楚地表述出美术学科教学要与其他学科进行整合。新课标指出"美术课程特别设置了'综合—探索'这一新的领域。'综合—探索'学习领域提供了上述美术学习领域之间、美术与其他学科、美术与社会等方面相综合的活动。"本案例中"制作一个花瓶，美化我们的生活"非书面作业就很好地贯彻了新课标的要求，将跨学科学习融入非书面作业设计中。

2. 美术教育，科学奠基

《有趣的瓶子》是三年级下册的内容，从教学目标可知，学生要"掌握泥条成型的方法和装饰手法，并制作出新颖美观的小花瓶"。制作过程中学生须得学会成型法、盘条成型法、泥板成型法等陶艺技法，教师将重心掌握作为非书面作业难点之一，而重心掌握已不是美术学科的内容，它属于物理学科知识。小学阶段还未开设物理学科，但从一年级即开设科学学科，重心掌握与科学学科密不可分，学生要想制作一个设计感突出，立体感十足的陶艺花瓶，那么重心必须掌握，学生需要不断尝试、探索"物体重心"所在，方能制作出精美的花瓶。

3. 臻于至善，实现发展

非书面作业目的在于巩固、加强学生对所学知识的理解和掌握。对于教师而言，布置非书面美术作业是教学的一个重要组成部分，科学世界充满神奇与奥秘，学生天生拥有好奇心，在设计美术非书面作业时，顺应学生的天性，融合科学原理，将大幅度提升学生学习美术、科学学科的兴趣。案例中教师的设计合适而成功，从学生完成情况可知，学生既学会了陶艺的搓泥技能，也掌握了科学学科的重心把握，学生的知识素养得到全面发展。

观察性作业

观察是认识的起点，是学生获取知识的源泉。观察，是有目的、有计划的知觉活动。观，指看、听等感知行为，察即分析思考，由此，观察不止是视觉过程，还是以视觉为主，融其他感觉为一体的综合感知、认识、思考客观事物的活动，而且观察包含着积极的思维活动。

观察性作业是一种重要的非书面作业形式，通过观察和记录现象、事件或对象的特征和变化，培养学生的观察力、分析力和批判性思维。观察性作业可以涵盖各个学科领域，从自然科学到社会科学，都可以通过观察性作业来促进学生的学习和发展。

观察性作业在学生的学习与发展中具有重要的意义。

首先，观察性作业可以培养学生的观察力和注意力。观察是获取信息和理解世界的重要途径，而观察性作业可以锻炼学生的观察能力。通过观察细节、形状、颜色、变化等，学生可以更加敏锐地感知和捕捉周围环境中的细微变化。观察性作业可以要求学生仔细观察和描述物体、生物、自然现象等，从而培养他们的观察力和注意力，提高他们的感知能力和细节思维能力。

其次，观察性作业可以促进学生的分析力和批判性思维。观察不仅仅是看到事物的表面，还需要学生对观察对象进行深入的分析和思考。观察性作业可以要求学生分析和解释观察到的现象、事件或对象的原因和特征，培养他们的分析力和逻辑思维能力。学生需要观察并提出假设，然后进行实验或进一步观察来验证假设，这样可以培养他们的科学思维和实证研究能力。通过批判性思维，学生可以对观察结果进行评估和推理，提出合理的解释和结论。

再次，观察性作业可以促进学生的实践能力和探究精神。观察性作业鼓励学生亲身参与和实践，通过实际操作和观察，学生可以深入了解现象和事物的本质。观察性作业可以要求学生进行实地考察、实验观察、调查研究等活动，让学生亲自去观察和体验，积极主动地参与到学习中去。通过实践，学生可以巩固和运用所学的知识，提高他们的实践能力和解决问题的能力。

从次，观察性作业可以培养学生的表达能力和沟通能力。观察性作业要求学生将所观察到的事物或现象进行描述和记录，这需要他们用准确和清晰的语言来表达自己的观察结果。观察性作业可以要求学生编写观察报告、制作观察日志、拍摄观察视频等，让学生有机会锻炼自己的写作、口头表达和视觉表达能力。同时，观察性作业还可以促进学生之间的交流和合作，通过讨论和分享观察结果，学生可以相互借鉴和学习，提高他们的沟通能力和合作能力。

最后，观察性作业可以培养学生的创造力和想象力。观察不仅仅是对已知事物的记录和分析，也可以激发学生对未知事物的探索和想象。观察性作业可以鼓励学生提出问题，寻找答案，从而培养他们的创造性思维和想象力。学生可以通过观察和思考，提出新的观点、假设或解释，挑战现有的知识和观念，激发他们对学科的兴趣和探索的欲望。

作为教师，应该合理设计和布置观察性作业，为学生提供丰富的观察和实践机会，让他们通过观察发现世界，发展自己的学习能力和素养。

以下呈现几个语文学科观察性非书面作业的设计案例及分析。

案例一

语文学科《金色的草地》非书面作业设计

一、教材分析

《金色的草地》是统编版三年级上册语文第五单元第16课内容。本单元的主题是让学生体会作者怎样留心观察身边的事物，仔细观察，把观察所得写出来。《金色的草地》一课为学生展现了一幅俄罗斯金色草地的美丽画卷，带学生体会到大自然给予孩子们的快乐，同时，文章还向学生传达了要勤于思考、认真观察大自然的理念，旨在激发学生热爱大自然，增强主动观察自然、了解自然的意识。

二、学情分析

三年级学生对于外界事物充满了好奇心。在二年级时，学生已经有了观察"玩具"的写话经验，因此对于观察某种事物是不陌生的，但是让学生学会通过"观察五法"——"看、听、闻、尝、触"多角度观察以及连续观察事物变化，还是首次接触。因此，在本节课的作业设计中要让学生意识到事物的变化需要通过持续不断地观察才能发现，从而引导学生留心身边的事物，连续观察并做好相应的记录，以此发现大自然无穷的奥秘。

三、设计理念

学生通过本节课的学习，体会作者对蒲公英的喜爱之情，同时让学生意识到大自然中还有很多如蒲公英一般变化的事物，增强学生对大自然的热爱之情，感受大自然带来的乐趣，激发学生善于观察身边事物变化的兴趣，培养学生与大自然息息相通、相融相合的美好情感。

四、非书面作业设计

我有一双慧眼

只要我们在生活中稍加留意，就会发现身边很多事物都是变化着的。如：向日葵会朝着太阳转动；含羞草被触碰后会"害羞"地低下头……在生活中，你留心观察过哪些事物的变化？回家选择一种事物仔细观察，刚开始是什么样的？接着有什么变化？后来又变成什么样了？观察完后和同学们交流，评一评，谁有一双慧眼。

五、作业总结

苏霍姆林斯基说过："观察对于儿童之必不可少，正如阳光、空气、水分对于植物之必不可少一样。"本次作业设计让学生去观察并交流大自然植物的神奇之处，对课文进行二次拓展，让学生体验发现和探索的乐趣。教师引导学生对生活进行观察，这种习惯要从低年级抓起，才能在长期的培养中形成学生自主观察身边事物的好习惯。

 **案例二**

语文学科《写观察日记》习作非书面作业设计

一、教材分析

《写观察日记》是统编版小学语文四年级上册第三单元的习作。本单元的语文要素是"体会文章准确生动地表达,感受作者连续细致地观察,进行连续观察,写观察日记",本单元在三年级上册第五单元"留心生活,细致观察事物"这一语文要素的基础上,进一步引导学生学习连续观察,写观察日记。本设计围绕"进行连续观察,学写观察日记"这一习作要素展开,将项目化习作任务贯穿始终,同时,本设计注重单元整体教学,将阅读教学、写作教学整体规划,有序推进,依托阅读教学,明确观察方法。

二、学情分析

四年级学生的思维能力和观察能力都处于高速发展的时期,根据课程改革要求,教师要积极给予学生启发、点拨,创设一个轻松和谐的学习环境;充分调动学生参与的积极性,尽可能满足学生对未知事物的探索性和表现欲,让他们在完成观察作业的同时展示自己的观察成果,从而体会到成功的喜悦和成就感。

三、设计理念

本次作业设计的目标是让学生了解绿豆生长的几个阶段,明白种子发芽需要一定的条件。也让学生通过观察,用拍照、绘画、记录单等方式记录绿豆生长的全过程,从而养成学生连续观察大自然的习惯,为本次习作做好扎实的铺垫。

四、非书面作业设计

本次观察性作业设计需教师对学生提出连续观察的要求——在观察前,学生可提前选择用拍照、绘画、记录单等方式记录绿豆生长的全过程。

第一天:做好准备工作,准备20粒左右的绿豆;一个容器;一块纱布。将绿豆装在容器中,浸泡在冷水里,静待一晚。

第二天：观察绿豆经过一夜的浸泡有何变化。晚上将容器里的水倒掉，铺在湿润的纱布上，保持一定水分，期待明天的变化。

第三天：继续观察绿豆的变化，为已经发芽的绿豆洒上一些水，使它保持湿润。

第四天：继续观察绿豆直到它变成豆芽。

 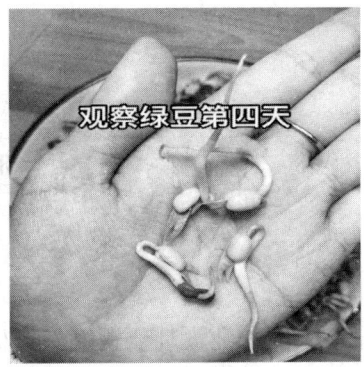

将学生本次观察性作业设计之后，学生进行习作的成果分享给大家，从作文中的字里行间可以感受到学生对观察绿豆的兴趣很浓烈。

五、作业总结

本次观察性非书面作业，极大地提高了学生对习作的兴趣。教师引导学生观察绿豆变化，并将自己观察所得用自己喜欢的方式记录下来，积累生活素材。通过观察，培养学生良好的观察习惯和勇于实践的探究精神，使学生的学习不唯课堂和教材，让世界万物都能够成为学生学习的素材。等到学生开始写观察日记时，就会有素材，也愿意将自己这几天的劳动成果通过手中的笔分享给更多的人。

实践型作业

小学实践型作业设计要遵循新课标的教学要求，坚持以学生为主体，设计多样化的作业内容，帮助学生巩固所学知识，在积极开发学生智力的同时，还要培养学生良好的综合实践能力。课程学习的最终目的是更好地应用知识，因而教学实践意义非常重要，教师需要通过实践型作业引导学生解决学科问题，提升应用能力。在作业设计方面我们也要根据学生的特点进行合理布置，以期达到最佳的效果。

我国教育家与学者陶行知以传统数学教学模式为出发点，提出传统教学过程中存在的不足，提倡在教学中提高学生的实践能力，笔者认为这种实践能力不仅仅局限于从某一学科出发，我们可以试着融合多学科、多角度去思考。让学生在完成实践型作业的同时可以落实"做中学、学中做"，让他们学有所获、做有所思。教师在教学过程中应增加实践型教学活动或者实践型作业，让学生可以拥有更多实践操作的机会，通过亲手操作了解数学现象，总结数学规律，加深对教材知识的理解程度，从而更好地理解知识内容。

因此，教师设计小学数学实践型作业时必须注重学生实践作业的完成过程，以此促进学生实践能力与逻辑思维能力的提高，从而培养小学生的数学学科思维。小学实践型作业设计是为了帮助学生更好地理解吸收各学科知识，并且内化成为自己的实践技能，教师需要根据学生的具体情况设计合理的实践型作业，学生通过实践操作能够加深对知识的认知，提升所学知识的实践应用能力。以下两份实践型作业案例可供参考。

实践型作业案例一

综合实践类作业：引导学生发现生活中的数学
——《一起比一比，谁的小葱长得高》作业设计

一、学习内容

人教版数学五年级下册第七单元折线统计图

二、作业目标

1. 体会折线统计图的特点和优势，能加深对复式折线统计图的认识。

2. 感受统计与生活的密切联系，能认识折线统计图反映的现实意义，会根据数据的变化合理地进行预测，增强数据分析观念。

3. 采取可行的个性化方式，学生能自主发现问题、解决问题、合理推测，在交流合作中促进个性发展，提升综合素养。

三、设计理念

这一类作业旨在通过围绕某一主题设计布置作业，使学生通过观察、体验、合作、探究等途径在生活化的情境中学习知识、提升能力，不断积蓄成长的力量。以人教版五年级下册第七单元《复式折线统计图》教学内容为例，本单元的作业设计，重点落在以"比比谁的小葱长得高"为恰当的主题切入点，创设生活化情境。教师以情境为逻辑起点，沿着知识习得、思维发展、能力提升和素养培育的路径规划作业排布，旨在引导学生在实地测量、画统计图表、完成研究性报告的过程中，充分体会数学的乐趣。实现数学教育不应该是培养解题高手，而是启迪培养学生用数学语言表达世界、用数学眼光观察世界、用数学思维思考世界、用数学能力解决生活中的问题。

四、实践时间

4周左右

五、作业内容

（一）研究主题

做菜时小葱是常见的食材，你注意过小葱的生长过程吗？请一起完成学习活动，让我们比比看，谁的小葱长得高？

（二）研究任务

在家里开展实验并完成相应的数据收集、整理，总结出小葱的生长条件，并选择喜欢的方式呈现出你的研究成果。

（三）研究方法

1. 提出你的问题

为了完成这项活动，请大家预设出你的问题和解决问题的方案。

2. 解决你的问题

可以自己去菜市场买一些小葱回来，分成三份。首先剪下可食用部分，留下健壮的葱段（6厘米左右），再分别种在三个花盆里，其中一盆放水，两盆放土。将种在土壤里的两盆小葱分别放在阳光下和房间里。

（1）记录小葱的生长。种在水中的小葱可以看到根须的生长。从第二天开始，测量并记录一个星期根须的生长情况，完成下面的记录表。（可以根据记录表制成统计图）

时间 内容	第2天	第3天	第4天	第5天	第7天	第8天	第9天	第10天
根须长（mm）								

你的小葱第几天开始长出根须？了解同组同学的小葱生长情况，分别是第几天开始长出根须的？你和同组同学的小葱，第3天和第6天的根须长度是多少？分别计算出平均数。

（2）记录葱叶的生长。从第6天开始，每两天一次，测量放在阳光下和房间里的两盆小葱长出的最长葱段，完成下面的记录表。（可以根据记录表制成统计图）

时间 内容	第6天	第8天	第10天	第12天	第14天	第16天	第18天	第20天
阳光下最长葱段（mm）								
房间里最长葱段（mm）								

①在阳光下和房间里，小葱的生长变化有什么相同点？

②比较图中每组数据的差,说说差的变化有什么特点?
③从数据中,你还能获得哪些信息?
④回顾反思:回顾观察记录的过程,你有什么体会?

3. 总结你的发现

如何让"小葱长得更高",请结合实验过程、通过查找网络资料、请教家人等途径,从光照、温度、水分、土壤等角度进行分析思考,试着写一写研究报告。

4. 分享你的成果

用你喜欢的方式,呈现你的研究成果。(数学思维导图、数学日记、小作文等)

5. 学生反馈方式

①自主活动方案。
②小葱生长的统计表。
③小葱生长的统计图。
④小葱的生长观察日记(可以配上照片)。
⑤小葱可以做成哪些美味(如小葱拌豆腐、小葱炒鸡蛋等)?
⑥小葱的营养价值。

六、作业评价方式

综合实践类的数学作业的设计与评价不仅要体现数学知识,更要体现新课程标准下的数学素养。我们的作业评价主要从"知识性、趣味性、创新性、思维性"这四个维度进行考量。

知识性评价——目的是测量学生对学习内容的掌握是否达到了要求。

趣味性评价——目的是测量学生在作业中情感态度的感知程度。

创新性评价——目的是测量学生的创造性和创新性。

思维性评价——目的是测量学生在活动中的数学思维培养。

学生作业评价表

	自评（3分）	组评（3分）	师评（3分）	总评（9分）
知识性：体现已学的数学知识	（　　）分	（　　）分	（　　）分	（　　）分
趣味性：活动、生动有趣、吸引人	（　　）分	（　　）分	（　　）分	（　　）分
创新性：情节有意义，富有数学味	（　　）分	（　　）分	（　　）分	（　　）分
思维性：能够培养学生数学思维	（　　）分	（　　）分	（　　）分	（　　）分
总计得分（满分36分）	（　　）分			

七、作业实施效果分析

相对其他类别的作业，综合实践型作业更能体现以下几个方面的价值追求。

（一）指向探究创新

综合实践型作业通过创设生活化情境，以在真实情境中生成的问题为核心，从生活出发，引导学生"提出问题——分析问题——解决问题"。相较于传统作业，综合实践型作业更有助于使学生形成持续的、自主学习的内驱力，逐步提高学习的效率，进而创生智慧，形成良好的数学素养。教师要注意在主题类作业中运用情境、范例、作业单、评价量表等形式铺设支架，引导学生循序渐进，不断进行自我挑战，提高提出问题和解决问题的意识与能力。

（二）指向实践操作

如果说问题是学习的起点，那么实践就是知识和经验的源泉。在能力培养层面，主题类作业通过多样的形式唤醒学生的感官与心灵，使其全身心地投入作业的全过程，提升感知力、合作力、执行力，进而培养学生的综合实践能力。

（三）指向多元表达

综合实践类作业没有唯一的、标准化的答案，在表达的内容和方式上都不设限，鼓励学生在作业的全过程中用自己喜欢或擅长的方式进行开放性的多元表达，既表达自己，也倾听、欣赏他人，从思维发展、观点形成、个性塑造和人际交往等多个方面促进学生的全面发展。

八、案例反思

综合实践类作业设计时需要在小学数学新课程标准细化目标的基础上，充分考量并遵循以下原则：

（一）整体性

教师在进行综合实践类作业设计时，应聚焦本学科核心素养和学段要素水平，对某一阶段的各项目目标进行梳理、提炼、重构和"包装"，选取合适的切入点，设计能够承载综合实践能力、核心素养等培养任务的主题。

（二）层次性

综合实践类作业是一种由多个作业组成的"长作业"形式，具有较强的时间和空间张力。因此，教师要在设计各项作业的排布上花心思、下工夫，力图覆盖学生本阶段学习经历的全过程。

（三）多样性

教师应当考虑作业内容与形式的多样性，让每个学生都能在完成作业的过程中找到自己的兴趣点、特长点和发展点，体现学生的主体地位，以期最终实现他们各项能力的全面提升。

总之，在综合实践类作业设计与实施中，要充分考量、遵循以上原则，聚焦核心素养，与学生生活实际相关，实现探究性、实践性、多元性和创新性等价值追求，为学生的成长不断积蓄力量，为他们的成长提供更广阔的平台！

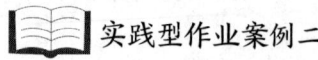 实践型作业案例二

道德与法治《我们的校园》非书面作业设计

作业呈现

《我们的校园》

第一课时

1. 作业内容

◇ 作业1 我是小小密探员

校园大揭秘

开学有一段时间了,但是可能还有一些小朋友不太了解学校,今天我们就来扮演密探员,设计好路线,一起去探究我们的校园吧!

探秘要求

- 3~4人一组,选出组长,可邀请一名高年级同学解说;

- 路线不少于三处,有礼貌,保持安静,多种方法观察;

- 多提问,勤思考,例如:这是什么场所?有什么用途?

2. 完成时间

利用课余时间,时间控制在10分钟内。

3. 设计意图

通过探秘活动,帮助学生进一步熟悉校园环境,激发学生主动探索的兴趣,逐步产生亲近、热爱学校的情感。

4. 作业评价

第一课时评价表						
	评价标准	☆☆☆	☆☆	☆	自我评价	成员评价
评价维度	路线设计	合理	较为合理	继续努力		
	问题探究	收获很大	收获较大	继续努力		
	讲文明 有礼貌	很好	较好	继续努力		
	对校园的 熟悉程度	熟悉	较为熟悉	继续努力		

《我们的校园》

第二课时

1. 作业内容

◇ 作业1 我是小小采访员

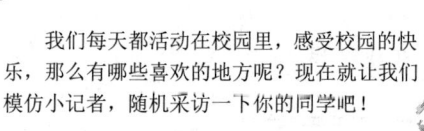

我们每天都活动在校园里,感受校园的快乐,那么有哪些喜欢的地方呢?现在就让我们模仿小记者,随机采访一下你的同学吧!

采访记录表					
小记者		被采访者		日期	
Q1:请问在校园里,你最喜欢什么地方?为什么能吸引你呢?					
Q2:你能介绍一下你的教室吗?					

续表

采访记录表			
小记者		被采访者	日期
Q3：你认为怎样做才能让我们的教室、校园更美丽？			

2. 完成时间

利用课余时间，时间控制在10分钟内。

3. 设计意图

通过交流采访，使学生逐步适应新环境、新生活，产生热爱校园的情感，同时进一步使学生认识校园设施与学习的密切关系，让学生逐步适应校园生活。

4. 作业评价

第二课时评价表					
评价标准	☆☆☆	☆☆	☆	自我评价	成员评价
评价维度					
互动环节	流畅	较为流畅	继续努力		
采访收获	收获很大	收获较大	继续努力		

《校园里的号令》

第一课时

1. 作业内容

◆ 作业1　我们一起找一找

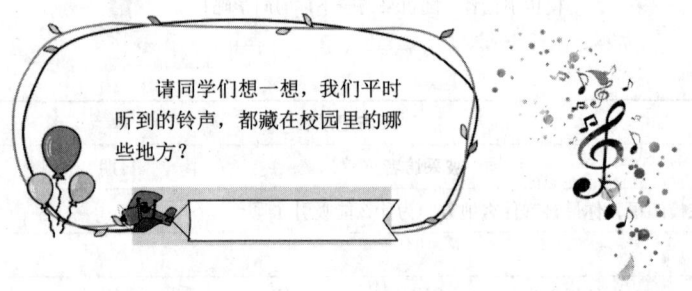

请同学们想一想，我们平时听到的铃声，都藏在校园里的哪些地方？

◆ 作业2　我是小小演员

同学们，请你们选择以下一种铃声，思考当铃声响起后该怎样做呢？让我们一起来演一演，看看谁能得到最佳演员奖？

2. 完成时间

认真思考，努力演一演，时间控制在10分钟以内。

3. 设计意图

通过寻找铃声，让学生知道铃声是从哪里来的，并爱护音响设备；通过表演，能让学生知道铃声对应的行为规范，引导学生了解为什么要做出回应，听到它们，自己应该怎样做。

4. 作业评价

	第一课时评价表					
	评价标准	☆☆☆	☆☆	☆	自我评价	成员评价
评价维度	铃声含义掌握程度	掌握	较为掌握	继续努力		

《校园里的号令》
第二课时

1. 作业内容

◆ 作业　我和我的祖国

同学们，我们学校每周一都会举行升旗仪式，但当国歌奏响、五星红旗升起时，我们要怎样做呢？请同学们回家观看升旗仪式，认真学一学。

2. 作业评价

第二课时评价表					
	评价标准	☆☆☆	☆☆	☆	自我评价	成员评价
评价维度	升国旗注意事项掌握程度	掌握	较为掌握	继续努力		

每一位教师在设计与开发课外实践型作业的时候，为了让课外实践型作业更好地服务于课堂教学，教师必须要紧扣教材教学；为了让课外实践型作业一贯地面向于全体学生，教师必须要结合学生学情；为了让课外实践型作业极大地激发学生的兴趣，作业形式必须要经常变化。

总而言之，作为一名教师，我们要紧扣教学主题、结合学生学情设计形式多样的课外实践型作业，立足课外实践型作业，激发学生学习的兴趣，提升学生学以致用的能力。

锻炼型作业

2019年，中共中央、国务院出台《关于深化教育教学改革全面提高义务教育质量的意见》，要求"突出德育实效""提升智育水平""强化体育锻炼""增强美育熏陶""加强劳动教育"。通往"五育"并举的重要途径是学科教学，而作业是连接学科教学与教育评价的有效手段。

在当前"五育"融合、"五项管理"以及"双减"政策的大背景下，虽然作业的量有所减少，但教师在布置作业时仍以智育作业为主，德育、体育、美育、劳动教育的内容偏少。那么如何合理设计作业，准确把握"五育"并举下的作业本质内涵，达到"五育"融合，非书面作业的设计就显得尤为重要了。而在众多类型的非书面作业设计形式当中，锻炼型作业作为一种新型的作业设计形式在学科领域充分发挥了教育活动综合性的作用。

一、锻炼型作业的理念和价值

什么是锻炼型作业呢？我们认为此类作业是以学生为主体，让学生在体验与实践过程中提高动手能力以及以注重创新精神为宗旨的一种作业形式。它能够帮助学生巩固知识、拓展新知识和掌握新技能，从而有效促进学生个性的全面发展。

二、锻炼型作业的设计原则

1. 趣味性原则

"双减"政策中明确要求教师在布置家庭作业时要避免机械、重复性的作业内容。小学生尚处于身心初步发展的生理阶段，自我抑制能力不足且活泼好动，因此在设计锻炼型作业时，可以设计一些趣味性较强的作业，这样的作业能激发学生的积极性，激起他们的好奇心和求知欲，让学生更加主动地完成作业。如在体育学科的作业中，学习某项运动技能可能避免不了枯燥的、重复的练习，因此教师可以采用游戏的方法，让学生在游戏中锻炼身体，掌握运动技能，让学生乐于运动，爱上运动。

2. 体验性原则

锻炼型作业强调的是学生对作业过程的体验和感受，注重学生的亲身参与，不但要让学生通过活动体验知识形成的过程，还要让学生在交流分享中得到情感的体验。如在设计音乐学科的作业中，教师无论是布置学生学唱歌曲、练习乐器还是律动舞蹈，都需要学生在实践中亲身体验音乐作品，了解音乐文化，感悟艺术之美，积极参与各种形式的音乐活动，扩大学生的音乐视野，提高学生艺术实践的能力。

3. 持续性原则

锻炼型作业突出的是学生在作业的过程中经过学习和锻炼，从而学会某项知识和技能，它体现了锻炼的持续性和长期性。如跳绳是学生十分喜爱的一项体育运动，教师在课堂上只能教会学生初步掌握正摇并脚跳、单脚跳、两脚依次跳的基本要领，学生想要习得这项运动技能，必须要进行持续性的长期锻炼，尤其是对于协调性较差的学生，学习起来就比较困难。因此，教师可以设计一张"跳绳自我挑战表"，让学生在家坚持体育锻炼，加强练习时间，在锻炼中学会跳绳，让体育运动实实在在地回归到学生生活之中，从而提高学生运动技能，促进学生身心健康全面发展。

三、锻炼型作业优化设计策略

1. 转变家长观念

一直以来，学生的成绩好坏是评价学生素质和能力的重要手段，家长认为文化课学习是孩子学习任务中最重要的部分，他们更注重孩子的学习成绩，这也是学生负担严重的主要原因。虽然"双减"政策已经落地，但是很多家长"唯分数论"的观念依然根深蒂固，只重视智育学习，认为德育、美育、体育和劳动教育的学习可有可无,没有实际作用。这就需要学校加大宣传力度,搭建家校沟通桥梁,引导家长转变固有观念,加深对锻炼型非书面作业的了解,让家长明白参与锻炼型作业的意义所在,引导家长主动带领孩子完成作业,激发学生学习的兴趣,为促进学生全面发展创造有利条件。

2.优化作业内容

教师在作业设计的过程中起到关键性的作用,锻炼型作业的内容能否有效实施取决于教师的合理设计。教师在设计作业的过程中要充分关注到学生的个体差异、不同需要以及家长的参与度,只有这样才能设计出充分调动学生参与热情、满足学生发展、促进学生健康成长的作业。教师也要不断完善自身的业务知识,提高自己的专业素养,利用丰富的知识设计出科学、合理的锻炼型作业,丰富练习的内容,创新练习的方式,平衡学习的难度,尊重学生个体的差异性,满足学生的多样需要,以达到作业设计的目的。

3.进行评价反馈

教师作业布置下去,如果没有及时地给予反馈、评价,会大大降低学生学习的积极性。设置合理有效的评价、反馈机制有助于提高作业的实施效率和质量。教师可以利用班级微信群或者手机 App 搭建家校沟通的桥梁,形成家校合力,共同监督学生作业的完成情况,并及时给予学生评价,解决学生在作业中遇到的各种问题,从而不断调整和完善作业设计。这一做法不仅能够及时检验学生的学习成果,也能够向家长展示作业成果的积极作用,以促进作业的有效实施。

 案例一

案例内容:统编版语文三年级下册第 11 课《赵州桥》

一、作业分析

《赵州桥》是一篇说明文,课文向我们描述了赵州桥的雄伟、坚固和美观,为我们呈现了赵州桥设计的意义以及中国古代劳动人民的智慧和才干,并从建筑艺术的角度介绍了优秀的中华传统文化,渗透了民族自豪感和爱国情感。因此,学生在学习理解了赵州桥雄伟、坚固、美观的建筑特点以及作用后,教师可以设计"五星小导游"的活动,让学生化身小导游向大家介绍

赵州桥,这样既加深了对课文的理解,培养了学生重组信息的能力,又锻炼了学生的语言表达能力。

二、作业呈现

同学们,学完了《赵州桥》这一课,我们不仅了解了赵州桥的雄伟、坚固和美观,还体会到了中国古代劳动人民的智慧和才干。你们想把这一伟大创举介绍给更多的小朋友们吗?那就请你来当小导游,向大家介绍赵州桥吧!

三、作业目标

1. 了解赵州桥的建造特点及其作用。
2. 能准确清晰地向大家介绍赵州桥的建筑特点和作用。
3. 体会我国劳动人民的智慧和才干,增强民族自豪感。
4. 介绍时做到语句连贯、态度自然大方。

四、作业展示

五、反馈分析

此项作业的设计,需要建立在学生了解了课文如何把赵州桥的雄伟、坚固和美观写清楚的基础上。学生刚开始表现出了畏难情绪,不知道该如何讲述。原因之一是对课文内容的不熟,二是不知道如何以导游的口吻向大家介绍。因此,教师要在活动前告知学生在介绍的时候使用问候语、自我介绍和结束提示,提醒学生要多用沟通的词语,少用"我",达到同学们听完之后非常想去参观赵州桥、非常喜欢小导游的效果。另外,可以让学生提前写好导游词,这样可以加深学生对内容的印象,介绍起来更加得心应手。教师可以借助课后第二题,告诉学生介绍时尽可能用上"世界闻名、雄伟、创举、美观"等词语。在经过了写导游词和课下的训练,学生将文字内容熟记于心,能够准确清晰地向大家介绍赵州桥的建筑特点和作用,不慌不忙,落落大方。

案例二

案例内容:人教版数学四年级上册第八单元数学广角

一、作业分析

人教版数学四年级上册第八单元数学广角的教学内容是"合理安排时间"。本单元通过生动有趣的生活事例——"沏茶"的分析,让学生感受并初步理解"优化"的数学思想。教材给出了沏茶需要的各个工序,以及实施每道工序所需要的时间,要求怎样安排沏茶的各个步骤最能节省时间,从而锻炼学生合理安排时间的优化思想。在此基础上,教师可以由此设计锻炼型作业——让学生在真实的生活情境中锻炼、操作,布置学生在家做家务,这样既锻炼了学生的劳动能力,也能真正带领他们体会数学中统筹优化思想服务于生活的魅力。

二、作业呈现

"五一"假期,你想帮妈妈分担一些家务活,让妈妈好好休息一下,打算完成以下几件事:

扫地(10分钟),用洗衣机洗衣服(20分钟),整理书桌(10分钟),收集脏衣服(5分钟),晾晒衣服(5分钟)。

如果让你来做这些事,怎样安排工序才能使所用时间最少?(提交方式:流程图+劳动图片+劳动感受)

三、作业目标

1.通过简单的生活实例,让学生学会选择合理、快捷的方法解决问题。

2.使学生认识到解决问题策略的多样性,形成寻找解决问题最优方案的意识。

3.感受生活与数学的联系,培养学生的劳动意识,锻炼学生的劳动能力。

四、作业展示

五、反馈分析

在此次作业中,学生在学过"沏茶"问题的基础上,明白合理安排事情可以节约时间。在作业过程中,大部分同学能够用流程图理清自己的思路,得出此次做家务的最优时间为:5+20+5=30(分钟),小部分同学流程图画得既正确又美观,劳动场景真实清楚。学生通过完成此项作业,不仅复习了关于"沏茶问题"合理安排时间的知识点,又融合了劳动教育,拉近了数学与生活的距离,提高了学生对数学知识学习的兴趣。在完成作业后,很多学生亲身体验了劳动的过程,体会到了爸爸妈妈的辛苦付出,表示会更加珍惜劳动成果。

 案例三

案例内容:假期跳绳练习

一、作业分析

跳绳项目是小学体育课教学内容之一,也是中考体育项目,可见其在学生学习过程中占据重要地位。暑期天气炎热,动则汗如雨下,学生会懈怠于运动,但强身健体却非一日之功,需要日积月累,不断增强,方能取得想要的成果。

跳绳花样较多,可以简单也可以复杂,一根细绳随时随地就能跳起来,相比较其他激烈运动,跳绳10分钟的锻炼效果就能与慢跑30分钟、跳健身操20分钟相差无几,耗时少耗能大。日积月累的锻炼可增强学生免疫力、夯实肌肉群、培养手脑协调性等。随着经济的发展,恩格尔系数不断降低,很

多孩子营养丰富,身体出现肥胖状态,跳绳活动恰好对于瘦身具有一定作用。

二、作业呈现

身体是革命的本钱,强身健体,暑期也不可松懈。请同学们利用假期时间坚持每天跳绳,请每天记录好自己跳绳的时间与个数。(下表自行打印)

暑期跳绳记录表				
姓名: 　　　班级: 　　　性别:				
一分钟跳绳数量:7月4日—8月24日				
日期	跳绳时长	跳绳个数	自我评价	家长评价
			☆☆☆☆☆	☆☆☆☆☆
			☆☆☆☆☆	☆☆☆☆☆
			☆☆☆☆☆	☆☆☆☆☆
			☆☆☆☆☆	☆☆☆☆☆
			☆☆☆☆☆	☆☆☆☆☆
			☆☆☆☆☆	☆☆☆☆☆
			☆☆☆☆☆	☆☆☆☆☆
			☆☆☆☆☆	☆☆☆☆☆
			☆☆☆☆☆	☆☆☆☆☆
			☆☆☆☆☆	☆☆☆☆☆
			☆☆☆☆☆	☆☆☆☆☆
			☆☆☆☆☆	☆☆☆☆☆

三、作业目标

1. 加强体育锻炼,懂得想要成功,就需要不懈的努力和坚持。

2. 让学生在练习和完成任务过程中养成凝神静气、全神贯注的好习惯;培养学生持之以恒、坚持不懈的精神品质。

3. 在活动中培养学生关注生活、关注身体、关爱社会的意识,增强学生的自信心,陶冶情操。

四、作业展示

五、反馈分析

案例中要求学生暑期每天坚持跳绳，并记录每一天跳的个数，以数据向学生证明他们流淌的汗水是有回报的。记录每天的跳绳个数，形成动态监测，能够帮助学生养成坚持的好习惯。从学生的反馈情况来看"一分耕耘一分收获"，每个学生都有进步，大部分的学生都能做到每天坚持打卡记录，进步明显；部分学生中间几天未记录，进步稍稍小一些；个别学生未做到天天跳，因此跳绳的个数并未增长很多。

实施过程由于贯穿整个暑假，持续时间较长，跳绳的动力来源主要来自于前期教师的期待和要求、中期家长的监督与指导以及后期教师的反馈与激励，如此学生才能真正做到持之以恒、聚沙成塔。由此可见类似于连续性的锻炼型非书面作业设计时要联系学生生活实际、控制积累的量、激发学生的内驱力，从多个层面给予学生帮助，方能达到积累的效果。

编创类作业

作业是学生理解、运用知识的重要途径,也是学生彰显个性的舞台。通过完成个性化、实践性、开放性的编创类作业,能够提升学生的思维品质,培养学生解决问题的综合能力。编创类作业的最终目标是发展学生的科学精神、学会学习、实践创新等必备关键能力,这个过程成为学生发展核心素养落地的有效途径。

一、编创类作业设计的基本思路

要以教材分析、学情分析为起点,以课堂生成目标为导向,合理确定编创类作业目标,创设作业情境,优化实施作业的过程。

 案例一

人教版语文一年级语文上册《汉语拼音5:g k h》第二课时作业设计流程

(一)设定作业目标

根据本课教学目标、教学内容,反馈梳理课程实施中师生、生生之间的互动与交往所生成的资源,设定本课时作业目标是在老师、同学的帮助下,通过游戏活动、识记字母形,正确认读单韵母、声母和整体认读音节;能运用两拼音节和三拼音节的方法,通过朗读表演、创编儿歌等方式,正确拼读声母和单韵母组成两拼音节、三拼音节。

(二)创设作业情境,提供作业资源,合理规划和设计作业内容

1. 课堂实践作业

游戏"你做我猜"。和同桌轮流创编 g、k、h 字母手指操,另一人大声读出猜到的声母。

2. 非书面家庭作业(选做其一)

(1)朗读儿歌《说话》,还可以加上动作演一演。

(2)试着口头创编儿歌。

这样的设计旨在通过游戏"你演我说"自主创编字母手指操,在快乐中学习。这是基于学生通过前几课的学习,已经具备创编字母手指操的基础,这里便放手让学生自主创编。如果一方猜不出来,必然会指出另一方做的字母操有哪些不足,互评互改,共同进步。朗读儿歌并演一演,符合一年级孩子喜欢动物、爱表演的天性,使孩子们在饶有兴趣的朗读中巩固三拼音节的拼读方法。鼓励选做题,是为了尊重学生的学习差异而设计的隐性分层作业,使不同层次的学生能得到最大限度的发展。

从学生完成作业的情况反馈中发现,孩子的想象力非常丰富,"你做我猜"游戏中,一些平时不爱写字母的学生,居然又快又准地完成了 g、k、h 三个声母的手指操创编,得到大家的表扬,特别兴奋。在"读一读、演一演"的过程中复习三拼音节的拼读方法,学生乐于接受。学生喜欢模仿其他事物发出的声音,激发了学生用听觉去感受生活与自然的妙趣,让学生根据自己的学习风格选做;"说一说"创编儿歌,在没有增加额外作业负担的前提下,收获创编的成就感。

以课堂生成为起点设计编创类作业,教师还可以将课前预习作业、课堂实践作业、课后巩固和体验作业分时段系统设计,有利于学生更系统地构建和生成知识体系,提高解决问题的能力。

二、编创类作业注重知能转化的过程

编创类作业致力超越传统的书面作业,着力提升学生开放性思维品质和解决实际问题的综合能力,注重体现学生的思维和最终解决问题的过程。编创类作业过程性目标的深度落实,培养了学生的思维品质和应用意识,发展

学生阐述观点、完善表达的能力，以学生本位设计作业，激发了学习热情，挖掘了学生的潜能。

 **案例二**

部编版二年级语文上册第二单元《拍手歌》

（一）教材分析

《拍手歌》是一篇以拍手歌的形式出现的韵文识字课文，共十小节，字数相同，读音押韵，节奏感强，能让学生从演唱拍手歌的活动中轻松地学会生字，同时体会到大自然是人类和动物共同的家园，动物与人类相互依存。

（二）作业目标

1. 通过学习课文，尝试仿写动物拍手歌。
2. 正确、流利地朗读儿歌，和小伙伴一起练习，读出儿歌的节奏。
3. 在游戏中体验儿歌带来的快乐，产生爱护动物、保护动物的意识。

（三）设计思路

拍手歌对于学生来说并不陌生，因其句式整齐、节奏轻快、朗朗上口而深受小学生的喜爱。因此，学完了课文之后，教师引导学生仿写句子，再把这些句子组合成一首拍手歌。在这个过程中，教师充分尊重学生的想法，引导他们思考想象创造。然后让学生熟读儿歌，再选择小伙伴一起练习，在游戏中体验儿歌带来的乐趣，认识更多的动物，让学生在轻松愉快的拍手游戏中，懂得人与动物的和谐关系，产生爱护动物的意识。

（四）作业设计

1. 作业内容

轻快的旋律，简单的歌词，一首动物拍手歌深深印在我们的心里。学完了课文之后，你是不是也想创作一首拍手歌呢？请同学们利用你熟悉的动物仿照课文也来创作一首拍手歌吧！然后和你的小伙伴一起进行表演。

2. 设计意图

低年级的学生，对这样的韵文特别感兴趣。此项作业的设计，让学生在熟悉课文内容的基础上感受韵文儿歌的特点，体验儿歌带来的快乐。让学生自己动手写有关动物的拍手歌，可以锻炼学生仿写句子的能力，在创编儿歌的练习中拓展了思维,提高了语言运用能力。学生在快乐的游戏氛围中产生保护动物、爱护动物的意识,既培养了学生合作交流的能力,也最大限度地调动了学生朗读的积极性,激发了学生的学习兴趣。

(五)作业评价

通过创编儿歌和合作表演的实践活动,相信同学们都能在活动中模仿创造,在游戏中分享快乐,懂得动物是人类的朋友。你能得几颗星?对照着评价标准,和你的小伙伴一起给自己打个分吧!

作业内容	具体标准	互评(涂星)
1. 仿写拍手歌	能展开想象,能用自己的创意语言描写动物活动的画面	☆☆☆
2. 表演拍手歌	能正确读儿歌,流利、有节奏地进行表演;能让别人听懂儿歌的内容	☆☆☆

(六)作业展示

(七)案例反思

语文课程标准在第一学段的年段目标中明确提出了"表达与交流"的要求,其有效的方式是模仿,即模仿阅读积累的句式进行表达练习。儿歌是一种适合低年级学生迁移创新的语言形式,它的句型、句式和结构非常适合低年级儿童进行模仿创造。在创编儿歌活动中,学生能够根据儿歌的表达形式创编有关动物的拍手歌,虽然韵味不足,但内容表达准确,读起来新颖有趣。在表演拍手歌的过程中,学生表现出了极大的兴趣,一边游戏,一边朗读自己创编的拍手歌,他们感到非常自豪,觉得自己就是一位小诗人,因此表演朗读十分认真。在这项实践活动中,教师让学生用自己的语言去表达,用眼睛去发现,用耳朵去倾听,用心去感受,使学生对拍手歌这种文体更加熟悉和喜爱,这份成就感会使学生更加喜爱儿歌、喜欢朗读、愿意表达。

三、单元编创类作业的设计与实施策略

带有单元整体性、内容结构化、综合运用等特质的单元作业设计,可以解决当前作业缺乏目标意识、随意化、碎片化的问题。单元编创类作业所追求的终极价值,是发展学生的学科核心素养,培养教师对学科课程的整体把握和系统设计能力。在单元编创类作业针对性、进阶性、目标性、动态性等特征的驱动下,立足单元作业目标,系统设计进阶性作业,单元编创类作业可以走向一种更高的境界。

案例三

英语 PEP8 六年级下册 Unit2 Last weekend 单元主题非书面作业设计

(一)单元教材分析

本单元主要内容是使学生学会用过去式态表达所做的事情,重点句型是 What did you do last weekend/yesterday? I played football. Did you read books? Yes, I did./No, I didn't. 由于涉及动词过去式的变化规则和读音规则,一般过去式又是学生学习的难点之一。创设真实情境、组织有意义的任务或活动来展开一般过去式的教学,避免过分强调语法。本单元的内容安排体现了由浅入深、循序渐进的原则,A 部分着重学习规则动词的过去式变化,而 B 部分的重点是不规则动词的过去式变化,如 go—went,read—read 等。在作业设计时,要注意多创设活动,帮助学生内化,达到学以致用。

(二)单元教学目标

1. 掌握文中的三会与四会单词、词组和句子。
2. 听懂、会唱 Let's chant 和 Let's sing 部分的歌谣及歌曲。
3. 掌握音标(不同字母组合发相同音)。
4. 读懂 Let's read 部分的文章,并能根据课文内容进行仿写和填空。

(三)作业设计说明

本单元的主题贴近学生生活,学习内容以谈论"上周末的活动"为话题引入,作业设计分为基础套餐(4 选 3)、升级套餐(4 选 2)两个层次。

好玩有趣更有效的非书面作业设计新思路

基础套餐作业包括围绕课题内容设计的小小模仿家、小小书法家以及句型管家的转盘游戏，另有学科融合作业、制作思维导图、创编 chant，集美术、音乐学科于一体，多学科融会贯通、交叉渗透进行综合化的设计，从而全面培养学生的能力。跨学科作业有利于拓宽儿童的认知视野，淡化学科界限，有利于儿童灵活运用知识，解决实际生活问题，指向于儿童多元智能发展，从而为人的全面可持续发展奠定基础。

升级套餐作业包括实践活动：小小采访员、我是家庭小帮手、做一项家务劳动或培养一些兴趣爱好，画出周末活动的思维导图，展示多元自我，渗透德育教育，利用周末时间观察周围人的活动，想一想怎样做一个有用的人，介绍自己最擅长的家务劳动或最喜欢的课外活动，并制作成漂亮的英语手绘卡片或写一篇周末活动的小作文，可尝试口头用英语介绍并录制视频分享，让学生通过完成作业了解别人的周末活动，学会关心他人，并清楚周末活动要合理有效安排，才能过得丰富多彩。

（四）作业设计及作业展示

1. 基础套餐A

（1）小小模仿师：听读课文至少三遍，并选择你认为读得最好的一遍录音。

（Tips：请做到语音准确、语调优美。先模仿原版音频，再录音。）

（2）小小书法家：认真描摹抄写本上 Unit3 Last Weekend 的书写内容。

（Tips：临摹时坐姿端正，请做到整齐、规范、整洁、漂亮。）

部分学生作业展

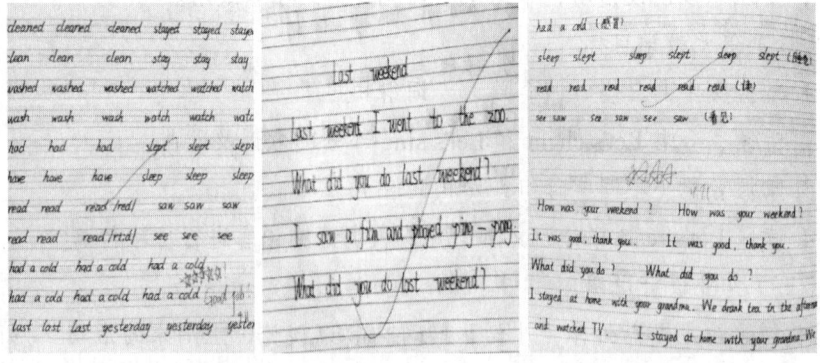

（3）转盘游戏（Ask and Answer）。请学生自制转盘，并用所学句型进行问答，也可以根据交流的需要丰富问答内容。

部分学生作业展

（4）小小设计师。制作思维导图，创编 chant。

部分学生作业展

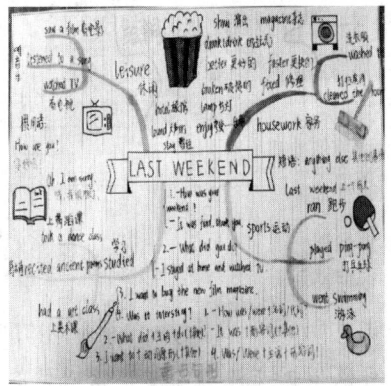

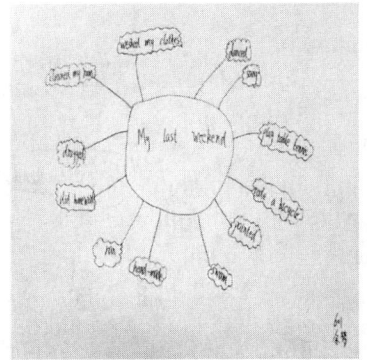
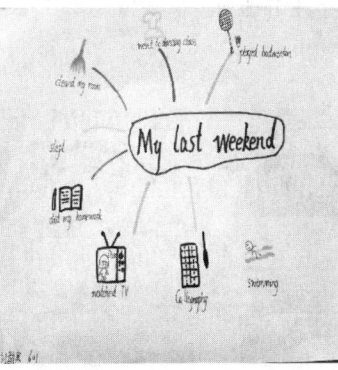

Let's chant.

What did you do on the weekend？	I cleaned，cleaned my room.
What did you do on the weekend？	I washed，washed my clothes.
What did do on the weekend？	I went，went shopping.
What did you do over your holidays？	I went，went swimming.
What did you do over your holidays？	I took，took pictures.
What did you do over your holidays？	I bought，bought gifts.

2. 升级套餐 B

（1）课后小调整（Do and Survey）。调查同学或父母周末活动安排并制作表格做记录。（Tips：注意总结 how，what 等疑问词的用法。）

部分学生作业展

（2）画一画，说一说（Draw and Say）。请和你的同伴画一画最喜欢的周末活动并进行对话，也可以根据交流的需要丰富对话的内容。

部分学生作业展

（3）回顾上周末，计划本周末（Magic Mirror）。请把周末活动项目——罗列在镜面上，以作生活参照。（Tips：请特别注意一般过去时和一般将来时的时态用法。）

部分学生作业展

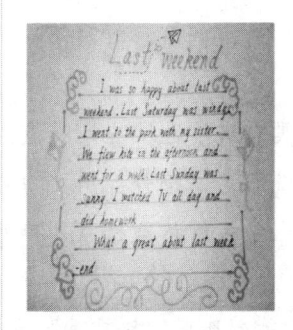
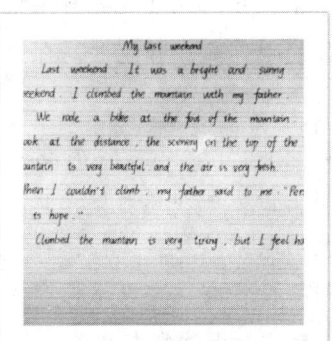

（五）案例分析

PEP 六年级下册第二单元 Last weekend 的话题是周末活动。在以往的作业设计中，学生的周末活动比较单一，内容不外乎写作业、看书、看电视、去朋友家、上辅导班等。所以，让学生发挥想象、自由表达、创编周末活动 chant，不论是学生自我活动还是倾听其他同学 chant，学生之间会产生情感共鸣，这样课堂上很少见到的、真正意义上的思想交流就会出现。究其原因是这些话题和情境可深入到学生的内心世界，激发他们的兴趣，激励他们发自内心表达自己的真实想法。所以要挖掘教材话题深意，安排学生既能基于自己的语言知识进行创意表达，又能产生真实互动交流的作业，从而落实非书面作业的有效性。

另外，教师还可以尝试用"课后小调查""画一画，说一说"等来巩固拓展教学目标，促进学生的情感体验和语言综合运用。首先，调查活动给学生提供了一个自由探索的空间，让学生在没有教师"贴身"指导的情况下去调查，给了学生充分的主动权和自主权；其次，在课堂上学生可以根据自己调查后的认知发现问题，师生共同探讨，再解决问题，有利于深入达成教学目标。

基于课程标准和单元作业目标设计、具有进阶性和应用特点的编创类作业，有利于学生将所学知识前后关联，系统归总，综合应用。为突出作业内容和作业过程的联系性和整体性，我们依据学生的认知特点和单元内各课时教学内容，精心设计有一定思维梯度的进阶作业，注重学习的阶段性和层次性，帮助学生建构知识的内在联系，避免了传统作业的随意性和盲目性。

立足单元，系统进阶，隐性分层，因材施教，努力实现共性要求和个性要求的统一，确定性和灵活性的统一，过程性和结果性的统一，静态化与动态化的统一，局部性与整体性的统一，是单元视角下编创类作业设计的不懈追求。

下篇　非书面作业的类型和案例

表演性作业

表演性作业通过对话表演、故事表演、故事演讲、歌曲及歌谣表演等方式，在动口、动手、动脑的过程中，活用所学知识于情景中，让学生复习和强化所学知识，变机械学习为有意义的学习，让学生打下良好的语音语调基础，从而真正培养学生的语言综合运用能力。

表演性作业内容具有多样性，这种作业不仅体现在语文学科的课本剧、故事表演中，还体现在音乐学科的歌曲表演，英语学科中的对话表演、剧本表演、歌曲表演，更适用于其他学科。这些生动的案例都会突出一个鲜明的主题，在活动过程中，学生以个人或小组为单位，经过提出问题、分析问题、材料收集、解决问题等一系列环节来完成学习任务。由此要进行小组排练、实践，从而让课堂更加饱满、生动。

表演性作业突破了传统的作业设计形式，可以给学生眼前一亮的感觉，增强他们完成作业的兴趣。教学实践表明：小学生对于表演性作业是非常感兴趣的，这样的课堂更加精彩，学生的融合度更高，课堂的丰富多彩拉近了师生距离，易形成高效、事半功倍的课堂。

以下以两则案例就如何设置表演性作业加以详细说明。

 案例一

《小壁虎借尾巴》的复述表演故事作业

一、作业呈现

本单元围绕"问号"这个主题编排了《棉花姑娘》《咕咚》《小壁虎借尾巴》三篇课文。其中《小壁虎借尾巴》让学生知道动物尾巴有什么不同作用，

比如壁虎的尾巴就有再生功能。能借助连环画理解课文内容，说说故事情节，或进行角色表演。这样，训练层层递进，要求逐步提高，让学生在实践中掌握借助图画阅读的方法，同时也锻炼了学生的朗读与表达能力。

作业要求

1. 制作故事中角色的头饰。可以动手做，也可以购买成品。
2. 熟读故事，了解故事内容，提取角色语言。
3. 体会角色的内心活动，感受其心情。
4. 与同学边复述故事，边表演故事。

二、适用对象

《小壁虎借尾巴》是一年级下册第八单元的一篇课文。一年级的学生面对这样一篇篇幅较长、人物较多的故事，朗读起来应该问题不大，但做到复述还是有很大的挑战性。幸好这篇课文故事性强，情节有连贯性、趣味性，而且还有配图来支撑，很大程度上提供了复述的支撑力量。为了更好地达成复述故事和锻炼学生的口语表达能力，于是将表演故事与复述故事融为一体。"演一演"，把文字还原成形象生动的生活画面，这样更能加深学生对课文的印象，展示学生的表演天赋。

三、作业目的

1. 激励学生进一步熟悉课文内容，了解文中人物的语言，为复述课文做准备。
2. 为复述课文增加趣味性的形式，将静态的复述演变成灵动的表演，避免因枯燥而消磨了学生的兴趣。
3. 在表演中身临其境，真切感受小壁虎断尾巴时的伤心，借尾巴时那种迫切、悲伤难过的心情。
4. 在演与说的碰撞中，培养学生的口语表达能力。
5. 演完一遍，增加故事情节记忆的牢固性，不容易忘记。
6. 给学生的表演能力提供展示空间，培养学生的表演能力。

四、反馈分析

1. 大多数学生的表演还是有点儿拘谨，不够自然。这是符合学生的心理特点的。在反馈的评价中，多给予肯定，多发现学生的闪光点。
2. 也有学生能做到有的放矢，将人物的形象表演得活灵活现，为以后的练习作榜样。

3. 在表演中基本都能够复述完课文的内容，即使偶尔忘记也在情境对话中想了起来。每个人都坚持把故事表演完。

4. 这个表演基本上是学生邀请他们的伙伴完成的，两个人之间的配合默契，促进了同学间的一次合作交流。

5. 看似一次小小的课文复述表演，无形中也完成了一次同学之间的活动。在活动中，一些细微的地方都能感受到浓浓的同学友情。

五、教学建议

本次作业设计围绕课后练习"复述故事"来展开。本篇课文故事情节性强，但故事篇幅较长，对学生来说有一定的难度。在学生熟读课文之后，加入表演的元素，让故事情节动起来，用视觉的效果帮助学生来记忆故事，这样会起到事半功倍的效果。

在表演过程中，情感表现力较弱的文字，转化成有声有色的语言后，更能让学生体会人物的心情。同时用模仿的动作表演也更能理解课文中小鱼的"摇尾巴"、老黄牛的"甩尾巴"、燕子的"摆尾巴"。因为没有真实的尾巴，学生们都不约而同地用双手替代了尾巴，一个"摇""摆""甩"，虽然被演绎得有几分滑稽，但却有满满的真实感。

在故事表演中，学生的积极性被激发，表演的欲望被唤醒。对于一年级的学生来说，他们只有"我想"的信念，没有"好与不好"的评判。这样的状态是自然的，是学生的原生态，是教育契机最好的时候。无声的滋养才是最润物的。表演可以说是给学生们玩的，他们玩高兴了，故事也就落入了他们的记忆里，那么这场表演也就是有意义的。

在语文学习中，不管是对课文内容的了解，还是对关键词语的理解，以及对人物情感的体会，表演都是必不可少的补充形式。

 案例二

音乐《京韵》表演作业设计

一、作业呈现

课题：《要学那泰山顶上一青松》

课时数：1

作业类型：基础性作业（必做）

作业内容

1.把课上学会的京剧选段或京歌回家唱给爸爸妈妈或邻居听。

2.跟着音乐模仿演唱京剧《沙家浜》片段，通过模仿感受演唱风格。

3.通过查阅资料了解京剧的发展历史，整理好下节课与同学们分享交流。

设计意图

1.通过演唱，培养学生展示自我的勇气，提高学生的表现力。

2.通过模仿演唱京剧片段，帮助学生了解京剧的演唱风格和特点。

3.自己动手查阅资料，帮助学生了解京剧的历史，感受京剧的魅力。

拓展性作业1（选做）

1.通过网络，查阅浏览，欣赏比较京剧、黄梅戏、越剧、豫剧、川剧的服饰特点。

2.了解中国戏曲文化的博大精深，培养对戏曲的热爱。

课题：《我是中国人》

课时数：1

作业类型：基础性作业（必做）

作业内容

1.自然大方地演唱《我是中国人》，注意练习掌握最后一段"拖腔"的技巧。

2.练习课上学习的京剧"走圆场"动作。结合课上学习和课下网络上欣赏的一些其他简单京剧动作，试着在演唱《我是中国人》时加入合适的动作。下节课与同学表演交流。

设计意图

1.通过演唱，练习掌握戏曲中的"拖腔"技巧及练习课上学习的京剧动作，激发学生的兴趣。

2.给《我是中国人》编配动作，提升学生的创编能力。

拓展性作业2（选做）

1.通过查阅资料，了解京剧表演艺术的手、眼、身、法、步五种技法，自己试着模仿一些简单的动作。

2.通过拓展了解京剧的表演技法，提高学生对京剧艺术的进一步认识。

课题：《京调》笛子与乐队

课时数：1

作业类型：基础性作业（必做）

作业内容

1.结合课上介绍讲解和课下查阅资料，了解京剧四大行当及其特点，自己喜欢哪一行当，下节课与同学交流。

2.聆听京剧《苏三起解》片段，学唱两句，感受京剧旦角的唱腔和韵味。

设计意图

1.通过课上学习和课下知识拓展，了解京剧的行当，培养学生学唱京剧的兴趣。

2.通过聆听加深学生对乐曲的欣赏与感受。

3.提高学生对京剧伴奏乐器的了解，同时通过聆听其他竹笛乐曲帮助学生熟悉竹笛音色。

拓展性作业3（选做）

1.了解京剧的主要伴奏乐器。

2.听一听其他竹笛乐曲，熟悉竹笛音色。

课题：演唱《京调》

课时数：1

作业类型：基础性作业（必做）

作业内容

1.给爸爸妈妈演唱《京调》，注意唱出京剧的韵味。

2.结合课上了解到的京剧行当，课下自己动手画一个京剧脸谱。

设计意图

1.通过前两首京剧的学习演唱对于京剧唱腔有初步了解，结合上节课学习的器乐曲，熟悉《京调》旋律，自己尝试唱出京剧的韵味。

2.通过动手制作脸谱，了解不同脸谱表现的不同人物形象，进一步加深对不同行当特点的了解，同时提高学生对京剧的热爱。

拓展性作业（选做）

1.学唱几句喜欢的其他京剧片段。

2.学唱喜欢的京剧片段拓展学生对京剧的了解，加深对京剧的热爱。

二、适用对象

适用于人音版五年级第五单元《京韵》，五年级学生在歌唱能力、音乐知识、音乐表现、感受和创造性活动方面已经有了沉淀，学生对不同风格的音乐作品比较感兴趣，有尝试新事物的愿望，初步了解京剧相关内容，对国粹艺术产生浓厚兴趣。

三、设计目的

本单元主题为《京韵》，分别有《要学那泰山顶上一青松》《我是中国人》《京调》（笛子与乐队）《京调》作业设计。

作业设计以课堂教学为基点，课后任务为拓展与创新，引导学生进行多种形式的参与和亲身感受。在活动中体验京剧的艺术魅力，使之成为学生热爱京剧的良好开端，引导学生关注京剧艺术，并让学生明白弘扬中国的戏曲艺术人人有责，激发学生的民族自豪感。非书面作业设计在巩固课堂教学的同时着重培养学生的实践能力和创新精神，通过设置表演唱、学编动作、聆听欣赏、动手查阅资料的任务形式让学生感受京剧、了解京剧、体验京剧，充分调动学生的学习兴趣，发挥学生的主动性。每个学生都有一定的差异性，在作业中设置必做和选做内容，必做内容主要巩固课堂知识，培养学生的表现力和创造力，选做内容主要进行拓展练习。

四、反馈分析

《京韵》这一单元作为五年级的常规教学单元，以感受欣赏和戏曲演唱两个部分进行教学，在课后作业中通过设置欣赏、演唱、查阅、创编的作业要求，激发学生学习的主动性和创造性。欣赏课本外的戏曲音乐和其他戏曲的服饰可以帮助学生更广泛地了解戏曲这门艺术，在演唱作业中根据学生的反馈，了解到在戏曲中的旋律中"拖腔"演唱还存在不足。不过有的学生唱得有板有眼，尽管演唱得离戏剧原唱中的韵味还有较大的距离，但体现了学生参与的勇气，有的学生还显露出表演的天赋，在模仿表演中感受艺术的魅力。在创编过程中学生积极性较高，《我是中国人》这一课时作业动作创编中学生的表现出乎意料，创编的动作新颖、富有童趣，能够很好地展现出京剧的韵味。在《京调》制作脸谱中，学生制作的脸谱生动形象，充分展现了动手能力强，同时查阅资料交流分享中学生畅所欲言，气氛热烈，感叹中国戏曲艺术的博大精深。在京剧艺术活动中创造动感、调动情感，能让学生以自我表现的方式投入到作业中，加深对京剧的情感体验。

五、教学建议

1.本单元是为了让学生了解和学习京剧，由于京剧对学生来讲还是比较生疏的，而且京剧的唱、念、作、打又是不可缺少的部分。依照以前的欣赏习惯，只听声、不见影的方式并不适合本课学习。在课后作业中要积极调动学生的积极性，在演唱和创编中体验京剧的魅力。让京剧的学习变得不再单调、乏味，而是生动有趣。

2.在本单元的教学中应将多种教学法结合起来，激趣、听唱、游戏，想象表述，动作表现与学生的情感体验相结合，在潜移默化中培养学生对音乐的理解与审美能力，鼓励学生自主地发现、思考、参与、了解京剧。重点培养学生在感知京剧艺术美的同时调动其对民族艺术探究和学习的兴趣。

3.在课后作业中注重发挥和引导学生的主动性，因为学生初次接触京剧的演唱，与以往的歌曲有一定的区别，要注重旋律和腔调教学，帮助学生掌握京剧的韵律特点。同时要在艺术实践中感受和体验京剧，从审美出发，让学生在体验与亲身参与下感受艺术的魅力，注重艺术实践的本质，以其愉悦性、情感性及轻松活泼的特点来促进学生的感悟。

4.采取综合评价方式，通过作业反馈和课堂交流关注学生对音乐的兴趣爱好、能力提升、参与态度和参与程度等，看他们通过这节课的学习和作业的完成，是否对京剧艺术产生了兴趣，是否真正做到在乐中陶情，情中激趣，趣中学乐，乐中审美，美中提高。

综合性评价表

学生姓名	评价意见
参与此次活动的积极性	☆ ☆ ☆ ☆ ☆

续表

学生姓名	评价意见
探究意识	☆ ☆ ☆ ☆ ☆
整理资料能力的提升程度	☆ ☆ ☆ ☆ ☆
创编能力的提升程度	☆ ☆ ☆ ☆ ☆
演唱与表现力	☆ ☆ ☆ ☆ ☆

创意性作业

"减负"政策实施后,大多教师在布置作业时确实减少了数量,但有些作业的设计质量却并没有大的改善。长此以往的话,学生生动活泼的天性会被压抑,也会使学生对学习失去兴趣。教师应该在作业设计上多下工夫,不仅要重视学生基础知识的掌握,更要重视学生理解力、创新精神和创造力的培养,关注学生的主体性发展,挖掘学生的潜力,让学生减负真正落到实处,切实促进学生身心健康发展,只有这样才能更好地实现教育教学的目的。

随着新课程改革的推进,对教师教学提出了更高的要求。教师无论是课堂教学还是课后作业的布置都要聚焦于学生核心素养的培养,使学生成为一个全面发展的人。作为学生在课堂学习之后的功能巩固和运用,作业是有效途径,对学生的学习需要至关重要。教师要重视创意性非书面作业的布置,从不同角度考虑体现本学科的教学目标、学生自主学习的需求,尽可能地满足学生学习的积极性和兴趣。创意性非书面作业可以很好地为课堂教学服务,更能培养学生的创造力。

创意性作业是一种鼓励学生发挥想象力和创造力的非书面作业形式。让学生有更多自主学习的空间,也能丰富他们的课后生活,从而发展学生的主观能动性。同时,作业作为教育教学重要的一项环节,能培养学生的创造精神和实践能力,促进学生全面发展。因此,教师要用心设计,将"兴趣""自主""开放"注入创意性非书面作业中,使学生从被动学习向独立学习过渡,从而实现创新性非书面作业的高效性。

通过创意性作业,学生可以自由表达自己的想法和观点,提高解决问题的能力,培养创新思维和实践能力。创意性作业可以涵盖各个学科领域,从文学创作到科学实验,都可以通过创意性作业来激发学生的创造力。

以下是关于创意性作业的分析。

首先，创意性作业可以激发学生的想象力和创造力。创意性作业要求学生从不同的角度思考问题，提出新颖和独特的解决方案。学生可以自由发挥想象力，提出各种可能的答案和观点。创意性作业可以包括写作、绘画、设计、模型制作等形式，通过这些活动，学生可以通过自己的创造力来表达和展示自己的想法。创意性作业为学生提供了创造和表达的空间，激发了他们对学习的兴趣和热情。

其次，创意性作业可以培养学生解决问题的能力。创意性作业鼓励学生面对问题时寻找创新的解决方案。学生需要运用自己的知识和技能，结合创造性的思维方式，寻找问题的新角度和新方法。通过创意性作业，学生可以培养批判性思维和创新思维，学会从不同的角度思考问题，提出多样化的解决方案。这种解决问题的能力对于学生未来的学习和工作都非常重要，因为现实生活中往往需要面对复杂和独特的问题，需要用创造性的思维来解决。

再次，创意性作业可以促进学生的实践能力和实际操作技能。创意性作业鼓励学生进行实践和实际操作，通过亲身体验来发展自己的能力。创意性作业可以要求学生进行实验、制作模型、设计产品等活动，让学生动手实践，将自己的创意变成现实。通过实践，学生可以锻炼自己的动手能力、实际操作技能和解决问题能力。实践是学习的重要环节，通过创意性作业的实践，学生可以更好地理解和应用所学知识，提高自己的实践能力。

最后，创意性作业可以培养学生的团队合作能力和沟通能力。创意性作业可以设计为小组或团队合作的形式，要求学生共同合作完成任务。通过团队合作，学生可以相互交流和分享自己的创意，互相协作解决问题。团队合作可以培养学生的合作精神、沟通能力和领导能力。在合作过程中，学生需要学会倾听他人的意见和观点，学会与他人合作、协商和妥协，这对于他们的个人发展和未来职业生涯都是非常重要的。

综上所述，创意性作业在学生的学习中具有重要的意义。它可以激发学生的想象力和创造力，培养解决问题的能力，促进实践能力和实际操作技能的发展，培养团队合作和沟通能力。教师应该在教学中合理设计和布置创意性作业，鼓励学生积极参与，给予他们充分的自由和空间来发挥自己的创造力。创意性作业可以为学生提供丰富多样的学习体验，培养他们的综合素质和创新精神。

以下呈现几个创意性非书面作业的设计案例及分析。

 案例一

语文学科《记金华的双龙洞》非书面作业设计

一、教材分析

《记金华的双龙洞》是统编版小学语文四年级下册第五单元第11课的一篇精读课文，它以精练生动的语言记叙了作者游览金华双龙洞的经过，表达了作者对祖国大好河山的喜爱之情。这也是一篇让学生感悟优秀语言文字、受到精神熏陶的佳作。

二、适用对象

四年级的学生具备了一定的语文阅读和感悟作者思想情感的能力，同时在学习完课文后有自己的理解并作出自己的判断。我们学习语文的最终目的是学会灵活运用这些语言文字，可以从文中习得方法，并落实到自己的生活当中。本篇文章按照游览顺序，采用移步换景的写法，有详略得当的安排，还有两条线索的并行，向我们展现了浙江金华双龙洞的美景。学生在反复朗读中可以感悟作者的写作手法，从而培养学生观察事物以及有条理地叙述一件事的能力。

三、设计意图

通过本节课的学习，学生深入了解了课文是按照游览顺序记叙了作者在双龙洞的所见所闻，从而激发学生热爱祖国秀丽河山的思想情感，同时掌握游记类文章的叙述写作手法，积累自己的素材。要求学生学会用作者的叙述方式来描述身边的美景，感受大自然带给人们的鬼斧神工、美轮美奂。通过创新性非书面作业的形式让学生对游记类文章不再害怕，而是充满兴趣，在作业中陶冶情操、启迪心智、感悟启发，既培养学生口头表达能力，还可以锻炼学生的逻辑思维能力，发挥学生的创造力和创新精神。

四、作业设计

我是小导游

我们的祖国地大物博、山川秀丽，还有很多美景有待我们去游赏，请同学们模仿本课作者叶圣陶爷爷的写作手法，按照游览的顺序向同学们介绍一

个你曾经去过的地方，让大家一起感受祖国的大好河山。（可以先手绘一幅游览示意图，对照着介绍。）

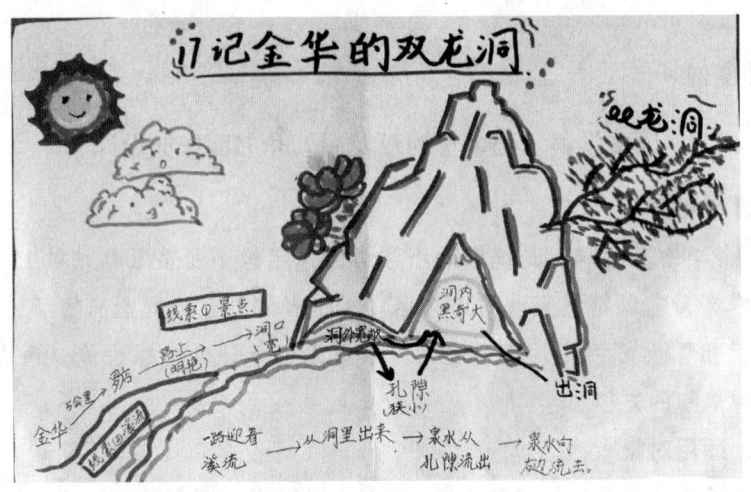

五、作业总结

本次非书面作业设计比较贴合学生的生活经验,在学习完《记金华的双龙洞》一文后,学生已经初步学会如何去介绍一处景点,按照游览的顺序分别进行叙述。课后让学生做准备工作,自己来当一回小导游,让学生将课上所运用的知识转化到角色扮演上来,学生的兴趣会大大提高,不会认为这是一项作业,对于学生而言,"我是小导游"更像是一个游戏,他们很乐意花时间去深入了解一处景色并分享给老师与同学们。这项非书面作业充分发挥了学生的主体性,整个活动将主动权交给了学生,学生通过自己确定想要介绍的景点、回家绘制游览示意图、运用课文中的记叙方法进行介绍等,让学生自己想、自己说,教师只是扮演一个聆听者,一个游客的角色。学生在讲解的过程中既巩固了课本上要求掌握的写作手法,又培养了创造力、独立解决问题的能力以及口语表达能力等,同时培养了学生热爱祖国河山的思想情感。

 案例二

综合实践活动学科创意性非书面作业设计

本课为科教版小学六年级下册综合实践活动第八单元"可爱的家乡"第14节《我为家乡做贡献》,主要让学生通过多个方面、多种形式为家乡的发展做出自己的贡献。

通过本次创意性作业,鼓励学生发挥想象力和创造力,建设自己的家乡,设计自己的家乡,让家乡成为自己梦想中的样子,也能培养他们的设计思维和综合能力,激发学生主人翁意识和责任感。

一、作业要求

设计你的梦想家乡

1. 学生需要设计一个心中的梦想家乡,可对自己的家乡进行改造和创新。

2. 学生需要考虑家乡的各个方面,包括城市规划、交通系统、建筑风格、公共设施、绿化环境、文化活动等。

3. 学生需要使用绘画、建模、图纸等多种形式来呈现设计意图,可以使用纸张、废物利用材料或计算机辅助设计工具等。

4. 学生需要写一份说明文档,详细描述他们的梦想家乡的特点、理念和

设计思路。

二、作业步骤

第一天：

学生选择自己的家乡进行初步畅想，教师提供一些关于城市设计的基本指导，例如城市规划原则、交通系统设计等。

第二天至第五天：

学生开始设计他们的梦想家乡。可以使用绘画、建模、图纸等方式，将他们的想象和创意转化为实际的设计。学生可以考虑城市的规划布局、建筑风格、公共设施、绿化环境等方面。

第六天至第七天：

学生完成他们的梦想家乡设计，并准备展示。可以整理设计图纸、建模作品等，用海报、展板或电子形式展示自己的设计。同时，学生需要写一份说明文档，解释他们的设计思路和梦想城市的特点。

三、评估标准

1. 设计创意：学生的设计是否具有独特的创意和想象力，能否突出自己的理念和特色。

2. 设计完整性：学生的设计是否考虑了家乡的各个方面，包括规划布局、交通系统、建筑风格、公共设施、绿化环境等。

3. 设计呈现方式：学生是否使用了多种方式来呈现自己的设计，如绘画、建模、图纸等形式。

4. 说明文档的内容：学生的说明文档是否能够清晰地描述他们的设计思路和梦想家乡的特点，是否能够表达自己的理念和想法。

四、作业总结

通过这个创意性非书面作业的设计案例，学生将有机会发挥想象力和创造力，设计自己理想中的梦想家乡。这样的作业设计既培养了学生的设计思维和综合能力，也激发了他们对城市规划和创新的兴趣。同时，学生的展示和说明文档也能促进彼此之间的学习和交流，拓宽对城市设计和创意思维的认识和理解。学生不仅懂得如何为家乡做贡献，还懂得为家乡做贡献是作为家乡人的一种责任。

案例三

综合实践活动学科创意性非书面作业设计

本课选自科教版小学四年级上册综合实践活动第四单元《吃的学问》,本单元共有两节,分别是《早餐研究》《零食与健康》,这项非书面作业选自第五节《早餐研究》。让学生跟着父母、爷爷奶奶、亲戚朋友,或者通过网络媒体学习厨艺,制作早餐和健康的零食。未来,优秀的学生既能金榜题名,也能通过制作美食让生活充满诗意。美食背后,是对生活的热爱。

厨艺比拼我能行系列之"面条的 N 种做法"

一、作业要求

发挥想象,将日常的面条做成你喜欢的创意美食。

二、作业目的

提高学生的实践创新能力,培养学生热爱生活的美好品质,同时增强家庭的和谐氛围。

三、作业展示

可以通过图片、视频、PPT、美文等多种方式分享交流佳作。

比拼我快乐之"冰糖葫芦诞生记"

面对红艳艳的山楂果，学生往往垂涎欲滴。这项作业让学生动手制作冰糖葫芦，目的是让学生体会劳动的艰辛与快乐，感悟幸福要靠劳动来创造，要在劳动中学会合作、学会分享的道理，同时理解健康零食的重要性，抵制"三无"产品。

在完成这项作业的过程中，要发挥小组合作的作用，让每个学生都按照工序参与其中。冰糖葫芦制作完成后，学生可以自己品尝、互换品尝，深刻体验劳动的价值。

魔术类作业

作业是学生学习的重要内容，是检测、巩固课堂学习内容的重要手段，是学生进一步理解知识、构建深层次知识体系的必要途径。魔术类作业，正是利用孩子们好奇心强的天性，将作业的内容融入学生喜闻乐见的魔术表演中，通过引导孩子运用所学新知来表演魔术，让学生在魔术作业中运用所学知识进行阐述、计算、表达、表演，从而进一步巩固所学新知，让学生体会到所学知识的作用，提升学习兴趣，提高作业效率，培养学生的综合素养。

一、魔术类作业的概念及价值

（一）概念界定

魔术类作业是指教师根据特定的教学目标，将知识或问题融入魔术表演中，让学生在表演魔术的过程中进行练习、巩固新知识的作业形式。

此类作业能刺激学生的学习感官，让学生在玩中实现求知，在作业练习中进行玩耍。蒙台梭利指出："最好的学习方法是让儿童聚精会神学习的方法！"富有趣味且具有一定挑战性的魔术类作业，能充分激发学生的兴趣，提高学习的关注度和持久度，使学生在魔术表演中获得愉悦和满足，并融会贯通学科知识，学会用所学的知识解决现实生活中的问题，提升解决问题的能力。

（二）应用价值

与其他类型的作业相比，魔术类作业具有以下几个方面的应用价值：

1. 激发兴趣，主动参与

生动有趣的魔术表演，顺应了学生好动、爱玩的天性，充分调动了学生的作业兴趣，深入挖掘了学生的潜能，有助于拓展课堂空间，延伸课堂内容，让学生在课后进一步研究、探讨所学的知识。魔术让枯燥的学习变成了有趣的魔术，使作业形式变得好玩，真正变"要我做"为"我要做"，变被动学习为主动学习，游戏氛围把被动的作业过程转变成了主动的、生动有趣的魔术表演，有效提升了学生主动完成作业的积极性。

2. 学会合作，增强亲情

魔术类作业是学生对外的展示过程，通过魔术表演引导学生在参与中思考课堂所呈现的内容，运用所学知识解决问题，并内化为自己的知识体系。学生在完成作业时，需要表演给家长、朋友看，魔术类作业的综合性、实践性、趣味性，能让学生沉浸于知识表达和表演中，体会到学习的愉悦和乐趣。家长在与学生共同完成作业的过程中，更深入地参与到学生的学习当中，了解到学生的学习状态，增进亲子关系，提升学生的表达能力和与人交流、合作的能力。

3. 学会表达，培养素养

学生结合学习内容完成魔术作业的表演过程，既可以对课堂所学知识进行巩固复习，又可以促进学生将学习的知识进一步内化。学生在分享、展示、表演魔术的过程中，为了增强魔术的魔幻性，需要用生动、夸张的语言吸引观众，增强表演的观赏性。在这一过程中，学生需要思考、重构所学的知识，用自己个性化的语言和行为进行表达，在悦纳观众的同时提升了自我，培养了学生的综合素养。

二、魔术类作业的设计思路和设计原则

魔术类作业需要将作业内容融入魔术表演中，教师需要根据学科特点，分析教学目标、教学内容和学情，归纳知识点，根据教学重难点设计与之匹配的作业目标、作业内容，并运用一定的资源，制作必要的道具，设计出新奇有趣的魔术作业形式。

魔术类作业设计的基本思路和步骤如下图所示：

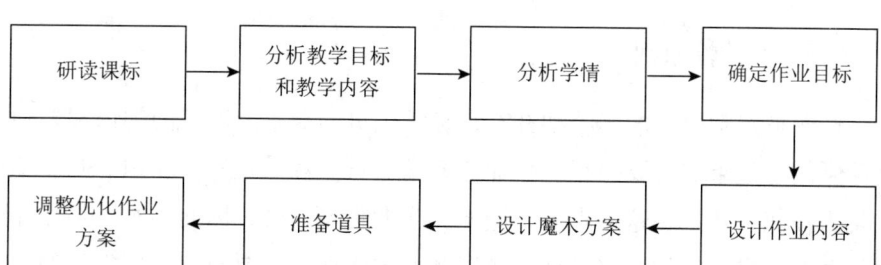

魔术类作业富有趣味，满足了学生的好奇心和表现欲，不过学生的注意力往往在魔术表演本身，而非魔术背后的知识。这就要求教师在设计魔术类作业的过程中，需要充分考虑并遵循以下原则：

（一）目标性原则

魔术类作业必须具有一定目的性。教师设计此类作业应该是为了达成一定的教学目标，学生完成此类作业时应当能达到预定的作业目标，这样方可有的放矢，可以防止魔术作业设计时出现偏差。教师在设计魔术类作业时，应当首先考虑教学目标、教学重难点以及学生的学情，设定作业目标和制作魔术方案，做到心中有目标、眼中有孩子。在布置魔术类作业时，要重点引导学生关注魔术背后蕴含的新知识，防止学生沉迷于魔术本身而忽视了知识的学习。

（二）趣味性原则

爱因斯坦说过：兴趣是最好的老师。兴趣能激发儿童的求知欲，促进其思维的活跃度，保持更持久的学习状态。魔术类作业的设计要具有浓厚的趣味性，只有吸引学生的兴趣，才能激起学生天生的好奇心与好胜心，激发学生挑战的欲望。这就要求教师在设计魔术类作业时，要能吊起孩子们的胃口，让他们跃跃欲试，有主动参与的积极性和热情，只有这样，作业的质量才能有保证。

也正是因为有兴趣，可减轻学生作业的疲劳感，让学生完成作业的过程充满趣味，不会感到负担过重，从而让学生在魔术表演中培养敢于创新、灵活运用知识的能力，使他们在轻松愉悦的环境中体验学习的乐趣，变"要我做"为"我要做",这样的魔术作业才会收到事半功倍的效果。

(三)实效性原则

作业是课堂教学的延续和补充,是学生巩固课堂上所学的知识和教师检测课堂教学效果的重要途径。作业应着眼于巩固和消化所学知识,并使知识转化为技能技巧,在这一点上,魔术类作业也不例外,因此,魔术类作业要注重创新,讲究实效。在设计和布置魔术类作业时,要充分发挥学生的主体作用,让学生通过魔术表演消化、吸收、巩固课堂所学的新知识,培养学生分析问题、解决问题的能力。要讲究实效,魔术的难易程度要适应学生的能力发展水平,魔术是形式,作业是本质,不能偏离了作业的本质,让学生通过魔术表演的同时巩固新知,培养学生灵活运用所学知识的能力,提升分析问题和解决问题的能力。

三、魔术类作业的实践案例

(一)"感应数字"数学小魔术

以小学五年级数学《质数和合数》一课为例,"质数和合数"是一节概念教学课,也是"因数和倍数"这个单元教学的难点和重点。它是在学习了因数和倍数的意义以及 2、3、5 倍数的特征的基础上进行教学的,是后面学习求最大公因数和最小公倍数以及约分、通分的重要基础。

本节课的教学目标是:

1. 使学生掌握质数和合数的意义,能正确判断一个常见数是质数还是合数。

2. 知道 100 以内的质数,熟悉 20 以内的质数。

3. 培养学生自主探索、独立思考、合作交流的能力。

4. 让学生在学习活动中体验学习数学的乐趣,培养学习数学的兴趣。

本节课的教学重点是使学生理解质数和合数的意义。教学难点是正确判断一个常见数是质数还是合数。

通过课堂教学,能让学生理解质数和合数的意义并不困难,但是要让学生快速判断常见数是质数还是合数有一定难度，这也是本课的教学难点。

基于以上思考，可以制作若干数字卡片，让学生快速判断卡片上的数字是质数还是合数，然而这样的方法难以吸引学生的兴趣。在教学这一课时，不妨将作业设计成"感应数字"的数学小魔术。

"感应数字"数学小魔术作业设计

学科：数学

教材：人教版小学数学

年级：五年级下册

单元和主题：第二单元《因数和倍数》中的"质数和合数"

作业目标：

通过魔术表演——"感应数字"的方式，在表演的过程中进一步理解质数和合数的意义，熟练记忆常见的质数和合数，熟练记住20以内的质数，能快速判断一个数是质数还是合数。让学生在游戏活动中体验到学习数学的乐趣，培养学习数学的兴趣。

道具：扑克牌

魔术方法：

先将一副扑克牌剔除A和大小王后，按牌面数字是质数还是合数分成两堆，让观众从任意一堆牌中任意抽出一张插进第二堆，让观众将第二堆任意洗牌后交给表演者，表演者（学生）接到第二堆牌后将这堆牌正面朝上，迅速展开平铺到桌面上，通过"感应"的方式迅速找出观众抽出的那张牌。

魔术原理：

扑克牌中去掉4张A和大小王后，剩下的都可以看成2~13的数字，按照质数和合数进行分类，正好每份24张。当观众从第一堆抽出一张牌到第二堆后，这张牌的类型必然与其他牌不同，表演者把这堆牌展开到桌面上后，观察牌面上的数字，只需要在一堆质数中挑出合数，或者在一堆合数中挑出质数即可。

教学注意事项：

1. 应用这一魔术进行教学时，可以借助这个数学小魔术导入新课，让学生带着浓浓的好奇心进入新知识的学习。在课程结束前，可向学生解密这个魔术的原理，也可以让学生思考：为什么要把 A 和大小王去掉？由于扑克中的 A 通常表示 1，去掉 A 进一步使学生理解"1 既不是质数也不是合数"。

2. 课堂教学完成后，可让学生回家把这个魔术表演给家长看，让家长将孩子表演的过程拍成视频发到班级群里分享。学生在表演的过程中，会进一步感知质数和合数的意义，并逐渐记住常见的质数。

3. 引导我们的"小魔术师"们需要设法营造一些神秘的氛围，如嘴中念念有词、闭目冥思等，以吸引观众的兴趣，增强神秘感，增强表演的艺术性和魔术的神奇性。

作业效果：

从收集到的信息来看，学生对于这类魔术类作业特别感兴趣，完成的质量远超过传统的书面作业。连一些平时上课从不愿意发言的同学，在家表演得也特别好，在魔术中语言表达异常流利，说明这些平时不爱发言的同学也理解了质数和合数的含义。

通过这样的魔术游戏，一能增加孩子学习数学的兴趣，二能让孩子们快速记忆常用的质数，理解质数和合数的概念含义，效果不错。甚至还有的同学能创造性地改编魔术，将扑克牌按除以 3 所得的余数分成三类，让观众从中抽取一张进行"感应"表演。

（二）"透视眼"数学小魔术

下面再以小学数学一年级上册《20 以内的进位加法》的加减法为例，叙述魔术类作业的设计方法。

20 以内进位加法是第一学段的重要教学内容，它是在学生已经学习了 20 以内不进位加法和不退位减法的基础上进行教学的，它是后续学习 20 以内退位减法和百以内进位加法的重要基础。20 以内的进位加法在日常的生活中有着广泛的运用，它是学生进一步学习 20 以内退位减法和多位数计算的基础，这部分学习对今后计算的正确性和速度将产生直接影响。学生学习这部分知识，一定要在理解算理的基础上，掌握必要的算法，进而通过一定的训练，达到熟练的程度，为今后的学习打好基础。

这一课的教学目标是：

1. 发现 20 以内进位加法的多种计算方法，体验算法的多样化；通过比较，使学生体验比较简便的计算方法；使学生初步理解"凑十"法，初步掌握进位加法的思维过程，并能正确计算进位加法的口算。

2. 通过比较、抽象、概括，形成"凑十"的思想。培养学生初步观察、比较、抽象、概括能力和动手操作能力，初步提出问题、解决问题的能力，发散学生的思维，培养创新意识。

3. 同学之间相互交流算法，体验算法多样化。培养学生合作学习和学数学的意识，在学习中互相带动，共同提高。

本课的教学重点是理解"凑十"法的道理，掌握计算方法，培养学生的发散思维。教学难点是理解并掌握计算方法，能比较熟练地进行计算。

数学计算是比较枯燥无味的，但为了提高学生计算的正确率和计算速度，进行大量的练习和演算又是非常必要的，如果使用传统的书面练习形式必然让学生感到厌烦，影响一年级学生学习数学的积极性。为此，不少教师将20以内的进位加法的练习设计成对口令、转转盘等游戏形式，也是不错的选择。其实，对这一课的作业，不妨设计为魔术类作业。

数学小魔术——"透视眼"作业设计

学科：数学

教材：人教版小学数学

教材册别：一年级上册

单元和主题：第8单元　20以内的进位加法

教学内容：20以内的进位加法

作业目标：

通过作业练习，进一步巩固20以内进位加法的多种计算方法，熟练使用"凑十"法，体验算法的多样化，培养学生的发散思维，能熟练正确计算20以内的加法，提高计算的正确率和计算速度。

道具：骰子、不透明的无盖盒子

魔术方法：

表演者（学生）背对观众（家长），请观众将两粒骰子叠放在一起，表演者迅速用不透明的无盖盒子盖住这两粒骰子，然后告诉观众：表演者能透过盒子看到两粒骰子被遮挡住的3个数字，并告诉观众这3个数字的和是多少。

然后请观众拿开盒子，拿起骰子检查数字进行验证。

魔术原理：

每颗骰子相对的两个面上的数字之和一定为7，当表演者迅速用不透明的无盖盒子盖住重叠的两粒骰子时，是能够看到最上面骰子上方的数字，用7减去这个数字就能到上层骰子下面的数字，再加上下层骰子被盖住的两个数字和7，就得到被盖住的3个数字之和。

教学注意事项：

1. 布置这项作业前，需要先向学生展示这个魔术，并解密这个魔术的原理，让学生学会表演这个魔术。

2. 引导学生回家把这个魔术表演给家长和身边朋友看，让家长将孩子表演的过程拍成视频发到班级群里分享。让学生在大量的表演魔术和验证的过程中反复计算20以内的加法（包含进位加法），提高计算的准确性和计算速度，培养学习数学的兴趣。

3. 引导我们的"小魔术师"们需要设法营造一些神秘的氛围，如假装注目凝视等，以吸引观众的兴趣，增强神秘感，增强表演的艺术性和魔术的神奇。

发展性作业

所谓发展性作业,即强调学生是作业的主体,注重发挥学生的自主性、主动性和创造性,让他们在创造性的作业活动中,获得知识。基于学生发展的长期性,发展性作业一般具有较长的周期。

一、发展性作业的价值取向

(1)拓展学习空间。"学习的外延与生活的外延相等"。发展性作业主张学生走向社会,走向生活,走向自然,感受鲜活的信息,培养学习意识,习成学习能力。

(2)着眼能力、习惯的养成。有别于传统作业的简单低效与被动复制,发展性作业在强调训练基础知识、基本技能的同时,更注重学生的主动实践、独立思考、积极探究与自我表现。

(3)促进个性的和谐发展。发展性作业注重让学生在作业中释放自我潜能,体验到努力后的满足、愉悦与自信,获得个性的和谐发展。

二、发展性作业的基本特征

发展性作业强调学生主体的积极性、作业内容的开放和作业空间的开放(不局限于教室,面向生活,面向社会,面向大自然),同时作业时间跨度大(适合长周期:可以一星期、一个月或一学期)。学生在开放的时空中选择适合自己的方式,用独特的视角,富有个性化的思考,高质量完成作业,有利于跨学科综合能力的运用,从而培养学习能力。

三、发展性作业的设计

案例一

探索春天的奥秘

统编版小学语文教材基本上都围绕某个主题划分单元的，因此教师应遵循单元人文主题和语文要素，设计"1+X"的单元作业任务。"1"是语文本体性作业，"X"是语文拓展性作业。这里的"+"并非"增加"，而是建立在"轻负优质"基础上进行的单元一体化主题创意作业的设计。

"1"本体性作业讲究"实效"：本体性作业涵盖语文学习的"听说读写"。我们可以形成"作业设计"为核心的教学策略，融"教"于"学"，以落实作业来实现课堂教学的"轻负优质"。

"X"拓展性作业讲究"增值"：其主要类型有主题、内容、形式和综合拓展类作业。可安排在课内，也可适当安排在课外。可以由单人完成，也可以多人合作完成。可以形成"项目推进"为核心的学习策略，融"学"于"做"，对学生综合素养的培养颇有意义。

本案例以统编教科书二年级下册第一单元为例，探究"1+X"单元整体作业体系设计。

（一）教材内容

二年级语文下册第一单元4篇课文，即《古诗二首》《找春天》《开满鲜花的小路》《邓小平爷爷植树》，口语交际《注意说话的语气》、"语文园地一""快乐读书吧"《读读小孩故事》。

（二）教材分析

本组教材以"春季"为主题来选编授课内容。《古诗二首》《找春天》《开满鲜花的小路》《邓小平爷爷植树》，从不一样的角度让学生感受春季的美好，激发学生热爱大自然的感情。教课时，要持续夯实朗诵、识字、写字等学段的基本目标，同时要让学生在入情入境的朗诵中，了解课文内容，背诵课文，

积累语言。

本单元还安排了"语文园地一",包含"识字加油站""字词句运用""书写提示""日积月累""我爱阅读"。让学生在课外实践中感受春季的美好,激发学生对春季、对大自然的热爱。

本单元"春天里的发现"是建立在一年级下册"春天"单元学习的基础上的。教学中要引导学生联系已学的知识和学习体会展开进一步的学习,使学生在感悟春天的基础上去发现春天、观察春天、想象春天,甚至能画春天、唱春天、说春天、写春天。

(三)作业设计

基于以上目标,本单元设计了以《探索春天的奥秘》为主题,综合各学科围绕"探春天"这一话题,实施长周期的(一个月)非书面作业的布置。以诵春、赏春、种春、唱春、绘春等多种形式引导学生将书本知识与大自然的春天美景巧妙融合。

1.每日晨诵春天的古诗或童谣,感受文字赋予春天的美好。(诵春)

【设计意图】学完《古诗二首》,拓展积累和春天有关的古诗,也可以画一画古诗中描绘的景色。孩子们不仅诵读古诗上传音频,还尽心制作了古诗小报,有声有色有情景。学古诗学得兴趣盎然!

2.周末和家长一起去郊游,沐浴春风,身临其境体会春天的万物复苏,认识各种植物与花卉,拍照记录,参加"我眼中的春天"摄影展。(赏春)

【设计意图】学完《找春天》《开满鲜花的小路》,学生们从文字中感受到春天的美好,心中对春天充满了好奇与憧憬!此时,放下课本走向生活,走进自然，去触摸春天的奥秘，让课本中的文字变得鲜活起来。赏春，我和春天合张影，再把所见所闻所想与家长或同伴交流，在实践活动中，语言变得丰富起来。

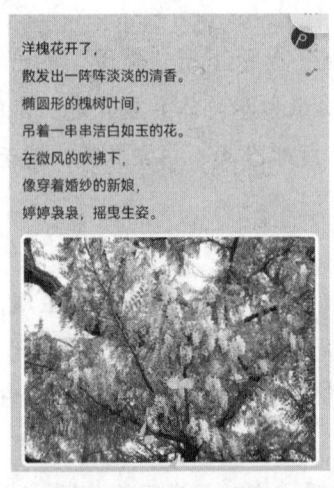

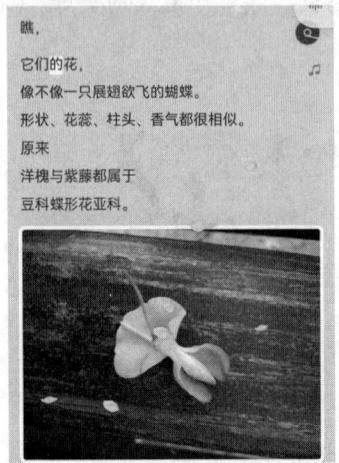

学生在赏春活动中，不仅认识了花卉与植物，还发现了它们之间的相似与不同。在家长的帮助下，及时用美篇记录下自己的发现，并且查找资料探究大自然的奥秘，打通了语文学习与生活之间的联系。

3.班级分组种植或家庭种植，学生怀揣希望亲手播种，每日细心呵护与观察，用心感受生命的成长。（种春）

【设计意图】学完《邓小平爷爷植树》,我们的"种春"实践活动随即展开。亲手播种,尽心照料,体会生命的珍贵;留心观察,发现变化,感受生命的神奇与伟大。

这位学生历经 50 多天，持之以恒地呵护樱桃萝卜的小苗，播种，浇水，施肥，晒太阳，移盆……用心用情陪伴小苗的成长，及时在班级分享它的变化，《樱桃萝卜成长记》深受学生们的喜爱。当收获时，这位同学兴奋极了，在日记中写下：

种植第 56 天

今天是个阳光明媚的日子，而我的心情也和今天的天气一样心花怒放。因为今天是收获萝卜的日子。

下午我和妈妈正式开始拔萝卜了。妈妈按着盆，我用一只手捏着一颗（棵）萝卜的底部，轻轻往上一提，那颗（棵）萝卜竟然没反应。"嘿嘿，你这小家伙长得还挺结实。"我笑着和妈妈说。接着我用两只手捏住萝卜的底部，用力往上一拔，随着"咔嚓、咔嚓"的根须断裂声，一个鲜红色的胖萝卜被拔了出来，我又如法炮制，将另外两颗（棵）也拔了出来，放进盘子里。现在盆子里还剩下最强壮的那棵（棵）萝卜苗，我停手了。我和妈妈说，我想继续养着这颗（棵）最强壮的萝卜，我要让它开花结籽，然后把它的籽种满爷爷的菜地。

妈妈同意了，我太开心了。

我把拔出来的三个小萝卜清洗干净，水灵灵的小萝卜静静地躺在我的手里，我忍不住咬了一口，香香的、辣辣的、脆脆的味道真得（的）不错呢！鲜红色（的）外皮里是雪白雪白的果肉，又好吃又好看！

我和妈妈分吃了一个，剩下的两个我要带给吴老师尝尝，让她尝尝我亲手种的萝卜！

语文课程的生活化、语文实践的真实化，带给学生的收获是刻骨铭心的，必将丰富生命的内涵！

4.结合音乐与美术，唱春天的歌，绘春天的景，突出了学科间相互补充、相互渗透的特点。这一长周期作业的实施，既拓展了学生的认知视野，也巩固了课堂知识，使孩子们自主探索春天的热情被充分激发，并自觉运用多种方式展示了在探索春天过程中的活力与生机。（唱春、绘春）

【设计意图】结合春游活动，在美术老师的现场指导下，孩子们认真观察公园里的景，用画笔尽情描绘春天的美好。在春天的音乐声中，孩子们野外作画，即兴办了个"春天的画展"。既加强了学科融合，又提高了学生的审美情趣，还把"我爱家乡"的情结根植于心。

 案例二

认识人民币

本案例以人教版数学一年级下册第五单元《认识人民币》为例，探究发展性作业案例设计。

（一）教材内容

《认识人民币》由《认识小面值的人民币》《认识大面值的人民币》《人民币的简单计算》组成。

（二）教材分析

本单元的内容有：认识人民币的单位元、角、分和它们之间的关系，认识各种面值的人民币，能看懂物品的单价，会进行简单的运算。

人民币是中华人民共和国法定的货币，它是价值的一般代表，在人们的生活中起着重要的作用。让学生结合自己的生活经验和已掌握的100以内数的知识认识人民币，一方面使学生初步知道人民币的基本知识，提高社会实践能力；另一方面使学生加深对100以内数的概念的理解，体会数学概念与现实生活的密切联系。

上述知识点的编排增加了对人民币的全面认识，并且通过实践操作还帮助小朋友们认识各种面值的人民币之间的相互联系。一年级小朋友年龄虽小，但对于"要用钱才能买到东西"这一简单朴素的等价交换的商品意识是有的。而为了凸显人民币的交易特点以及在社会生活中的重要意义，我们在这里做出了更为精细的安排。如幼儿用人民币的小主题画面中，有4个幼儿买学习用品、买票、买报纸、储蓄钱的小画面，即幼儿们要进行商品交易时，就需要用到人民币。此外，通过联系学生的社会生活，可以引导学生将平时的零花钱全部积累起来，积少成多以后，再将这些资金用来做更多更有意义的事情，比如买好书捐赠给贫困的小伙伴们等。另外，课程中也多处精心营造了商品情境，让学生在选择产品的过程中认识人民币，并利用游戏使学生在选择商品时认识人民币的有关内容，从而提高了人际关系和社会活动中的技巧。

（三）作业设计

基于以上对本单元的教材分析，我们在本单元设计了以"娃娃当家"为主题，从数学以及综合实践学科出发，以"机智娃娃会当家"为题，实施为期两周的非书面作业的布置。以"我会认""我会算""我会买"等多种活动形式引导学生将书本知识和生活经验相结合，让他们在认识人民币的过程中，养成数学运算核心素养及抽象、逻辑推理能力，并渗透节俭、爱国的教育。

在家长的帮助下通过网络、书籍查找自己感兴趣的人民币知识，制作一幅关于人民币的手抄报，可以介绍我国从古至今的货币发展史及相关知识。

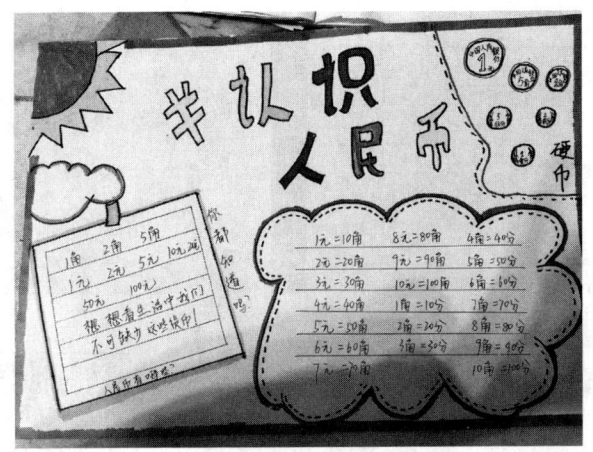

【设计意图】在学习人民币之前,学生在家人的帮助下,查找、搜集相关信息,借助日常生活中所使用的纸币、硬币的帮助,唤起学生自己在生活中使用人民币的经验,用这种方式初步感受人民币的功能和在社会中的作用。在了解到货币的发展史之后,以激发学生对本单元的内容产生浓厚的兴趣。

请各位同学用人民币摆出 20 元、26 元(有 20 元人民币一张、10 元人民币若干张、5 元人民币若干张、1 元人民币若干张)。并列举出一共有多少种摆法。

【设计意图】通过学生自主操作,让学生加深对不同面值的人民币的认识,在将不同面值的人民币自由组合成 20 元和 26 元这一过程中,体会到不同的组合方式,在这里,数学的魅力得到了无限放大。

实践小任务:请各位家长帮忙,替学生们申请一下活动资金,可以在 20~30 元,让他们去买三样物品,可以是文具或者自己喜欢的小零食,三样即可,让他们做好规划,买好后用本子写下今天所购买的物品以及花费的金额,以及计算找回的零钱。

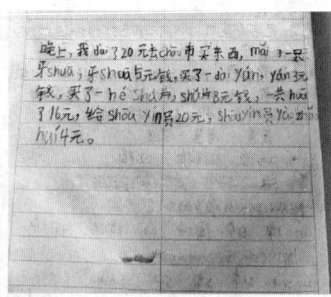
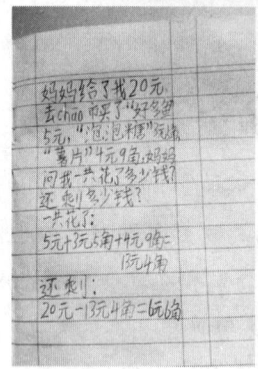
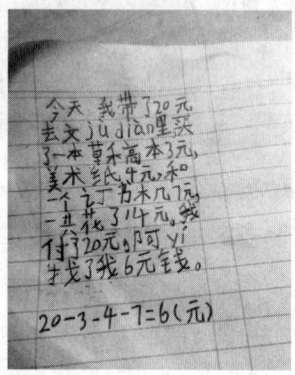

【设计意图】将课堂知识运用到学生的日常生活实践中，让他们自己带上一定金额的人民币走进超市，购买自己想买的物品。在购买的过程中，不但要注意所需购买的物品总金额不能超过自己身上所带的钱，还要计算需要找回的零钱。这一活动，学生要会观察、会计算、会思考、会搭配，并且还要会表达，才能顺利完成任务。孩子们在开心购物之后，用稚嫩的小手记录下了今天的所得，不但让本单元的知识学以致用，更在此项活动中体会到了数学教给了他们会观察思考、会组合搭配、会灵活计算带来的奇妙体验。

四、发展性作业的意义

学习只有通过主体的积极主动参与才会内化。发展性长周期作业的高质量完成，有助于学生综合能力的运用。以学习能力为核心，学生时刻处于发展的学习状态，视野得到了有效开拓，跨学科的知识、能力都得到了有效提高。

跨学科作业

随着新课程标准的推出，各类学科课程标准中皆提倡跨学科学习，《小学综合实践课程标准》基本理念指出"强调学生综合运用各学科知识，认识、分析和解决现实问题"；《义务教育语文课程标准（2022版）》理念强调"注重课程内容与生活、与其他学科的联系"；《义务教育数学课程标准（2022版）》亦指出"注重数学知识与方法的层次性和多样性，适当考虑跨学科主题学习"。各学科教学理念中皆蕴含着跨学科学习，非书面作业设计中渗透跨学科内容遵循了教学规律。

一、跨学科非书面作业产生的背景

我国教育目的确立的依据和基础是马克思主义关于人的全面发展学说，要求培养全面发展的人，为促进学生的全面发展，各个学科逐渐加入跨学科作业设计，以此发展学生的综合能力。

教科书的编订要遵循整体性、思想性和开放性等原则，其中开放性原则要求：应实现其学习方式的多样化，拓展其学习的时间和空间。跨学科非书面作业拓宽了学习空间和领域，需要融合不同学科知识。教科书编排中的一个重要特点就是要我们用跨学科非书面作业维系这一原则，即"要兼顾同一年级各门学科内容之间的关系和同一学科各年级教材之间的衔接"。教材在编订过程中要考虑到知识的衔接，因此布置的非书面作业必然存在跨学科现象。

二、跨学科非书面作业设计的意义

跨学科非书面作业设计的意义有两层,即理论意义和现实意义。联合国教科文组织编著的《学会生存——教育世界的今天和明天》一书中指出"当抽象知识是一个作用和反作用于日常生活的连续过程的一部分时,我们必须承认:小学教育的共同趋势是必须把理论、技巧和实践结合起来,把脑力劳动和体力劳动结合起来;学校不能和生活脱节……"理论层面设计跨学科非书面作业有利于学生将课本所学知识与生活实际相联系,将知识变成本领,掌握实际生存、生活能力。一些学科课标提倡"应拓宽学科学习和运用的领域,注重跨学科学习",由此可见跨学科非书面作业设计已是一种必然趋势。

跨学科非书面作业设计的现实意义对教学更具指导作用,跨学科非书面作业是对学习资源的整合和应用,布置此类非书面作业有利于学生拓展知识视野、灵活应用各学科所学知识、淡化学科之间的界限、培养学生解决问题的能力。整合各种资源的过程中形成学科迁移思维,这是一种整体与分析思维相融合的更高层次的思维方式,能够帮助学生在以后学习生活中学会从不同角度思考实际问题,有效打破学科之间的壁垒。

三、跨学科非书面作业的类型

跨学科非书面作业类型可从两个方面去考虑,一则是相同范畴学科的融合,例如美术和音乐学科相结合、数学和科学学科相结合、语文和道德与法治学科相结合……在设计过程中需要掌握各学科之间内在的逻辑,寻找各学科之间的共性,以此为切换点;二则是多种学科的融合,这种类型的跨学科非书面作业实践性较强,很多情况下需要进行合作完成,需要大量的知识储备,例如制作类非书面作业,就涉及数学、美术、手工、语文等学科,在探究完成过程中学生能豁然打开学科视野。

四、跨学科非书面作业设计的策略

跨学科非书面作业设计时需要把握各学科之间的连接点、不同学科教学内容间的联系,因此,跨学科非书面作业设计的策略也就因学科不同而有所差异,总体可以按照以下几点建议进行设计。

第一,理清学科的发展历史,以横向时间轴为基础,寻找学科间的联系。

第二,掌握精深的学科专业知识,能够将相同范畴的学科内容融合。

第三,终身学习,教师拥有精深的学科专业知识、广博的科学文化知识后,就能转变作业形式,改进评价方式,立足本学科,注重实践能力培养。

如何依据策略设计跨学科非书面作业,我们搜集了语文学科与非语文学科的一些案例,并进行分析来阐释跨学科非书面作业设计中的要素与具体经验,在具体案例中发现规律,掌握方法,方能有所促进。

案例一

《乐享春光——我在春天里成长》非书面作业

一、作业呈现

通过本单元前两课的学习,学生初步感知春天的美,并逐步留意身边的春光,体会到春天里万物焕发着的勃勃生机。非书面作业设计遵循"寻觅春天——欣赏春天——描绘春天"的情感规律,引导学生体悟春天景色的美丽,并在找春天的过程中收获快乐,通过更直观的方式,扩大词汇量,提升口语表达能力。

	作业内容	作业要求
课时1	1. 诵读《春郊》《清江引·立春》 2. 把我眼中的春天画在我做的风筝上,和朋友家人一起在美丽的春光里放飞风筝	1. 寻找身边的春天美景,并用画笔设计独一无二的风筝 2. 放风筝,感受春天万物复苏的生机景象,体会快乐
课时2	1. 诵读《城南》 2. 走进春天,选择一种独特的方式留住春天(制作干花、书签、树叶剪贴画等)	动手做一做,提升动手能力的同时激发创造力

续表

	作业内容	作业要求
课时3	1. 诵读《柳树醒了》 2. 仿照课文第八自然段，口述小诗，说说春天还会在哪些地方	从视觉、听觉、嗅觉等多个角度去寻觅春天、欣赏春天
课时4	1. 诵读《春天来了》 2. 我是小摄影师。在假期与家人进行一次春游，自己拍照记录看到的美景，并选择其中最具代表性的几张照片，说一说我眼中的春天	发现春天的美并捕捉春天的美，再借助图片讲故事，落实上学期"借助提示讲故事"的训练要求

二、适用对象

部编版二年级下册第一单元的人文主题是"春天"，语文要素是"朗读课文，注意语气和重音"。本单元围绕"春天"这个主题，安排了四篇课文。这四篇课文体裁各异，其中有古诗《村居》《咏柳》，有散文《找春天》，课文展现了春天景色的美丽、孩子们寻找春天的快乐，意在引导学生善于发现春天的美景，感受人物内心的美好。二年级学生想象力丰富，具有爱表达、爱表现的欲望，在说话方面也有了很大进步，因此在这单元的作业设计中，着重训练学生的朗读，提升学生的口语表达、创造思维和动手实践能力。

三、设计目的

1. 加强朗读训练

统编教材在编订的过程中注重人文主题和语文要素双线并行。二年级下册第一单元的语文要素是"朗读课文，注意语气和重音"。本单元每篇课文的课后练习题、口语交际和语文园地中，都针对本要素进行了合理的训练。因此在每一课时结束后均安排了课外类文诵读，采用模仿诵读、情感诵读和花式诵读等方式，在拓展阅读材料的同时加强朗读训练。

2. 提升表达能力

"借助提示讲故事"是统编教材二年级下册第七单元的语文要素。二年级上册，就引导学生学习借助图片和关键词句讲故事。并且二年级下册第一单元在上册借助多幅图讲故事的基础上发展到了借助单幅图讲故事。

为实现"借助提示讲故事"的语文要素，在二年级下册的后续单元，编者由易到难，由浅至深引导学生进行表达。二年级下册，不仅继续落实二年级上册"借助提示讲故事"的训练要求，而且在方法习得、能力发展上螺旋上升，从而为中高年级复述课文奠定扎实的基础。因此设计安排学生走进春天、捕捉美景、留下图片并借助图片说一说自己眼中的春天，将视觉美感内化，形成独特的审美体验后，再通过语言重组，自己表达出来，既提升了学生发现美、欣赏美的能力，又锻炼了借助图片讲故事的能力。

3.锻炼动手能力

本单元有两次实践活动：在《找春天》中，泡泡语"我们也去找春天吧！去看一看，听一听，闻一闻……"课后思考题"选做：你找到的春天是什么样的？仿照第4自然段至第7自然段或第8自然段说一说"。在非书面作业中分别以手工作业和口述小诗的形式展开，春光美好，却稍纵即逝，走进春天，想一想怎样才能留住春天，学生边想象边操作，在发展学生创造力的同时，也注重对学生想象力的培养，发散学生的思维。口述小诗旨在引导学生从多感官角度去发现春天，不拘于特定的格式，更有助于收获学生独特的审美和纯真的表达。

四、反馈分析

	作业内容	作业要求	作业完成情况
课时1	1.诵读《春郊》《清江引·立春》 2.把我眼中的春天画在我做的风筝上，和朋友家人一起在美丽的春光里放飞风筝	1.寻找身边的春天美景，并用画笔设计独一无二的风筝 2.放风筝，感受春天万物复苏的生机景象，体会快乐	学生们都能用手中的画笔画出自己视角中的春天，画面色彩明艳丰富，展现了孩子们明丽绚烂的内心世界
课时2	1.诵读《城南》 2.走进春天，选择一种独特的方式留住春天（制作干花、书签、树叶剪贴画等）	动手做一做，提升动手能力的同时激发创造力	学生们都能利用收集的材料制作较有创意的手工画作，留住春天 个别学生采用了最简单的方法，制作的是干花、树叶书签

续表

	作业内容	作业要求	作业完成情况
课时3	1. 诵读《柳树醒了》 2. 仿照课文第八自然段，口述小诗，说说春天还会在哪些地方	从视觉、听觉、嗅觉等多个角度去寻觅春天、欣赏春天	部分学生能够独立创作口头诗，起到了带头作用，绝大部分学生跟着也创作了口头诗。个别学生难以独立创作，教师给他们几个选项，帮助他们确定对象，然后再一句一句引导，使学困生最终也能口述诗篇
课时4	1. 诵读《春天来了》 2. 我是小摄影师。在假期与家人进行一次春游，自己拍照记录看到的美景，并选择其中最具代表性的几张照片，说一说我眼中的春天	发现春天的美并捕捉春天的美，再借助图片讲故事，落实上学期"借助提示讲故事"的训练要求	学生根据拍摄的照片，回忆当时的环境，创编故事。虽然有时用词用语不太准确，但在同学和老师的指正下，最终完成的情况都不错。此次作业比上次仿编小诗效果要好。因为这是孩子们亲身经历的事情，所以说起来胸有成竹，声音更洪亮、语言更清晰、表达更自信一些

五、教学建议

	作业实施步骤	作业指导与评价
课时1	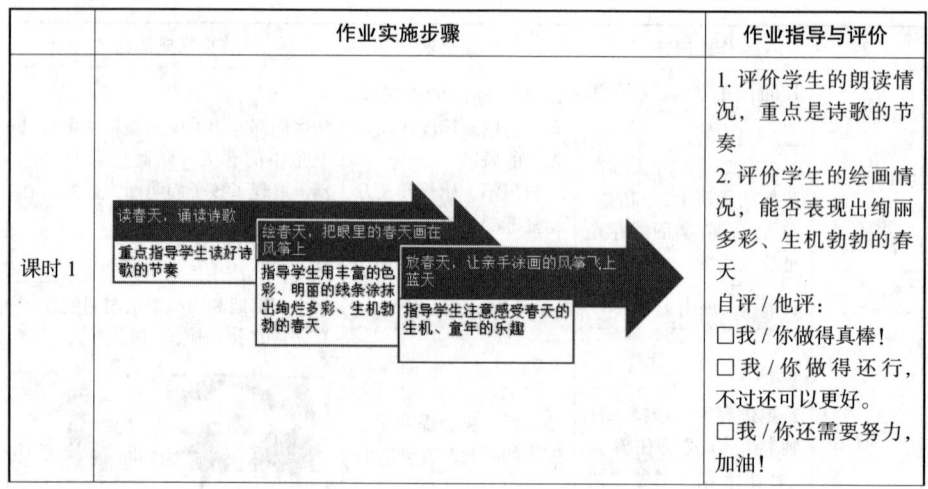	1. 评价学生的朗读情况，重点是诗歌的节奏 2. 评价学生的绘画情况，能否表现出绚丽多彩、生机勃勃的春天 自评/他评： □我/你做得真棒！ □我/你做得还行，不过还可以更好。 □我/你还需要努力，加油！

续表

	作业实施步骤	作业指导与评价
课时2	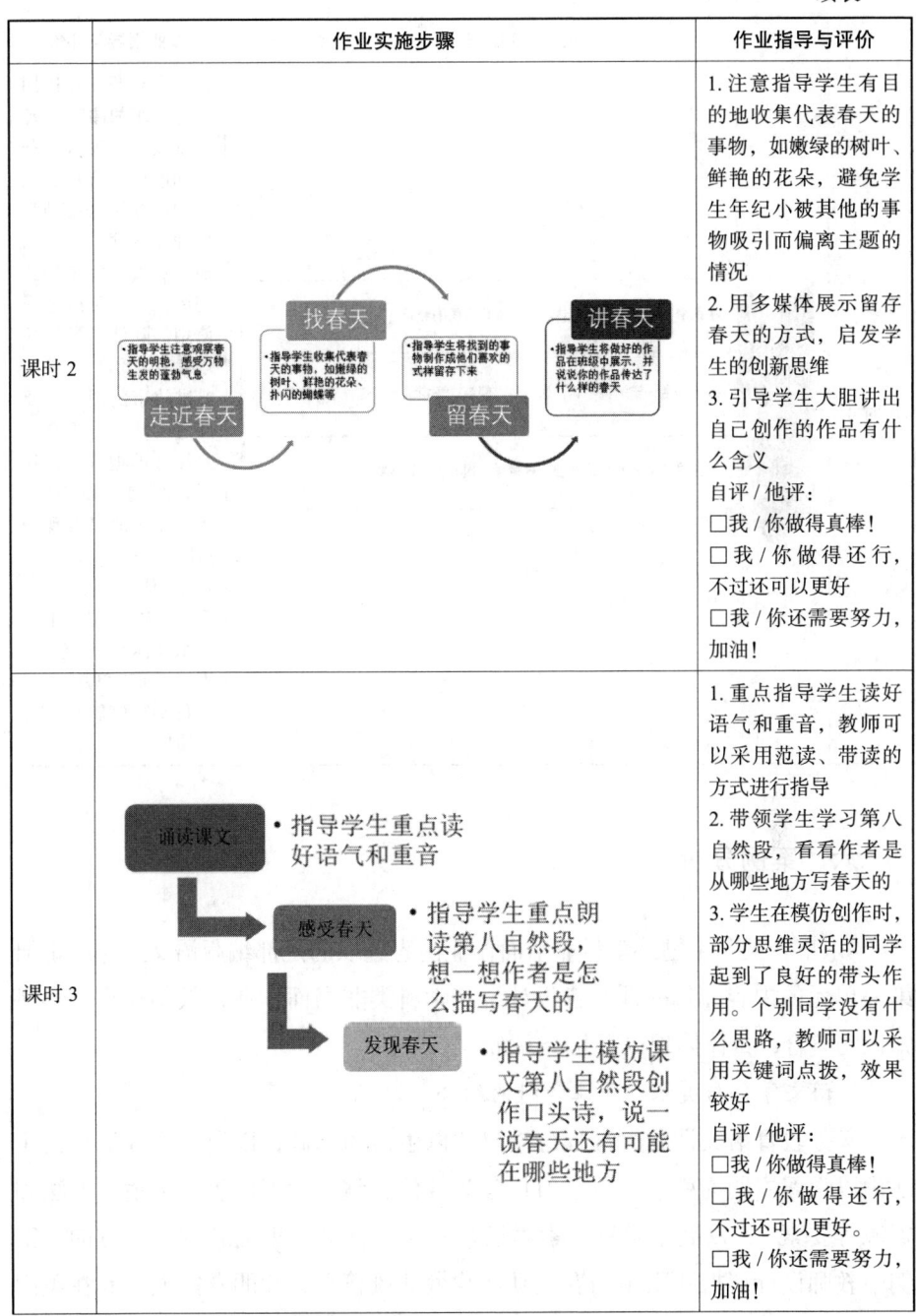	1. 注意指导学生有目的地收集代表春天的事物，如嫩绿的树叶、鲜艳的花朵，避免学生年纪小被其他的事物吸引而偏离主题的情况 2. 用多媒体展示留存春天的方式，启发学生的创新思维 3. 引导学生大胆讲出自己创作的作品有什么含义 自评/他评： □我/你做得真棒！ □我/你做得还行，不过还可以更好 □我/你还需要努力，加油！
课时3		1. 重点指导学生读好语气和重音，教师可以采用范读、带读的方式进行指导 2. 带领学生学习第八自然段，看看作者是从哪些地方写春天的 3. 学生在模仿创作时，部分思维灵活的同学起到了良好的带头作用。个别同学没有什么思路，教师可以采用关键词点拨，效果较好 自评/他评： □我/你做得真棒！ □我/你做得还行，不过还可以更好。 □我/你还需要努力，加油！

续表

作业实施步骤	作业指导与评价
课时4 **记录春天**：注意事前提醒学生拍摄内容，拍摄你眼里的春天 **创编故事**：给予学生一定的提示词，如方位、颜色以及描绘春天各样事物的形容词 **讲故事**：注意提醒讲的同学的声音、表情等，提醒听众认真听	1. 学生对照图片边回忆边创编故事有一定的难度，教师可以利用如时间、方位、连接词等提示语帮助学生理清顺序，再出示描写春天事物美好的词语，学生可以选择使用，降低了学生的创编表达难度 2. 讲故事的同学需要注意的地方、听众需要注意的地方，教师可以事前予以提醒，所以整个故事会现场氛围较好 自评/他评： □我/你做得真棒！ □我/你做得还行，不过还可以更好。 □我/你还需要努力，加油！

六、案例分析

"乐享春天"主题跨学科非书面作业内容选取的是部编版语文二年级下册第一单元的内容，每一课时皆设计了跨学科类非书面作业，教师注重各学科知识的整合，具体体现以下几个方面。

1. 语文学科与美术、手工学科的结合

义务教育语文课程标准理念指出"以生活为基础，以语文实践活动为主线，以学习主题为引领，以学习任务为载体，整合学习内容、情境、方法和资源等要素"，发展学生核心素养已是新课程标准提出的新的培养方向，案例中教师设计"把我眼中的春天画在我做的风筝上，和朋友家人一起在美丽的春光里放飞风筝。"这项非书面作业包含制作、绘画两种技能，分别对应手工和美术学科，要求学生和家人一起放飞风筝，无形之间拉近亲子关系，突出本学段学生核心素养发展需求。第二课时中"走进春天，选择一种独特的方式留住春天。（制作干花、书签、树叶剪贴画等）"亦是跨学科作业的典型案例，制作干花、书签是《找春天》一课内容的延伸，综合运用手工和美术学科，树叶剪贴画既要求学生动手还要动脑，对学生综合素养提高具有重要作用。

2.语文学科与综合实践学科的结合

"走进春天，选择一种独特的方式留住春天"，通过制作干花等非书面作业，体现出综合实践学科的特点，责任担当、问题解决、创意物化等目标皆包含其中。学生收集鲜花，体现出一种积极参与活动的意愿，能够利用收集到的素材去完成预设的目标，整个过程则是学生运用所学知识和技能解决问题，以制作干花的方式留住春天，学生通过动手实践，掌握手工设计与制作的基本技能，实现创意物化。

3.语文学科与数学、美术学科的结合

摄影艺术涉及数学和美术学科知识，选取摄影角度、构图比例、曝光控制等，与数学学科知识紧密；滤镜调试、色彩的搭配、画面的饱和度等又与美术学科相关联，一项摄影非书面作业将语文与数学、美术学科知识的连接点找到，自然形成跨学科性学习。

语文学科从其性质来看，是一门集人文性与工具性于一体的学科，语文是其他学科的表达工具，文字、语句、篇章是用来表达思想、诉说事情的媒介，没有语文，也就没有数学、美术、音乐等学科，因此语文与其他学科最易融合，也是最方便进行跨学科学习的课程之一。跨学科学习并非只存在于语文学科的融合，其他学科之间亦可以开展学科融合。

案例二

PEP 三年级下册英语 Unit2 My Family（第六课时）非书面作业

一、作业呈现

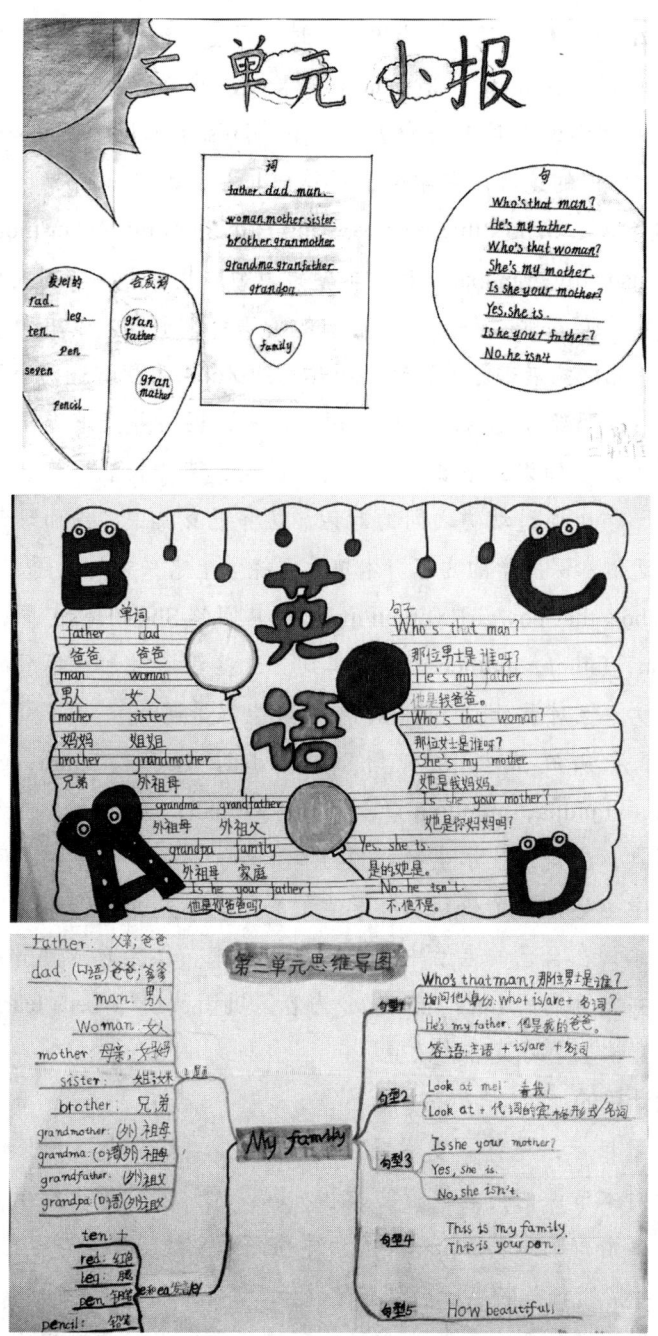

二、适用对象

本单元是三年级下册教材的第二单元,主要围绕"My family"这一主题展开，分为 A、B、C 三部分，让学生通过学习能够听懂、会说、会认读 9 个家庭成员的单词以及 man 和 woman 两个单词，并会用英语介绍家庭成员以及做出相应的回答，而且进一步巩固句型：This is…He's…She's…掌握字母 e 在闭音节单词中的读音，并学会拼写单词 leg, red, ten, pen。能听懂、会说、会认读句型：Who's that man/woman? He's/She's my father/mother. This is my family. This is my grandpa. 同时也能紧跟教师的教学思路，完成相对应的课堂练习。其中 C 部分是以一个生动有趣的英语故事形式对本单元进行总结和运用，是本单元的拓展部分。通过学习熟悉的 Zoom 和 Zip 这两个可爱的动物的对话将 A、B 两部分的内容巧妙地联系起来，图文并茂地为学生们展现了本单元的基本语言知识，拓展了学生的听、说、读的技能，符合小学生的身心发展水平，学生通过动物之间的对话，仿佛置身其中，继而理解语言，并在此基础上运用本课所学的内容。本单元围绕学生感兴趣的主题 "My family" 引出句型 Who's that boy/girl/woman/man? 及其回答 She's/He's…同时教会学生 woman, man, father, mother 这四个单词。这些新词对于三年级的学生来说比较容易接受，但对于 she's 和 he's，有些学生容易混淆。

学习有关家庭成员的单词 father, dad, mother, mum, grandfather, grandmother, grandpa, grandma 以及 man, woman, 单词量比较大，是本课的重点和难点，应提前让学生做好预习。另外，教师在课堂中尽可能多地设计一些贴合学生生活的场景从而将学生的兴趣调动起来，让学生体验到已经学过的英语单词在自己的生活中也可以运用起来。作为教师，引导学生利用所学单词，并充分利用 Let's sing 部分内容，巩固、训练 Let's learn 部分出现的单词，激发学生学习英语的欲望。

三、设计目的

指向学习目标，设计"复习巩固类"作业。"复习巩固类"作业的目的是让学生针对本节课的内容进行回顾和巩固，通过各个年级知识之间的纵向联系和各个单元的横向联系，以单元教学主题为主线，结合学生的知识水平、认知结构、年龄特征等特点，合理布置作业。

通过布置作业的形式帮助学生再次回忆所学知识，并对相关知识进行梳理和归纳。对于知识的巩固，我们把思维导图作为切入点，让学生设计相关主题的思维导图，让学生运用思维导图对所学的内容进行更好地巩固，有助于学生探究主题的意义，发展语言能力，提升思维。如 U2 My family，我们设计了以单元为主题的思维导图，有效训练了学生以上能力，效果相对较好。

四、反馈分析

"拓展延伸类"作业是课堂教学的延伸。这类作业能让学生主动运用课堂所学语言，开展描述，灵活运用新旧知识，贴近生活的真实情境。下面从两个方面加以说明。

（1）在设计作业时，做到课内开花，课外结果，把作业延伸到生活中，通过丰富多彩的作业形式，巩固、应用、深化所学的知识，促进知识向能力的转化。在学习"My family"这一单元时，我们设计了 My Family tree 的作业，在一单元结束后，让学生通过手抄报的形式整理复习这一单元所学内容，这样，学生在课内学到的知识延伸到课外实际生活中，能以一种学生喜闻乐见的形式表达出来。

（2）单一的口头作业或书面作业往往让学生感到枯燥无味，反之，换一种有趣的非书面作业能够唤起学生对学习的渴望。这类作业的设计从所学知识中进行适当加工、包装、增容，为学生提供富有趣味性、多元性、挑战性、创新性的作业，如小小设计师（设计本单元所学内容）等手段让学生运用所学的语言知识完成作业。

五、教学建议

（1）利用直观生动的图片，复习旧知、巩固新知。基于单元目标：能听、说、认读单元核心词汇及句型；能理解本单元语篇并用准确的语音、语调朗读。学生已在三年级下册第二单元学习了部分家庭成员 "This is my father/mother/brother/sister/grandfather/grandmother. Let's play 部分，学生通过画出手指家庭来表现自己的 family，生动有趣，又不失活泼，不但有利于突破重难点，而且有利于培养学生对所学对话的理解能力，提高学生的学习兴趣，学习起来更有动力，学习效率自然突飞猛进。

（2）夯实听说基础，听音、模仿、跟读，培养学生的语音、语调、语感。

（3）过去，针对对话教学，我们统一要求所有的学生能背诵课文对话，但学生完成这种类型的作业兴趣度、完成度均不高，即便能够背诵但也并不能真正将语言进行迁移使用。"双减"政策实施后，我们认真研究了英语课程标准中关于语言能力中"说"的分级目标要求，对待不同的学生要注重因材施教，分类设计阶梯形的对话课后作业，学生可根据自身情况自主选择完成。如 Part A Let's talk & Part B Let's talk 两部分，设计不同难度层次作业。

（4）情境创设。本单元的教学离不开情景的创设，教师要花心思创设促使学生感兴趣的情景，让学生有想要表达的欲望，并鼓励学生用多种已学句型进行操练。可以充分利用人物卡和家庭照片，还可以制作人物指偶，但是如何最大化、新颖地发挥作用，还需要认真研究。可以把学生的家庭照片都放到电脑上，然后随机抽取某位学生的家庭照片，让他说一下，同时，还可让其余学生用学过的句型提问，扩大语言的使用范围。

六、案例分析

案例是三年级下册第二单元非书面作业设计，从非书面作业呈现方式可知，学生需要绘制思维导图进行整合家庭成员的名称，复习巩固"This is…""He's/She's…"句式。三年级属于英语学科的一级学习水平，处于激趣、启蒙阶段，积累单词，学习简单的语法，教学难度与一年级时的汉字教学相似，教师设计非书面作业时应考虑三年级学生的心理特征和学科特点，以制作手抄报的方式进行，丰富英语学科非书面作业形式。

绘制手抄报需要考虑布局、排版、涂色等问题，无形之中需要运用美术学科知识，据相关调查，越是低年级学生越是喜欢绘画，他们的思维活跃，没有条条框框的束缚，因此可结合三年级的学生热衷绘画的特点，布置非书面作业。

英语学科在学生全面发展中占据重要地位。激发学生学习英语的兴趣，跨学科学习是非常好的教学方式。兴趣可以迁移，利用学生对其他学科的热爱，可将学生钟爱的学科原理、知识、形式等融入其中，让英语学习方式变得灵活多样。

创新型作业

创新思维，顾名思义，就是创造新的思维，拥有脱颖而出的"不一样"，跳脱惯性的思维。新，正是凸显了个性化——我能想到，而他人想不到的。这里的"新"，应该是智慧火花的迸发，灵感的捕捉，它来自个体的智慧体系，从"无"中生出来的"有"。

对于处于小学阶段的孩子来说，这份创新能力是与生俱来的。他们的思维处于天马行空的阶段，约束越少，自由度越高，学生灵感的创新能力就越强。这个年龄阶段孩子的特点就是敢想，敢做，没有能与不能的条条框框束缚。这样的自由就是能让创新思维飞起来的翅膀。

而非书面作业的形式，更好地为创新思维拓展了一片开阔的疆域。大多数孩子都爱画画，用画的形式呈现他们的思维状态。画的自由度比文字更高；画的色彩度比文字更鲜亮，这份出彩的颜色更能激起学生创作的欲望；绘画是孩子们信手拈来的天赋。手工作品的制作过程中没有具体细致的评价，只有最后结果的出现。在制作的流程里，学生们是安静的，是无拘无束的，是全身心投入的。

不管是绘画还是手工，这类的非书面作业形式，学生在完成的时候，身心都是轻松而自在的，会给学生的思维伸出无限的触角，自然而然地就会有某个触角连接上内在智慧，创新就此发生。

教育最大的魅力，就是它在不断地创造着"新"人。每一次新思维的脱胎，也就是学生生命的换骨。

下面列举两个创新型作业加以说明。

案例一

《我的"自画像"》预习——用图画介绍自己

一、作业呈现

部编小学语文四年级下册第七单元以"人物品质"为主题,本单元的语文要素是"从人物的语言、动作等描写中感受人物的品质",旨在引导学生仔细阅读文本,发现如何通过人物的言行表现人物的品质,并能够受到人物品格的感染。

本单元的习作是《我的"自画像"》,自然"我"就是每个学生要研读的文本和表现的人物。如何研读好"我"这个文本,需要寻找到一种让学生连接到自己、回看自己的路径,蜻蜓点水般地说说,只是个擦肩而过的形式。所有的说,底层思维里都应该有画面的支撑,这样的说才能输出有根的语言,此时流淌出来的有声文字就会具有情感性和形象性,为后面的习作铺就了水到渠成的基础。于是,在习作练习前,我们设计了一个预习作业:用图画介绍自己。要求如下:

1.用一幅或几幅图画呈现自己的特点。

2.图画的内容紧扣人物的特点。

3.设计某一种表现形式来呈现图画。

二、适用对象

本作业面对的是四年级的学生,他们已经有了自己的主观意识,可以超越简单的模仿,而进行属于自己的个性化构思。于是在这次的作业设计中,我们安排了"设计某一种表现形式来呈现图画",就是激活学生的创新能力。说是激活,更准确地说应该是给他们提供一个无拘束感地绽放思维的空间。因为创新是由内而外地生长,而不是由外而内地给予或者是要求。如何激活呢?没有更多烦琐要求的自由,就是最大的激活。各就其位,把学生还给学生,无拘无束地创造,新意也就自然而然地发生。

三、设计目标

1.让学生仔细阅读自己,发现自己外貌上的与众不同,以及自己的喜好。

2.用图画来表现自己,在画图中与自己连接,感受自己的状态。

3. 在一笔一笔的勾画中，将对自己的喜爱之情融于其中。

4. 体现自己的个性设计，打开思维的闸门，寻求到最佳的表现形式，激发创新思维的迸发。

四、反馈分析

"惊喜"是学生作业交上来后我们的感受！学生的创新思维真的了不起：有的学生用几幅图突出了自己的特点；有的学生用几幅简笔画了了地表现了自己，虽然是简单的小火柴人，但又是那么的形象和准确；有的学生干脆直接画上自己的最爱，"大汉堡""乐高""书""象棋"……连他自己都已经不需要画了，因为此时此刻那个"我"已经不重要了；有的用电影的形式，把自己的兴趣爱好用一张张胶片展现在图画中；有的学生用"书"的状态表现自己，一打开书，阅读到的就是自己……是啊，每个学生都是一本书，他们的每一个今天都是在书写这本书的页面，即使有的学生完成得有点随性，但这张画也在触摸着自己，基本上都能为习作更好地表达，做好添砖加瓦的作用。

五、作业展示

 案例二

会摇动的玩具——利用废旧物制作会摇动的玩具

一、作业呈现

《会摇动的玩具》是小学美术一年级下册的课题，鼓励学生在创作的同时，还要培养他们团结协作的精神和独立解决问题的能力，启发学生运用多种材料进行创作，体验创造的乐趣，引导学生大胆创新。

根据本课的教学目标设计了利用废旧物制作会摇动的玩具，变废为宝。此项作业中，只要作品一呈现，创新成果也就跃然纸上了，难点是如何发现能制作会摇动玩具的废旧物。课堂上教师的引领一定要到位，找出能制作摇动玩具的共性，学生沿着这个共性，寻找废旧物的思路自然就打开了，那么作品也会精彩纷呈。制作要求如下：

1. 寻找可以做会摇动玩具的废旧物。
2. 利用废旧物加上卡纸，利用剪刀、胶水制作玩具。
3. 可以适当修饰或者涂上自己喜欢的色彩。

二、适用对象

本次作业面对的是一年级的小学生，他们的想象力和动手能力并不低，只要老师引导到位，辅助到位，相信他们创作出来的作品，会令我们刮目相看。如何利用身边的废旧物，就是学生创新思维的表现，这里需要教师指明会摇动玩具的共同特点，就是底部的半球形，激发学生在生活里发现球形的废旧物。眼界一打开，创新的路径就无限铺展开去。

三、设计目标

1. 培养学生的动手能力和协作能力。
2. 激活学生的创新思维，将废旧物二次利用，变废为宝。
3. 感知物尽其用的美妙，从而爱惜生活中的物品。
4. 体验作品成功的喜悦，留下童年期美好的回忆。

四、反馈分析

一年级的学生可爱至极，正如他们的作品一样。一枚小瓶盖，一个乒乓球，一个易拉罐，一个鸡蛋壳……在他们的手里变成了一个个会摇动的玩具。

有的做工精致，能感受到制作者的用心；有的造型独特，能感受到制作者的别具匠心；有的虽有几分粗糙，但也能感受制作者的欢心。这些精致的作品是思维的种子，种子的生命自然会生根、发芽……

五、作品展示

阅读类作业

在 2022 新课程标准中，阅读是发展型学习任务群的核心和拓展型学习任务群的基础。在发展型学习任务群中，阅读有三个层次：一为实用性阅读与交流，二为文学阅读与创意表达，三为思辨性阅读与表达。在拓展型学习任务群中，整本书阅读和跨学科学习互相促进，互为动力，共同助推学生的快速成长。阅读课程化以后，如何提高学生的阅读效果，布置好阅读类非书面作业就显得尤为重要。在进行阅读类非书面作业设计时，要紧扣语文要素，追求"一课一得"，细化阅读能力。教师可以根据不同的学习环节，设计指向不同维度的练习，并通过不同的方式使用阅读作业，以此促进学生阅读素养的提升。

一、阅读类非书面作业的设计理念

1. 紧扣语文要素设计阅读作业

统编教材最大的特点是在每个单元的单元导语中将该单元的语文要素列出来，为整个单元的教学指明了目标，同时也是阅读类非书面作业布置的重要参照。设计阅读非书面作业时，不仅要关注单元的语文要素，把握好每个年级单元要素的纵向联系、大单元教学与单篇课文教学之间的联系，还有课文与课文之间各要素的编排序列，同时要注意语文要素的横向关联，把握好不同板块中要素的落脚点，系统构建单元语文要素体系。在明晰这些要素以后，我们再去设计阅读类作业时，就会考虑作业的形式及目标，确保阅读类作业的有效性。

2. 抓住文本特点，确保每一课的重要知识点训练有效

阅读类非书面作业设计时，教师要多考虑学生的阅读基础，根据单元目标进行有针对性的阅读训练，确保"一课一得"。在开展阅读类作业设计之前，要准确把握文本特点，根据大单元整体教学要求，设计一个个任务点，形成单元整体任务训练点，以任务群的形式驱动阅读作业的开展。"一课一小得""一单元一大得"，但每个任务点都指向单元总体目标，形成进阶式阅读作业。

3. 要有利于培养学生的阅读能力

学生在阅读中，如何从阅读文字中提取有用的信息，在此基础上感知课文内容，形成初步的阅读体验，能开展针对性的阅读评价，进而形成独立的阅读能力，解决阅读中的困惑，这些都是阅读中需要培养的能力。

二、阅读类非书面作业的设计策略

1. 根据单元任务群的目标，设计每一课的任务点，有梯度地设计作业

在大单元整体教学备课时，教师常常会结合单元语文要素设计的任务群的总目标，然后才去设计每篇课文的任务。每篇课文的任务同时指向单元的任务群目标，并不是单独的目标。任务群目标的设定就是开展阅读类非书面作业设计的依据，作业的设计要有利于课文目标的完成，有利于单元任务群目标的完成。在设计阅读类非书面作业时分解语文要素，根据课文内容有梯度地设计阅读作业，有层次地推动学生阅读和思考。

2. 营造阅读氛围，搭建语言实践的支架

阅读教学的最终目标就是要实现学生自主阅读，形成一定的阅读能力。统编教材的策略单元意在进行学生阅读能力的学习与提升。在设计非书面阅读作业时，教师要给学生创设具体的语言情境或者提供一定的阅读素材，营造阅读的氛围，帮助学生进入具体的情境，灵活运用习得的阅读方法。这既能赋予作业实际的意义，也能让学生投入到作业中，获得真实的运用体验。

3. 立足单元反馈，促进教、学、评一体化

新课标强调要"教、学、评一体化"，即教什么学什么，学什么考什么，让教师的教、学生的学以及教学评价保持一致。基于此，不管是单元的教学，

还是课后开展的整本书阅读，所有作业的设计都要指向单元整体作业，考察学生对阅读能力的运用，考察学生对单元任务群目标的掌握程度，这样，以后的阅读教学才能有的放矢。因此，教师要改变传统的阅读作业设计的思想，敢于打破常规，善于创新，尤其是阅读类非书面作业设计时能创设适合学生阅读的情境，适当减少机械的字词积累内容。由此打造阅读类的非书面作业，可激发学生的阅读兴趣，扩大阅读面，提升阅读能力。

 案例一

整本书阅读非书面作业设计案例分析

一、作业呈现

2022版新课标将整本书作为阅读的重要一部分，整本书阅读课程化，其作业设计成为备课的重要环节。结合"快乐读书吧"推荐阅读的要求，我们将以《中国寓言故事》为例，呈现在教学中所做的尝试，促使学生有兴趣、有计划、自主高效地阅读，帮助学生养成整本书阅读的好习惯。

单元语文要素	感悟寓言故事中蕴含的道理
作业内容	阅读《中国寓言故事》整本书，选择其中一两种你感兴趣的情境，完成任务。可以自己完成，也可以和小伙伴合作完成
作业方式	阅读任务
连连看	请将下面的寓言故事和寓意连起来
比比看	请阅读寓言故事《黔之驴》和《狐狸和狮子》，比较内容和寓意的不同
画一画	故事中有很多自己喜欢的人物，拿起自己的画笔，将自己喜欢的情节或人物画下来
评一评	寓言故事中有很多主人公，每个主人公都给我们留下了深刻的印象。说一说、评一评自己心目中的"最美主人公"
演一演	分角色演一演自己喜欢的故事

二、适用对象

统编版语文三年级下册第二单元安排了四篇寓言故事，分别是《守株待兔》《陶罐和铁罐》《鹿角和鹿腿》《池子和河流》，四篇寓言既有文言文，也有诗，还有我们常见的故事，通过简短的故事让学生感受其中蕴含的道理。"快乐读书吧"推荐的必读书目之一是《中国古代寓言》，这本书里包含了80

篇左右的寓言故事,这些寓言故事都适合小学阶段的学生阅读,故事短小却形象鲜明,兼具趣味性和教育意义。多数故事用成语作题目,成语本身就揭示了故事的主要内容。有的故事后面点明了道理,有的并没有点明道理。这本书的阅读目标是让学生产生阅读兴趣,了解故事内容,体会故事中的道理,深入理解生活中的人和事,感受阅读的乐趣,乐于与大家分享课外阅读成果。

从一年级开始,学生就已经阅读了一些寓言故事,寓言故事浅显易懂,趣味性强,学生都比较爱读,平时还能熟练地讲故事。但对大部分学生来说,能完整、有条理地、绘声绘色地讲故事,将故事中蕴含的道理讲明白有点困难。

三、设计目的

统编版语文教材围绕"人文主题""语文要素"双线组织单元。整本书阅读已经纳入 2022 版新课标。我们发现统编教材在"快乐读书吧"中会重点给学生推荐几本与课文学习相关的整本书阅读。在学习"快乐读书吧"时,教师要善于将单元学习到的阅读方法进行梳理、归纳、总结,让学生将学到的阅读策略能有效运用到整本书的阅读中去。因此,在进行整本书阅读的非书面作业设计时,要结合"人文主题""语文要素"以及"交流平台""小贴士"提示的方法,联系课文后的练习题及语文园地中的内容进行设计。

教师在进行阅读类非书面作业设计时,要结合本单元的语文要素和学到的阅读策略,将课内阅读与课外阅读结合起来,开展丰富多彩的阅读活动,如封面设计、手抄报比赛、课本剧表演、复述故事、抢答游戏等,用学生喜闻乐见的方式提高学生阅读的兴趣,在阅读中提升能力,养成热爱读整本书的习惯。

四、反馈分析

从学生提交的作业来看,学生都能很好地运用课堂学到的知识进行阅读,部分同学已经学会积累一些好词好句,学会思考寓言故事是怎样通过一个小故事来阐述一个或大或小的道理。对于寓言故事中的一些人物形象也能结合内容进行简单的总结,小组内开展的舞台剧表演也是像模像样,从剧本到角色分工,再到自己排练,可以说他们把对寓言故事的喜爱诠释在了他们的行动中了。

学生可能受年龄、阅读经历的影响,对于一些没有写明寓意的故事,对寓意的概括不是很准确，不能很好地结合生活实际加以诠释。另外，在舞台剧表演中的表情、动作还有待进一步提高。

五、教学建议

1. 充分阅读文本，用思维导图厘清内容

整本书阅读的时间周期较长，教师在组织学生开展整本书阅读时要让学生提前做好阅读规划，让学生自己去读，通过对人物关系、背景关系、情节线索等方面的分析，用思维导图的方式将书中的上述关系呈现出来，从而厘清整本书的脉络。例如，在阅读《中国寓言故事》时，学生在寓言故事中认识了许多人物形象，这时教师可以布置"我心目中的最美主人公"评选及推荐活动，运用任务驱动的方式，引导学生根据阅读的内容完成一些作业，学生不仅要说出人物，还要说明推荐原因和一段赞美他们的话。我们在阅读前布置一些阅读任务，让学生带着任务去阅读，从而达到阅读的目的。在自主朗读课文时，教师也可以向学生提供名著阅读大纲，让学生根据大纲的内容进行阅读，指导学生理解名著内容，画出某些章节的思维导图，从而有效缓解目前小学语文名著阅读时间不够、质量低下、结构不合理等问题。

2. 精研文本，完成任务

读完一本书要对整本书进行深入的研究，并从中发现所包含的知识，这样有助于培养学生形成系统的阅读思考能力。学习文章要有一定的技巧，教师先对其进行精读教学，运用学过的阅读技能来排除词汇障碍。然后学生找到自己不能理解的地方，并求助教师，再由教师进行及时的指导。最后学生再带着情感进行深度阅读，从而在文本阅读中产生思维的碰撞，获得独特的阅读感悟。通过整本书的阅读，可以使学生在阅读过程中不断地体会到阅读的乐趣，使学生在轻松的环境中阅读，并能够从中汲取精华，为以后的写作积累材料。

3. 结合需求，开展活动

在进行以整本书阅读为基础、以任务导向作业为切入点的教学时，教师可以针对学生的阅读水平和兴趣组织一些探究活动，提高学生的阅读兴趣，锻炼学生学习的自主性，帮助学生找到适合自己的阅读方法，同时也能让学生在阅读任务中获得更多的知识，为日后的成长奠定良好的基础。

 案例二

单元整体作业设计案例分析

一、作业呈现

单元语文 要素	1. 了解故事的起因、经过、结果，学习把握文章的主要内容 2. 感受神话故事中神奇的想象和鲜明的人物形象
单元整体作业 任务群	1. 分角色演一演自己喜欢的故事 2. 绘声绘色讲一讲自己喜欢的故事 3. 好书推荐：给同学推荐自己课外阅读的神话故事，并说明推荐理由
课时作业任务	阅读任务
《盘古开天地》	1. 结合课堂学习，填写情节图，并用自己的话讲讲这个故事 什么情况　　　做了什么　　　结果怎样 （　　）（　　）（　　）（　　）（　　） 2. 说说夸父给你留下了怎样的印象
《精卫填海》	1. 根据思维导图梳理故事 思维图 根据提示，想想精卫"衔石填海"遇到的困难与表现出来的坚韧，再连起来说说整个经过。 1. 词语卡： 烈日炎炎　狂风大作 数九寒冬　电闪雷鸣 风雨交加　鹅毛大雪 2. 句子卡： 大多红日大作时，精卫的翅膀湿透了，它仍然飞去而山衔木石于填黄东海。 当_____时，精卫的_____，它_____。 当_____时，精卫的_____，它_____。 无论_____，精卫仍然_____。 2. 和同学交流精卫给自己留下的印象 3. 推荐阅读《山海经》
《普罗米修斯》	1. 根据思维导图梳理文本 思维图 1. 默读课文，和小组伙伴完成表格。 　　　　　　　　　　　　　　结果 　　　　　　　　　　（　　　　） 　　　　　　经过 　　　　（　　　　） 起因 人类无火　"盗"取火种 2. 和同学交流故事中最触动自己的情节 3. 角色扮演众神，进行课本剧表演

《女娲补天》	1. 根据思维导图梳理文本 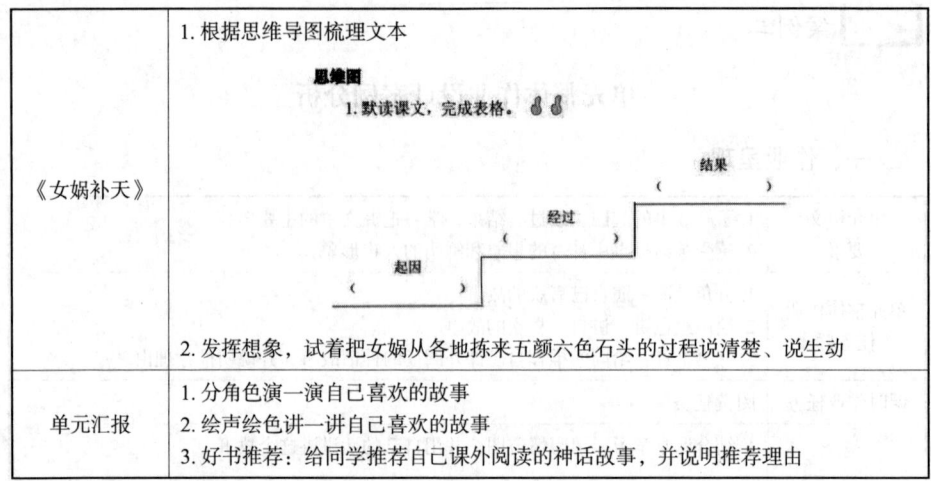 2. 发挥想象，试着把女娲从各地拣来五颜六色石头的过程说清楚、说生动
单元汇报	1. 分角色演一演自己喜欢的故事 2. 绘声绘色讲一讲自己喜欢的故事 3. 好书推荐：给同学推荐自己课外阅读的神话故事，并说明推荐理由

二、适用对象

统编版小学语文教材四年级上册的第四单元

三、设计目的

这一单元以"神话故事"作为人文主题展开编排，选编了《盘古开天地》《精卫填海》《普罗米修斯》三篇精读课文以及《女娲补天》一篇略读课文。神话故事是学生喜爱的，因为神话故事中的人物都具有神奇的一面，他们本领高强，无所不能，这正符合学生的思维和天马行空的想象，阅读神话可以培养学生丰富的想象力。

单元整体作业设计是一种相对于常规的单课时作业设计而提出的新作业理念。它要求教师在通研单元教材的基础上，结合本单元的语文要素和情感目标，提出单元作业任务群，然后在每一课单中进行任务设计，但最终的目标都要指向单元任务群目标的完成，从而达到夯实学生的知识基础、建构完整知识结构、发展学习能力的目的。

四、评价分析

1. 在此份作业设计中，首先考虑作业的趣味性。作业设计更加符合学生的年龄特征，进一步激发了学生对于学习的兴趣，让作业成了儿童学生乐于完成的一种游戏。

2. 作业设计中，设计者充分考虑单元的要素，采用表格、思维导图的方式梳理文本，让学生在思维导图中讲故事，分享故事。将基础性的作业和拓展性的作业进行了合理的分配，丰富了学生作业的形式。

3.作业设计者在设计时考虑了单元作业目标在不同课时的体现。在实际教学过程中，对于单元作业设计目标不可能在某一课中完成，需要在不同的课文中去呈现完成。每一课的目标既单独存在，但最终都指向单元的目标。教师在设计作业时要使作业习题紧紧围绕单元作业目标，同时关注课后习题对课时目标的提示。此份作业设计在习题安排方面紧扣该单元"根据事情起因、经过、结果，把握课文主要内容"这一核心语文要素，并且与课后习题相联系，层层递进，促进了学生能力的提升。

五、设计建议

1.基于单元整体教学的非书面作业设计，要关注学生之间的差异

进行单元整体作业的设计，教师首先要对单元的语文要素进行整合，将单元目标任务分散在单元课文中去落实。然后要正确了解学情，了解本班学生的知识现状，才能更好地确定目标，选择有效的教学手段达到教学目标。同时，要注意不同学生之间也存在差异。他们的家庭背景、生活环境、认知能力、兴趣爱好等都不一样。基于此，教师在设计作业时应该通盘考虑教材和学生两方面因素，要因材施教，因人施教。

2.注重作业的设计与课堂教学相融合，让作业成为课堂教学的补充

单元视域下作业关注的是课程目标达成的整体情况。在教学过程中，教师组织课堂教学的方式和教学的效果直接影响学生作业完成的效率，包括学生完成作业的时间、质量、效果等。作业作为课堂教学的重要补充，不仅可以检测学生对课堂知识点的掌握情况，有效巩固课堂所学，进一步强化课堂效果，与课堂教学形成优势互补，两者相辅相成，共同促进课程目标的实现。

3.重视单元作业的作业任务群的设计，细化课时任务

在新课程标准中，特别强调单元一体化备课与教学，即在备课中要统筹考虑单元教学目标，设定单元任务群。这样在总的任务群的统领之下，再进行每一课的目标任务设定，其中就包含作业的总体设计。作业的设计既要考虑单元的总体目标，也要考虑课时的作业目标达成率。总的来说，单元整体作业设计要系统考虑诸多因素，例如对于学段、学年、学期、单元、课时的考量；对于作业设计、完成、批改、分析、评价的考量；对于作业目标、内

容、类型、难度、时间的考量等。对作业进行系统的思考和设计，不仅要求教师要有良好的专业能力，也要求学校要予以专业上的支持和配合。

4.注重反思与评价，教学评一体化

教师在设计作业以后，首先考察的是学生的任务达成率，通过分析作业数据，找到原因，才能在作业中发现不足，进而不断地改进课堂教学，完善作业设计。其次，学生完成作业的情况对于作业设计的本身也有诊断和改进作用。学生作业的完成情况与设计的质量有很大的关系，作业的难度、作业的时间、作业题型的设置等都会影响学生作业的效果。最后教师可以根据学生的反馈来不断完善作业设计，使其更好地促进学生的发展。

项目式作业

作业内涵都是丰富的，非书面作业在"双减"背景下的内涵更是不言而喻。根据时间长短来划分，我们将非书面作业分为两类：一类是短时的传统式作业，另一类则是长时间的项目式作业。传统式的作业侧重点在于帮助学生检验所学知识，起到的是巩固和夯实的作用。杜威指出，"教育即生长"，要求教育要从儿童出发，适时为儿童提供机会与舞台，帮助儿童生动地展现自身的生命力，项目式作业的功能即体现这一特点，它围绕一个知识点，使学生经历"知识获得"的过程，项目式作业的完成过程是学生学会方法的过程，这一过程中学生分析问题、解决问题、组织协调能力等得到提升，其综合素养得到有效锻炼。《义务教育课程方案和课程标准（2022年版）》明确指出：要深化教学改革，强化学科时间，给予真实情境，培养学生综合学习，探索大单元教学，开展主体化、项目式学习等综合性教学活动，促进学生举一反三、融会贯通，加强知识间内在关联，促进知识结构化。我们认为项目式学习必定需要项目式作业实践和检验，同时"双减"政策中的作业管理、就与项目式学习密切相关，项目式学习从本质意义来看，就是一种作业分层，因此项目式作业探索值得大家深入研究。

一、项目式作业的含义

理解项目式作业，首先要弄清什么是项目式学习？项目式学习是一个系统化的学习模型，通过参与一系列复杂的任务来解决生活中真实存在的问题，学习过程包括制订计划、设计思路、进行决策、执行方案、交流结果等，在完成任务中掌握知识和技能。

通过上述项目式学习的含义，我们可以将项目式作业理解为一项系统化、解决真实问题、完成复杂任务的长时作业。

二、项目式作业的作用

项目式作业不同于传统式作业，很多时候，我们觉得项目式作业灵活好玩、互动性也非常强，但完成它并不如我们眼前看到的那样简单，从布鲁姆认知层级可知，"知识和理解"是学会知道的低阶技能，"应用、分析、综合、评鉴"是学会做到和学会发展的高层次思考能力，所以作业对知识的获得也不是一个非线性的过程，它的作用也不是单一的上升。完成项目式作业，学生不仅需要扎实的基础知识和基本技能去支撑整个项目，还需要创新能力和逻辑思维能力。

由此可知，项目式作业的作用在于，它能够培养高阶的创新能力和思维能力，还能拉动低阶基础技能的巩固和提升，实现高阶能力与低阶能力螺旋式上升。

三、项目式作业的呈现形式

苏霍姆林斯基指出："人在心灵深处，都有一种根深蒂固的需要，就是希望感到自己是一个发现者、研究者、探索者，而在儿童的精神世界中，这种需要特别强烈。"义务制教育的最终目的是落实立德树人根本目标，发展学生的核心素养，这种导向是抽象的，如何具体化，是一线教师需要研究的课题。

我们认为项目式作业是一种典型化的核心素养培育方式，相较传统式作业，项目式作业依据其特点和完成时间较长呈现的形式也较多，贯穿的学科也较为广泛，主要有以下几种形式：

1. 制作式

手工制作是项目式作业最重要的呈现方式之一。学生通过准备材料、了解制作工序、开始动手制作、进行展示汇报环节，在完成此类项目式作业时，锻炼了学生收集信息和解决问题的能力。

2. 采访式

采访式项目作业锻炼学生与人交往和语言表达能力，需要学生在真实的情景中将所学知识运用到生活中，真正做到学以致用，例如"我是采访小达人""校报小记者""新闻第一线"等活动。

3. 表演式

项目式作业离不开课本剧表演，义务教育小学语文课本中，有很多经典片段值得拿来进行表演，例如《红楼梦》《丑小鸭》《小英雄雨来》等。做此项目作业时，学生需要研读课本、揣摩人物特点、牢记人物语言……如果需要呈现更好的舞台效果，阅读整本书是必不可少的工作，无形之中，它引导学生进行课外阅读和积累，实现自主化整本书的阅读。

4. 记录式

记录式作业最具项目式特点，记录一般需要呈现一个阶段或者较长时间段数据，需要学生完成长作业，它不仅有学科技能要求，亦能帮助学生建立作业管理能力。数据最能体现发展变化，例如三年级上册学习时间的内容，则可以要求学生"记录每周课后作业时，自己多久完成作业"，记录过程中学生能够直观感受到时间流逝，会不自觉想要缩短每天的用时。

5. 其他

项目式作业正如传统的非书面作业一样，呈现方式多种多样，不同学科和不同单元要素，呈现方式也不同，采取何种形式的项目式作业，则需要教师依据具体情况自行设计。

四、项目式作业的设计策略

项目式作业与跨学科非书面作业既有相似性也有所不同，相同点是两者都需要不同学科的融合，不同点是跨学科非书面作业时间跨度可能较短，而项目式作业的时间跨度一般需要一周，很多时候需要在周末完成。

1. 落实真实情境，加强学科融合

著名的教育家陶行知认为"教育即生活"。通过项目式作业呈现的方式来看，作业的内容多与生活有关，或涉及生活领域，因此设计项目作业时需要设置一个或者指向一个需要解决的真实情境问题，让学生在具体情境中发现问题、探索解决方法、尝试独立解决问题、获得解决方法，结合学生生活实际，让学生来完成。

项目式长作业要结合学科素养和作业目标，设计时需要将各学科的内容融合进来。单一学科的项目式作业几乎不存在，例如制作类项目式作业，不仅需要语文、数学学科知识，其中亦有美术、手工和综合实践等学科的参与，多学科融合才能使学生在项目式作业中获得多项能力。

2. 促进多方交流，完善教研机制

"双减"背景下，落实核心素养，必定需要不同学科的融合，不同学科的融合势必需要不同学科教师的交流，各学科教师根据学科内容和特点在交流和讨论中能将相似的思想和能力点进行整合，形成整体化发展的思路。教师间思想交流和碰撞需要学校提供一个平台，开展教研活动是促进教育教学的重要方式，这是一项硬性的固定安排，学校完善教研机制，将项目式作业作为教研活动主题，可以以一个单元或者一个学期为单位进行整体布局和设计，核心目标一致，皆从素养出发，在学校层面起引导和组织作用，为教师的互联和对话创造更多可能。

3. 制作评价量规，进行多元评价

综合实践活动的评价不应该仅仅关注活动的结果，更多地应该把关注的视域转移到活动的过程，要更加留意学生在综合实践活动中的细节上取得的成果，尤其还要鼓励和肯定学生参与的态度、提出的想法、活动中付出的努力。即便是学生在综合实践中并没有深入参与，或者是出现了各种各样的问题，教师都要以鼓励为主，切记不可随意指责。我们还要有一双善于发现的眼睛，努力去寻找学生身上出现的闪光点，让他们从点点滴滴中体验成功的喜悦。项目式作业是所有评估中的一环，不同呈现方式的非书面作业，侧重点亦不同，作业设计需要有激励性与指导性的评价。项目式作业评价从多元化角度进行评级，不能用一种传统的一张试卷或者一个活动去考查，而是用形成性评价与终结性评价相结合、教师评价与学生评价相结合、自评与他评相结合等方式进行评价。项目作业评价最后的目的仍旧要归根于作业目标，常用的为评价量规的方式，可多维度、分层标准去进行评估。

五、项目式作业案例

国务院在2019年发布的文件《关于深化教育教学改革全面提高义务教育质量的意见》中提出要优化教学方式,其中包括项目化学习。后来,一线教师开始参与各类项目式学习案例征集活动,笔者搜集了语文和综合实践学科项目式作业,供大家借鉴、参考。

 案例一

"合作编诗集"非书面作业设计

一、作业呈现

本单元围绕"现代诗"这一主题,编排了《短诗三首》《绿》《白桦》《在天晴了的时候》四篇文章,这些诗歌都有浓浓的意味,饱含着诗人的情感,启发学生用美丽的眼睛看世界。

本单元综合性学习主题为"轻叩诗歌大门",旨在培养学生收集或创作诗歌的能力,在合作编成诗集的过程中学会分工合作,培育学生创造力和动手能力。中高年级的学生拥有一定的信息搜集和处理能力,而合作编诗集需要重点培育学生团结合作意识,以及独立解决问题的能力。

二、作业要求

1. 班级举行"诗集"分享会,需要同学们以小组为单位制作一本诗集。准备好现代诗集作品,可购买或图书馆借阅,熟读并理解。

2. 先整理自己要收集和创作的诗歌。

3. 根据作业设定时间,小组分工合作,在两周内完成小组诗集。

4. 制定计划表,分好各个项目,分工到人,安排每个项目的负责人以及完成时间。

5. 在完成过程中,每天要及时向老师反馈项目的进度,最后呈现一本诗集。

三、适用对象

本次作业的适用对象是四年级秋季学期的学生,合作完成一个项目作业

是小学生涯的第一次，具有一定难度。但新课标指向项目学习，因此项目式作业创设具有重要意义。

本单元指向的是让学生进一步了解诗歌、热爱诗歌，培养学生团结合作的精神。为此，我们设计了具有真实情境的、解决现实问题的合作编诗集这一项目式非书面作业，使学生能够在真实的情境中，灵活运用语文、数学、美术等学科的知识与技能，以及分析整理材料的能力，体验完成综合任务所需要的学习品质与方法，并在合作中体会团队交往与有效沟通的重要性，从而突破综合性学习的重难点。

四、设计目的

1. 通过合编小诗集，培养学生编辑、合作的能力，进一步感受诗歌的魅力。

2. 让学生进一步了解诗歌、热爱诗歌，拓宽学生阅读面，学生也增加了知识积累，得到美的熏陶。

3. 利用编诗集的方式，让学生了解一本书的制作过程，感受书籍的重要性，从而激发爱护书本的意识。

4. 合作创编，培养学生团结合作的精神。

5. 当编诗集任务完成后，一本"书"诞生了，使学生获得成功的体验，随之激发学生的学习兴趣。

6. 将诗意的诗歌融入了绘画与制作，培养学生整理、分析和动手能力。

五、反馈分析

1. 本次项目式非书面作业时间跨度长，完成任务量大，同时需要小组成员分工合作，而不同小组成员之间的发展是不平衡的，最后的作业呈现也出现了不同的情况。虽然诗集制作粗糙、版面设计简单，其间不乏错别字，但学生成功完成了，需要给予肯定和鼓励。

2. 因为规定在两周时间内完成，部分小组前期拖拉，个别同学未能按照规定时间完成相应的项目作业，导致整个小组其他成员无法进行下一个环节，其间形成了学生之间互相督促的良好情况。

3. 个别小组的诗集制作虽然没能如要求的一样，但小组成员参与活动，了解解决问题情境的过程和方法，也有所收获。

4. 在每天的阅读反馈中，及时调整了部分学生的阅读任务安排。因为时间长，每天的反馈也是补给学生阅读兴趣的加油站。

5. 诗集评比展示环节，气氛高涨。各成员充分展示小组成果，在这一过程中，学生获取了运用多学科知识与技能进行综合探究的能力。

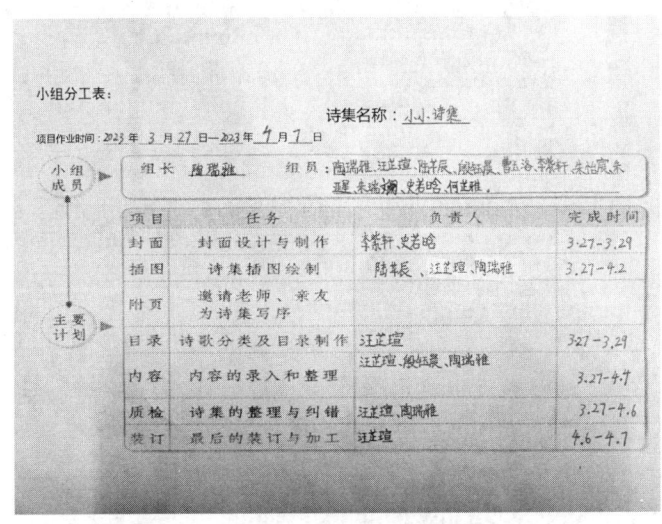

好玩有趣更有效的非书面作业设计新思路

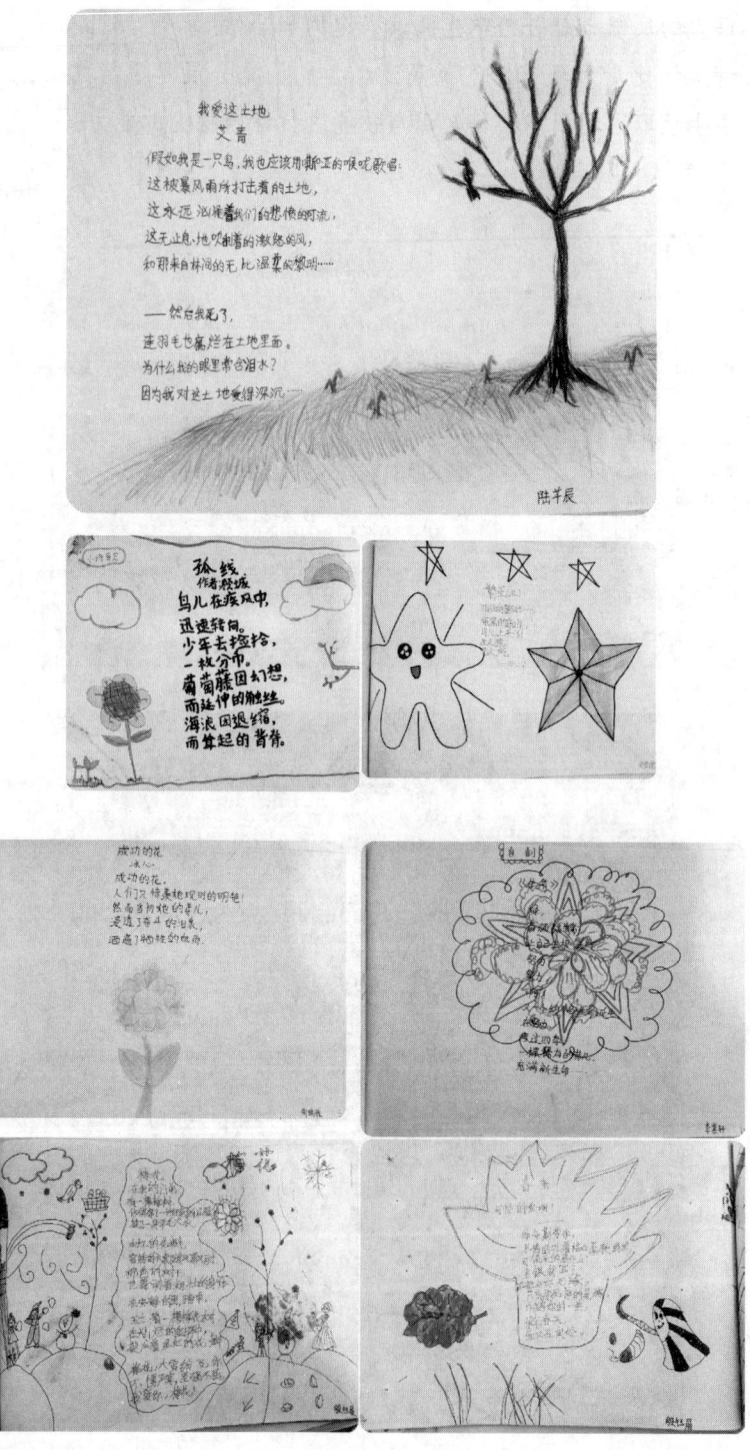

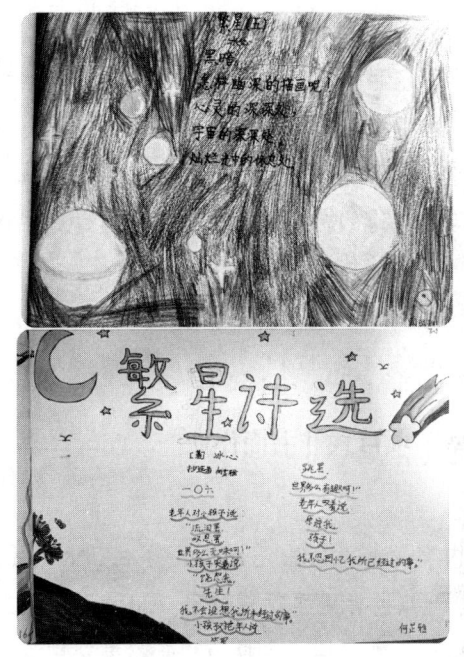

六、设计评析

本次项目式非书面作业设计，以实践、探究为特征，具有真实参与和学以致用的特点，完成过程中突出了实践性、探索性、时间性。学生在完成该项目式作业之前划定作业内容，不同的成员根据自身特长选取相应项目，充分体现分层作业原则，学生都能获取知识的学习方法。

虽然是合作创编诗集，但项目作业中需要掌握的技能很多，例如收集诗歌、整理诗集、进行封面设计与制作、诗集插图绘制等，作业实施以语文学科为本位，结合了美术、手工学科，学生清楚地感受到完成一项作业需要不同学科的融合，对相关学科的学习能够起到兴趣迁移的作用。

当然，因为初次进行项目式作业，不少小组开始时成员分工不均，部分学生未分配到自己擅长的领域，导致小组进度缓慢。在反馈过程中，我们及时给予指导和建议，学生们召开小组会议，快速调整分工，找准定位，安排最优计划进行实施，后续各小组顺利完成合作创编项目式作业。

最后在班级中展示作品，利用评估量化表评选时，学生们热情洋溢地介绍了制作的过程，分享了制作过程中发生的难事、趣事和感动的事。这一过程不仅锻炼了学生的语言表达能力，也为增进学生的友谊、团结集体发挥着重要作用。

综上所述，一个项目式作业的布置和设计需要综合考虑多个学科内在关联：首先，学生完成作业前需要制定周密的计划和方案，确保每个成员能够发挥最大的能力，保证项目作业优质而高效地完成；其次，教师及时反馈能够促进学生更快、更好地制作出合适的方案或计划；最后，多元化的量化评估激励学生学习兴趣，使学生都能获得成功的体验。

 案例二

"制作简易动力船模型"项目式非书面作业

一、作业呈现

枞阳县位于长江中下游北岸，境内有菜籽湖、白荡湖、两赛湖三大水系，这样滨江怀湖的地理位置虽是发展优势，却也有雨季洪涝忧患。2016年、2021年分别遇上危险的洪涝灾害，船作为水上交通工具，在救助和转移群众中发挥重要作用。而船的作用并不仅仅只是作为交通工具那么简单，它在维护国家安全、促进经济发展中具有重要作用。随着科学技术的进步，造船技术的发展，从远古的独木舟，到如今的航空母舰，都体现了我国劳动人民的智慧和才干。

航空母舰是目前最大的武器系统平台，是海战最重要的作战列舰艇之一，它是一个国家综合国力的象征。经历所处城市发生的抗洪救灾事件以及关注时政新闻了解航母在军事作战中的作用后，学生对船只的发展历史、制作工序和工具使用等产生极大的兴趣，本次综合实践活动以此为背景，自主设计内容，《制作简易动力船模型》项目式非书面作业也就应运而生。

二、作业要求

1. 通过网络资源或实地研学，了解船的发展历史。

2. 收集制作船的材料，认识船的构造和制作工序。

3. 画出简易动力船模型图，并进行讲解。

4. 学生在实践过程中掌握简易动力船的构造，能够学会运用身边的材料设计制作简易动力船模型。

三、适用对象

本次项目式非书面作业的适用对象为六年级学生。六年级的学生已经有

了一定的综合实践能力和知识储备，对于简单的实践操作能够轻松胜任。六年的小学知识储备，能够帮助他们理解本次非书面作业的理论知识，但动力船模型的制作，不仅需要掌握扎实的理论知识，还有较强的实践操作能力，在实践操作过程中还需以一定的科学原理为基础，内容涵盖面较广，需要学生搜集大量的材料，分析、整合和归纳选取。

四、设计目的

1. 通过了解船的发展历史，体会到劳动人民的智慧和才干。

2. 认识船的构造和制作工序，从中体验大国工匠精神，并产生民族自豪感。

3. 学生在制作过程中，形成热爱劳动、热爱科学的态度，初步形成吃苦耐劳的美好品质。

4. 让学生热爱科技，提高技术意识、工程思维，形成中国特色社会主义接班人意识。

5. 通过小组分工合作，在简易动力船模型制作实践过程，既培养创新思维能力，也锻炼动手操作能力。

6. 学生在实践过程中掌握简易动力船的构造，能够学会运用身边的材料设计制作简易动力船模型。

五、反馈分析

项目式学习关注在真实情境中学习解决问题，实现知识的迁移运用，主张知识是一种高度基于情境的实践性活动。中小学综合实践活动课程指导纲要亦指出，综合实践学科是从学生的真实生活和发展需要出发，从生活情境中发现问题，从而转化为活动主题，此学科与项目式作业特点联系密切，具有典型性。

制作简易动力船模型以发散学生思维为主，逐一从动力装置选择—船体的选择—材料的选择—外形的确定等方面进行探讨、实践。这一过程中的主体是学生，小组成员交流讨论后，学生开始迫不及待想要去设计模型。

中小学综合实践活动课程指导纲要指出组织课程时要遵循实践性原则，强调学生"动手做""探究""设计"等，设计作业时，我们亦遵循上述原则，安排让学生利用生活中的材料设计自己的简易动力船模型，能够引导学生在全身心投入设计的过程中发展实践创新能力。学生思维活跃，通过网络资源收集了较多的制作简易动力船模型的工序，也设计出了不少具有创新性的模型图，但在材料准备过程中，应考虑浮力、外形和成本等因素，学生择优选取可操作性较强的模型图进行分工制作。

六年级的学生虽已具备抽象逻辑思维能力，但仍需要以具体的事物为主。因此，部分小组是跟在视频教学后面进行制作。设计制作是综合实践作业的主要方式之一，学生能够运用各种工具、工艺进行设计并动手操作，能够将创意和方案付诸现实则是一种培养学生动手实践能力的好方法，过程比结果更重要。

综合实践课程组织要注重开放性，鼓励学生跨领域、跨学科学习，能够有效为学生留有自主活动的余地。鼓励学生用图文相结合的方式记录制作过程，既加强综合活动课程与语文课程的联系，强化学生的语言表达能力，又使美术的绘画技能得以培养，体现了项目式学习的特点。学生通过小组分工合作，制作出了简易动力船模型1.0版，学生发现圆形的船体不能有效减少阻力，于是进行改进，增加船体材料，将泡沫放在一次性餐盒下，并切成三角形，既保证了浮力，也减少了阻力作用，在改进后，制作出了能够载重并能航行的简易动力船模型2.0版。不少学生在语文周记中用文字记录了制作过程和感想，他们将语文学习与综合实践相融合。为了追求美观，一些小组在船体上进行绘画装饰，与美术学科相结合。

（一）择优选取，模型设计

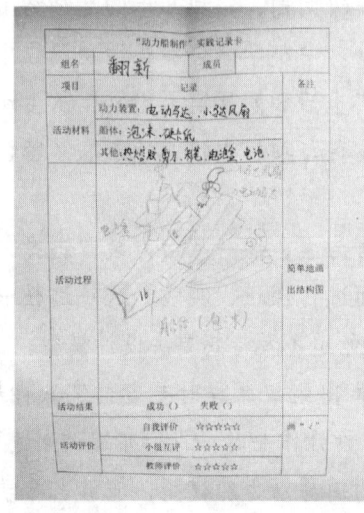 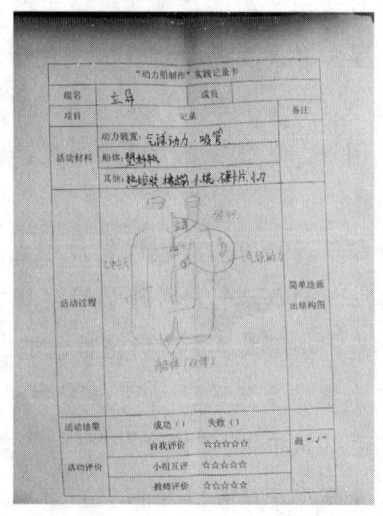

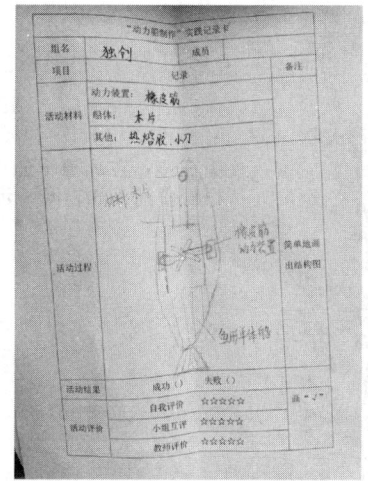

（二）选择方案，制作模型

1. 制作材料

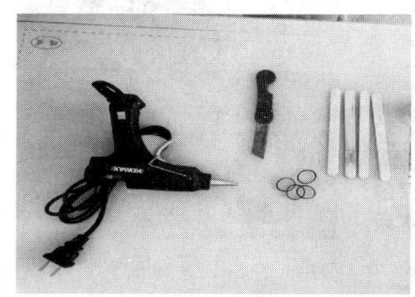

2. 制作过程

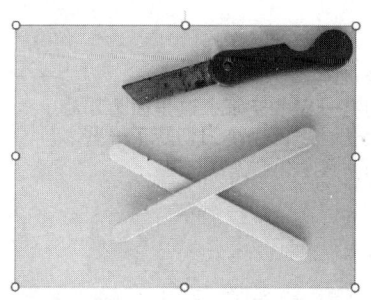
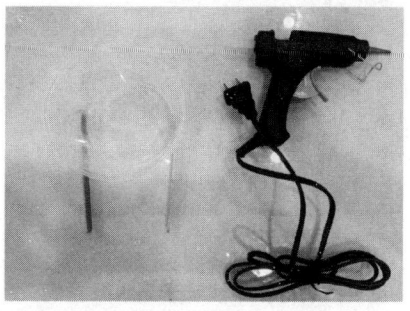

第一步：制作船体，取两根冰棒棍，并在距离末端 1cm 处用小刀雕刻出两边深约 3mm 的口子，用于处置皮筋。

第二步：将两个冰棒棍用热熔枪粘在水果盒底部两侧，如上图所示。

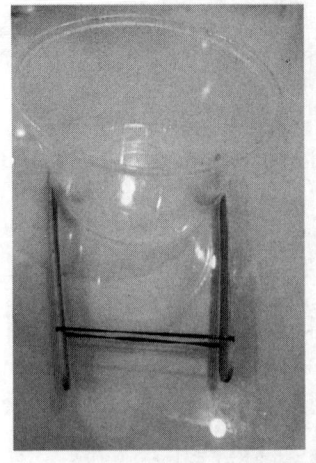

第三步：在冰棒棍的小缺口处安装一根橡皮筋，如左图所示。

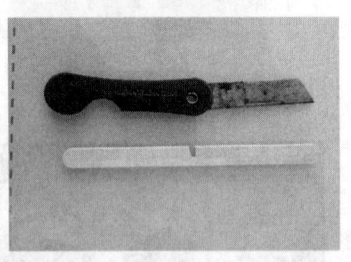

第四步：制作动力装置——螺旋桨，另取两根冰棒棍，在中间切出1个较深的口子，注意不要切断了。然后两根木条十字交叉，并沾上胶水。

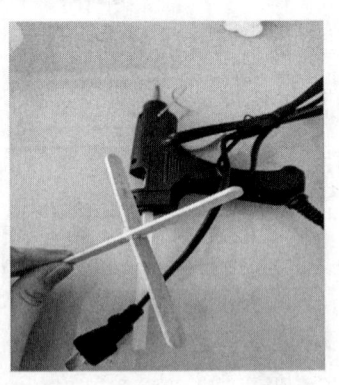

注意：
要留有一定的空隙，这里因为螺旋桨太长，后面用小刀切短了一些。

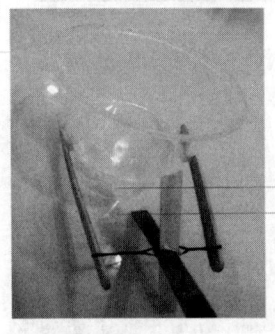

第五步：安装螺旋桨，螺旋桨的长度要控制好，不能长干到水果盒的距离，否则无法旋转起来。

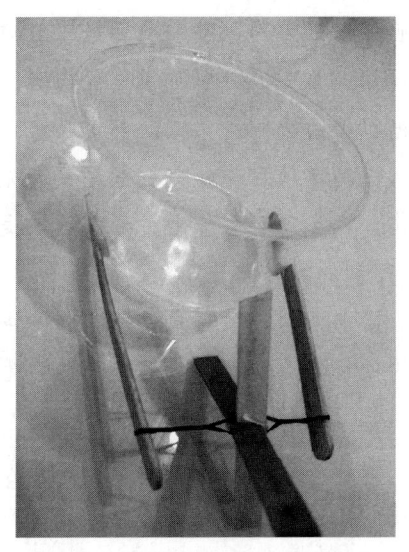 

简易动力船模型 1.0 版　　　　简易动力船模型 2.0 版

评价量规表			
指标	自我评分（1~10）	教师评分（1~10）	同桌评分（1~10）
船的速度			
船的载重能力			
在载重下的速度			
动力装置的续航时间			
外形美观			
成本			
创意性			

六、评析

项目式作业的完成过程必定需要一套系统化、具有可操作性的流程。

首先，基于项目化背景明确项目作业内容。语文教育专家、华东师范大学杨再隋教授也曾感言："在语文学习中，尤其是在中小学生语文学习中，亲历过程比获得结论更重要。"上述综合实践项目式作业依据生活情境——城市洪涝，引发学生思考，引出项目作业的内容——制作简易动力船模型。学生明确项目作业后，才能更好地投入项目式作业的探究过程中，才能进一步强化学生对综合实践知识的印象。

其次，基于项目化背景制定项目作业计划。为确保整个项目式作业顺利完成，活动伊始组织学生设计项目作业计划：第一，分解项目作业内容，明确项目作业要求，进而对整个项目作业进行细致分解；第二，确定小组负责人，将各项目作业落实到每个成员；第三，确定项目作业完成顺序。有先后顺序，才能高效完成简易动力船模型制作。制定项目式作业计划，不仅提升了学生的学习效果，同时培养了学生统筹规划的综合素养能力。

再次，基于项目化背景落实项目作业要求，这是项目式作业完成的重要环节。因小学生的个人能力有限，设定的项目作业主题和内容，一些学生无法独立完成作业，从而对学习缺少兴趣，学习自信心也遭受打击。因此，为帮助学生对综合实践项目作业进行更好的操作和探究，在此过程中需要为学生构建合作学习的平台，来落实项目作业的实施过程，让每个学生能拥有共同完成作业的小组和同伴，确保作业完成过程中学生的互相帮助和指导。

最后，基于项目化背景开展项目作业评估评测。综合实践学习目标仍旧不能脱离核心素养的培养。因此，作为新时代的综合实践教师，应运用较新的方式进行评价与评估。在此次作业过程中，评价量规设置多元评价方式，学生能够清楚地认知其学习情况，也能基于其他学生完成作业的情况，取他人之长，补己之短。这种完成作业的方法和评价方式，对于全面提升学生科学核心素养有重要的帮助作用。

综上所述，项目式作业不仅能够帮助学生更好地掌握学科知识，还能锻炼和发展学生的协作能力、批判性思维、问题解决等实践技能。长时间项目式作业的设计与实施，不仅是适应教育教学改革的需要，也是落实"双减"背景下减负增效的需求。项目式作业需要根据教育的应有之义去设计，切实培育学生核心素养，成为适应社会发展的综合型人才。不过，设计项目式作业在于如何有效地设计项目主题和执行策略；对学生而言挑战在于如何开始探索、管理时间、完成任务以及将科技有机地融入进项目中来。

附 录

《五育融合视域下小学非书面作业多元设计与实施策略研究》对比实验分析报告

一、实验介绍

本次实验的目标是比较非书面作业和传统书面作业在提高学生知识水平、发展学生综合素养方面的效果差异，验证《五育融合视域下小学非书面作业多元设计与实施策略研究》课题的理论成效。

本次实验2022年10月开始，2023年5月结束，选取枞阳县枞阳镇石岭小学502、503两个班的学生为研究对象，采用实验前后测试、问卷调查等方法，对比分析了非书面作业的教学效果。

其中502班52人，男生21人，女生31人；503班56人，男生26人，女生30人。两个班学生基础水平接近，近几年的各科考试平均分、优秀率、及格率均十分接近。实验采用同一时间段实验班和对照班同时进行的方式，其中503班为实验班，采用非书面作业和书面作业相结合的方式布置作业，以非书面作业为主；502班为对照班，采用传统书面作业布置方式为主。按照实验，通过测试对比分析两个班语、数、英三门学科的成绩变化，采用问卷调查、访谈测评等方式考查两班学生的综合素养提升情况，以此分析实验成效，验证课题研究结论。

二、实验过程

为了推进课题实验的顺利进行，2022年10月，枞阳中心学校和石岭小学召开了课题对比实验工作推进会，枞阳中心学校和石岭小学领导、课题组组长及成员、石岭小学五年级授课教师参加。会议详细介绍了实验的目的、内容和任务要求，布置了实验任务，明确了各方责任。

教育教学是一个复杂的系统，在教学过程中需要考虑多方面的因素，如课程难度、评分标准、教学环境和教学方法等。作业作为教学中的重要环节，在学生进行知识巩固、能力提升以及知识应用等方面都发挥着至关重要的作用。值得注意的是，实验的有效性还需要考虑样本数量、教学方法、教学场景和评价标准等诸多因素的影响，这些因素有可能影响实验结论和实际价值。因此，在实验进行过程中，需要控制其他因素对实验结果的干扰，例如课堂教学内容、教师授课方式和教学质量等。同时也要确保实验过程的公平性和有效性，例如在两组间布置难度相近的作业等以控制实验条件的稳定性，同时需要控制环境因素的影响，例如课堂教学内容、教师授课方式和教学质量等要尽量一致。这样才能保证实验组和对照组之间的差异主要来自于实验变量而非被测对象所处环境的差异。

为了保证对比实验数据的准确性，石岭小学和课题组在五年级成立了各学科作业布置协调小组，确保实验班和对比班每次布置的作业难度、作业要求基本相似，使得两组学生之间具有可比性。实验组和对照组的学生在相同时间内完成同等难度的作业，实验组的作业内容呈现多元化和综合化特点，主要是与课程内容融合、拓展性强的作业类型；对照组的作业内容则采用传统的纸笔作业，两组作业的内容难度应该尽量相同。

三、实验数据

课题组于2022年10月（实验前）和2023年5月（实验后），两次采用同一套试卷，分别对实验班和对照班的语数英三科进行测试，测试完成后混合装订，统一批阅并统计出平均分、优秀率和及格率，以评估非书面作业与传统书面作业在提升学生学习成绩方面的差异。

为了更全面地了解非书面作业的效用和实际应用价值，了解学生对于非书面作业的认知和态度变化情况，更好地评估实验效果，课题组还通过线上问卷调查的形式，进行实验前后的问卷调查。包括实验前后学生对于现有作业方式的认知、态度、满意度和期望等方面的问题。实验后调查则应该更加侧重于学生对于非书面作业的反馈和体验情况，包括认知和理解程度、兴趣和接受程度、学习效果、改善建议等方面。

1. 实验前数据

（1）学习水平检测统计

科目	班别	班级人数	参考人数	总分	60分以下	60-69分	70-84分	85-99分	100分	及格人数	优秀率（60分以上）	及格率（85分以上）	平均分
语文	502	52	52	3967	4	7	22	19	0	48	36.54%	92.31%	76.29
	503	56	56	4341	3	8	27	18	0	53	32.14%	94.64%	77.52
数学	502	52	50	3867	4	16	14	17	1	48	36.00%	96.00%	77.34
	503	56	56	4321	5	14	17	19	1	51	35.71%	91.07%	77.16
英语	502	52	52	3921	7	9	20	16	0	45	30.77%	86.54%	75.40
	503	56	56	4278	6	9	16	24	1	50	44.64%	89.29%	76.39

（2）问卷调查统计

问题	选项	502			503		
		参与调查人数	选该选项人数	百分比	参与调查人数	选该选项人数	百分比
喜欢哪种类型的作业？（单选）	书面作业	52	20	38.46%	56	21	37.50%
	非书面作业		8	15.38%		10	17.86%
	都喜欢		18	34.62%		17	30.36%
	都不喜欢		6	11.54%		8	14.29%
你认为哪种类型作业对学习更有帮助？（单选）	书面作业	52	32	61.54%	56	32	57.14%
	非书面作业		12	23.08%		13	23.21%
	两者差不多		8	15.38%		11	19.64%

续表

问题	选项	502			503		
		参与调查人数	选该选项人数	百分比	参与调查人数	选该选项人数	百分比
和书面作业相比，你觉得非书面作业有哪些作用？（多选）	能提高口头表达能力	52	30	57.69%	56	27	48.21%
	能提高动手操作能力		31	59.62%		35	62.50%
	能提高思维能力		27	51.92%		30	53.57%
	增强了作业的兴趣		20	38.46%		18	32.14%
	提高作业的效用		18	34.62%		20	35.71%
	能提升综合素养		17	32.69%		21	37.50%
	其他		15	28.85%		19	33.93%

2. 实验后数据

（1）学习水平检测统计

科目	班别	班级人数	参考人数	总分	60分以下	60-69分	70-84分	85-99分	100分	及格人数	优秀率（60分以上）	及格率（85分以上）	平均分
语文	502	52	52	4026	3	8	22	19	0	49	36.54%	94.23%	77.42
	503	56	56	4753	2	5	21	28	0	54	50.00%	96.43%	84.88
数学	502	52	50	3956	4	14	23	11	0	48	22.00%	96.00%	79.12
	503	56	56	4895	2	9	17	26	2	54	50.00%	96.43%	87.41
英语	502	52	52	3817	3	9	25	15	0	49	28.85%	94.23%	73.40
	503	56	56	4541	2	6	18	28	2	54	53.57%	96.43%	81.09

（2）问卷调查统计

问题	选项	502			503		
		参与调查人数	选该选项人数	百分比	参与调查人数	选该选项人数	百分比
你喜欢哪种类型的作业？（单选）	书面作业	52	12	23.08%	56	10	17.86%
	非书面作业		13	25.00%		26	46.43%
	都喜欢		22	42.31%		17	30.36%
	都不喜欢		5	9.62%		3	5.36%
你认为哪种类型作业对学习更有帮助？（单选）	书面作业	52	22	42.31%	56	19	33.92%
	非书面作业		27	51.92%		34	60.71%
	两者差不多		3	5.77%		3	5.36%
和书面作业相比，你觉得非书面作业有哪些作用？（多选）	能提高口头表达能力	52	38	73.08%	56	45	80.36%
	能提高动手操作能力		35	67.31%		49	87.50%
	能提高思维能力		36	69.23%		47	83.93%
	增强了作业的兴趣		31	59.62%		51	91.07%
	提高作业的效用		28	53.85%		49	87.50%
	能提升综合素养		27	51.92%		43	76.79%
	其他		20	38.46%		40	71.43%

四、数据分析与实验结论

经过统计和分析实验数据，得出以下结论：

根据实验检测数据，实验班和对照班的学生在实验前语数英三门学科的平均分、及格率和优秀率相差不大，实验前两班基础水平相近，实验中采取了相似的教学、相同的作业难度等因素。经过半年多的实验，实验班三门学科的平均分、及格率和优秀率提升的幅度明显优于对照班。通过问卷调查的统计情况来看，实验后，两个班级的学生对非书面作业的兴趣和接受程度都有大幅度的提升，学生更加明显地感受到非书面作业在提升口头表达能力、动手操作能力、思维能力等综合素养方面的作用。

在实验班采用非书面作业后，通过问卷调查对学生进行了统计分析。分析结果显示，在经历了一段时间的非书面作业体验后，两个班级的学生对这种教学方式的兴趣和接受程度都有明显提升。这说明，非书面作业确实可以激发学生的学习动力和兴趣，从而更好地促进学生的主观能动性和创造性思维的发展。此外，通过这种方式教师可以更加方便地观察到学生的个体差异，及时给予他们适当的指导和帮助。

非书面作业注重学生主动参与和学科交叉等多方面素质的培养，能够更好地提高学生的口头表达能力、动手操作能力、思维能力等重要素质。同时，非书面作业还可以为学生提供更多的自由度和探索性，帮助学生发现问题、解答问题，更深入地理解课程内容，以达到最优的知识获取效果。可见，非书面作业不仅可以帮助学生巩固知识、提升能力，更有助于激发学生的自主学习热情以及创新思维，提升学生的综合素质，从而更好地适应未来社会的发展需要。

值得注意的是，非书面作业并不仅仅是一种简单的"作业方式"，它需要配合教学目标、教学内容和评价标准等多方面进行统筹考虑，从而实现教学目标。同时，在具体实践中，教师也应该密切关注学生在非书面作业过程中的反馈和表现，及时调整和改善教学策略，以提高教育教学的效果。

总之，在提升学生成绩、培养学习核心素养等方面，相对传统的书面作业而言，非书面作业更具优势。非书面作业是一个有潜力的教学方式，可以更好地促进学生综合素质的发展。在日常教学中，教师应该把握学生的差异和需求，充分发挥非书面作业的优势，让学生在实践中更好地体验非书面作业的益处，才能够实现教育教学的最大价值。

枞阳县枞阳镇　　　《五育融合视域下小学非书面作业多元
石岭小学　　　　　　设计与实施策略研究》
　　　　　　　　　　　　　　课题组
　　　　　　　　　　　　2023年6月12日

后　记

感恩，感悟

  2021年7月24日，中共中央办公厅、国务院办公厅印发了《关于进一步减轻义务教育阶段学生作业负担和校外培训负担的意见》，本次"减负"，要求大幅压减学生作业总量和作业时长，彻底减轻学生课业负担。看到这份文件，我们课题组成员是兴奋不已的，一年多的研究终究是向阳而生。

  2020年9月，枞阳中心学校的教师敏锐地感觉到学生的课业负担太重，学生叫苦不已，家长苦不堪言。我们通过问卷调查，从学生、家长、教师三个层面全面了解学生的课业负担和家长内心的真实想法，倾听教师心底的声音，产生了一个大胆的想法：如何减轻学生的课业负担，可不可以进行非书面作业的研究？于是我们召集了辖区内各个学校、各个学科方面有经验的教师一起座谈、一起研究，将考虑到的因素都记录下来，就这样我们成立最初的课题小组。在课题研究之初，我们还是惴惴不安的，生怕我们的研究引起家长的不理解，得不到教师们的支持，直到这份文件的出台，我们的心总算放进了肚子里！我们的研究方向是对的，是符合国家教育发展要求的。天时、地利、人和皆具备了，民心所向，我们还有什么理由不把这项研究工作做好呢？

  2021年11月，从铜陵市教科所传来好消息，我们申报的省级课题《五育融合视域下小学非书面作业多元设计与实施策略研究》立项了。我们在欣喜的同时，倍感压力和责任重大。但压力也是动力，我们积极探索，按照既定方案开展研究。在研究的过程中，课题组经常在一起研究讨论：怎样的非书面作业设计才是学生需要的？我们开展了非书面作业设计大赛，挑选出最有价值的非书面作业设计进行交流。通过实验班的实践研究，比较相关数据，

好玩有趣更有效的非书面作业设计新思路

以事实说话。事实胜于雄辩，我们的学生并没有因为作业的减少而成绩下降。我们的研究也得到了学生、家长、教师和社会的一致认可。

本书是我们课题组的研究成果之一。在这里，我们对非书面作业涉及的问题进行了系统地梳理，由课题组成员逐一进行解答；在这里，有我们设计的非书面作业案例，涉及不同的学科与类型；在这里，有我们课题组最深入、最精辟的案例分析。关于非书面作业的系列问题在这本书中都能找到最详细的解析。我们探索适应小学生非书面作业的类型、布置方法，培养他们的实践能力、创新意识和创新精神，让学生在轻松、愉快的作业环境中学习知识，提升素养，促进学生全面发展，提高教师教学水平。

本书架构清晰明朗，语言通俗易懂。每一位作者都力求通过简单的语言、生动的案例来表达思想。书中的每一个案例都来自于教师布置的最真实的作业，每一个案例都经过实践的检验，一次次的探讨，一次次的修改，才最终定稿。我们力求每一位教师在读到这本书的时候，都有一种感觉：原来作业可以这样设计，我可以将书中的案例直接运用在教学中。当我们结合自己的班级学生情况，稍作调整就能取得理想中的效果。这样也能减轻教师们的工作负担，不再为布置作业而发愁，更不用面对如山的作业而唉声叹气。

本书的完成要感谢铜陵市教科所、枞阳县教研室，感恩很多人，感慨很多事。感谢铜陵市教科所江一新所长的指导和帮助，感谢枞阳县教体局诸位领导的指导、支持和鼓励，让我们在研究非书面作业的领域不断前行。

本书的出版也离不开我们研究团队的共同努力，感谢我们研究团队中的王飞虎、王树生、王晶晶、田霞、汤建国、李宝娟、杨绍琴、吴阿琴、吴佳妮、何李、何燕、汪海燕、陆爱谛、斯静等教师，正是你们的智慧与努力，丰富了这本书的内容，为本书赋予了生命；正是你们的专业素养和钻研精神，确保了研究项目得以高质量的完成，让这本书更有深度和广度。此外，还要感谢所有参与本课题研究的学校和教师，正因为你们给课题组提供了很多一线的真实数据资料，为我们的研究指明方向，让我们前行在非书面作业研究的荒原上。你们的贡献，让这本书更加完善，更具实用价值，在此深表谢忱。

本书或许不能解决所有人的困惑，但我们一直走在研究的路上，唯愿大家在阅读中明晰教育"减负"的一条有效路径，给予大家一点启发与思考。当我们再次布置作业时，学生在下面的议论不再是"唉，这么多！""这个作

后 记

文题,没有一点新意!",而是"哇,这项作业太有意思了!""我太喜欢做作业了!"。作业布置问题不容忽视,我们要像钻研课文一样研究作业设计,优化作业设计,使作业向"轻负高质"迈进。

　　诗人艾略特在《四个四重奏》中这样写道:"我们叫作开始的往往就是结束,而宣告结束也就是着手开始。终点是我们出发的地方。"愿我们每一个孩子都能沐浴温和的阳光,拥有一个健康快乐的童年,向阳花开!

图书在版编目（CIP）数据

好玩有趣更有效的非书面作业设计新思路 / 刘珍，汪正，苏昕著. -- 北京：旅游教育出版社，2024.2
ISBN 978-7-5637-4708-5

Ⅰ.①好… Ⅱ.①刘… ②汪… ③苏… Ⅲ.①中小学－学生作业－教学设计－研究 Ⅳ.①G632.0

中国国家版本馆CIP数据核字(2024)第044528号

好玩有趣更有效的非书面作业设计新思路
刘珍　汪正　苏昕　著

策　　划	刘　珍
责任编辑	陈凤玲
出版单位	旅游教育出版社
地　　址	北京市朝阳区定福庄南里1号
邮　　编	100024
发行电话	（010）65778403　65728372　65767462（传真）
本社网址	www.tepcb.com
E－mail	tepfx@163.com
排版单位	北京旅教文化传播有限公司
印刷单位	唐山玺诚印务有限公司
经销单位	新华书店
开　　本	710毫米×1000毫米　1/16
印　　张	19.5
字　　数	257千字
版　　次	2024年2月第1版
印　　次	2024年2月第1次印刷
定　　价	88.00元

（图书如有装订差错请与发行部联系）